APPARITIONS

Loi n° 49956 du 16 juillet 1949
sur les publications destinées à la jeunesse.
ISBN : 978-2-09-252584-5

N.M. ZIMMERMANN

LE COULOIR DES ESPRITS

APPARITIONS

TOME 1

Nathan

Pour Aude Claret, pourvoyeuse de SMS,
membre actif du Bureau des Plaintes,
fan n°1 et amie.

1

La valise refusait de fermer.

Peter lui lança un regard noir. Il lui donna un coup de pied pour faire bonne mesure, puis s'assit sur son lit, continuant de fixer l'objet récalcitrant d'un œil torve.

– Tu espères vraiment l'intimider suffisamment pour qu'elle se ferme toute seule ? demanda une voix derrière lui.

Peter se retourna et souffla pour écarter les mèches qui lui tombaient devant les yeux. À la vue de sa sœur, il fronça les sourcils et poussa un grognement de frustration.

– Qu'est-ce que tu veux ? Tu trouves que je n'ai pas déjà assez d'ennuis ?

– Tss, quelqu'un est de mauvaise humeur. Tu sais, peut-être que ce pensionnat te fera du bien, en fait.

– Maya, ce n'est pas le moment ! grinça-t-il.

Elle pencha la tête de côté avant de sauter de la commode sur laquelle elle s'était perchée. Elle lissa des plis imaginaires sur sa robe d'été blanche, examinant la valise trop pleine avec intérêt. Elle avait beaucoup grandi, ces derniers temps. Peter se souvenait s'être moqué d'elle quelques mois plus tôt – cette petite fille qui se vantait toujours d'être née une heure entière avant lui. Et à présent, elle faisait autant ses quatorze ans que lui, peut-être même davantage.

Il ne savait s'il devait s'en émerveiller ou s'en effrayer.

– Fais pas cette tête ! Au moins, quelqu'un s'inquiète pour toi, commenta-t-elle avec un rictus.

Peter grimaça inconsciemment devant l'amertume qui assombrissait soudain les yeux de Maya jusqu'à un bronze orageux.

– Et puis, ce pensionnat ne peut pas être si terrible, reprit-elle en souriant.

Comme souvent, son hostilité avait disparu aussi vite qu'elle était apparue. Peter choisit d'ignorer ses sautes d'humeur et s'empêcha de répliquer qu'elle savait que c'était faux. Il était incapable de se montrer désagréable quand Maya faisait allusion à leurs parents. Il avait remarqué, évidemment, qu'elle avait cessé de les appeler « papa » et « maman » au fil du temps. Certains jours, il était difficile de supporter la solitude et le pur désespoir qui émanaient d'elle quand leur regard la traversait.

Comme si elle n'existait pas.

– Non, je suppose que tu as raison, marmonna-t-il à contrecœur. C'est juste que je n'aime pas arriver en cours d'année. Les autres élèves se connaissent déjà, et il y aura les *rumeurs*…

Maya eut un claquement de langue désapprobateur.

– Ta faute, Peter. Ta faute.

Peter referma la valise d'un geste brutal. Celle-ci émit un cliquetis sec et resta enfin close.

– Non, *ta* faute, rétorqua-t-il. Tu sais très bien que tout est ta…

Sa voix faiblit et s'éteignit avant qu'il n'ait fini sa phrase : Maya avait l'air blessée et indignée. D'un coup, elle ressemblait de nouveau à l'enfant chétive et pâle qui hantait la maison en chemise de nuit, toutes ces années auparavant.

– Pardon, ce n'est pas ce que je voulais dire.

Maya découvrit les dents, l'expression de son visage promettant une réplique cinglante. La voix de leur mère l'interrompit avant qu'elle n'ait pu amorcer une autre dispute.

– Peter ! On doit y aller ou on va être en retard !

– J'arrive !

La tension se dissipa et Peter retint un soupir de soulagement. Il adressa un sourire contrit à sa sœur avant de soulever sa valise.

– Il faut qu'on y aille ou maman va nous faire une crise de nerfs, commenta-t-il.

Maya hocha la tête et quitta la chambre. Peter parcourut une dernière fois la pièce du regard avant de fermer la porte : malgré les mauvais souvenirs tapis dans chaque recoin, la maison allait lui manquer.

Peter tambourinait du bout des doigts sur ses genoux. Il ouvrit la bouche, puis la referma plusieurs fois avant de jeter un coup d'œil à sa mère. Elle se tenait très droite et gardait le visage tourné vers la route, semblant avoir oublié la présence de son fils à ses côtés.

– Où est papa ? demanda-t-il sans préambule.

– Il travaille aujourd'hui, répondit-elle avec calme.

Ses mains s'étaient crispées sur le volant au point que ses jointures étaient devenues livides.

– Et il n'a pas pu venir me dire au revoir avant d'aller au bureau ?

Bien sûr, il savait exactement ce qu'il en était. Il *savait* que son père aurait trouvé une excuse pour ne pas le voir, même un dimanche, et il *savait* que sa mère ne voulait pas en parler. Mais il ne pouvait s'empêcher d'appuyer là où ça leur faisait mal, dans l'espoir de les faire payer un peu, de leur faire goûter à la colère qui montait parfois en lui.

Sa mère pinça les lèvres jusqu'à les faire disparaître dans une ligne exsangue, et réarrangea d'une main sa coiffure impeccable. Peter observa d'un œil las les sillons que l'angoisse et le chagrin avaient creusés sur son visage. Le fond de teint ne parvenait plus à les combler tout à fait. Pas plus que la teinture, dont l'odeur âcre brûlait les sinus, ne pouvait lutter contre les mèches grises qui striaient à présent le noir de son chignon. Peter pensait être capable de relier chacune d'entre elles à un événement.

À un malheur. À une déception.

Certaines lui étaient imputables, son père ne manquait jamais de le lui rappeler, mais Maya en avait causé la plupart. Seulement, personne n'oserait affirmer cela à voix haute, pas même Peter.

– Il te verra pendant les vacances de Noël, répondit sa mère, d'un ton qui suggérait que la discussion était terminée.

Peter s'apprêtait à insister quand il vit Maya secouer la tête dans le rétroviseur. Il se tut. Mieux valait ne pas faire de scène juste avant de partir : l'idée de retrouver la chevelure de sa mère *blanche* à son retour n'était guère plaisante.

La route se déroulait lentement de l'autre côté du pare-brise, ruban noir sans fin au milieu d'une campagne de plus en plus verte alors que les maisons s'espaçaient. Ils ne s'arrêtèrent pas pour déjeuner. Peter mâchonna mécaniquement un sandwich un peu aplati qu'il croyait être au fromage, sans laisser ses yeux dévier de la route. Sa mère ne mangea pas.

Elle ne parla pas non plus, à part pour annoncer leur arrivée dans le comté de Whiteborough, puis à Merywether, le village le plus proche de l'endroit où Peter serait désormais enfermé presque neuf mois par an. Enfin, la bâtisse apparut, immense et grise, quoique encore lointaine derrière les grilles en fer forgé.

« *Un manoir* », disait la brochure. *Une autre prison*, songea Peter. La voiture s'arrêta devant l'entrée principale.

Le moteur grondait toujours sourdement et envoyait des vibrations désagréables dans l'estomac déjà secoué de Peter.

– Descends et sors ta valise du coffre. Je vais me garer, lui dit sa mère.

Il acquiesça et regarda la Ford noire s'éloigner vers le « *Parking visiteurs* » indiqué au marqueur rouge sur une pancarte fléchée.

Soudain, le chignon de sa mère derrière la lunette arrière ressemblait beaucoup à un abandon, et Peter éprouva l'irrationnel besoin de courir après la voiture en lui criant de ne pas le laisser là.

– Ça va aller, assura Maya d'une voix ferme. On s'en sortira très bien.

Elle était si pâle. Il cligna des yeux, essayant de se persuader qu'il s'agissait d'une illusion d'optique engendrée par la lumière blafarde du ciel plombé.

Il se tourna de nouveau vers la bâtisse (« le *manoir* », corrigea-t-il mentalement) et déglutit.

– Bel exemple d'architecture élisabéthaine, reprit Maya d'un ton encourageant.

Peter laissa échapper un bruit moqueur étranglé – il n'y avait qu'elle pour remarquer ce genre de détails, alors qu'il craignait de vomir ses céréales sur ses chaussures cirées d'un instant à l'autre.

Froid, sévère.

Effrayant.

Voilà tout ce que le bâtiment lui inspirait tandis que

ses yeux passaient des murs de pierre parsemés de fenêtres étroites à la plaque de métal doré qui ornait la grille :

Pensionnat St-Gabriel
Enseignement secondaire

Rien d'élisabéthain là-dedans.

Il frissonna et boutonna son manteau jusqu'au menton. Maya mordilla sa lèvre inférieure d'un air inquiet, déjà moins brave qu'à leur arrivée.

Peter tourna la tête au bruit de talons hauts claquant sur la chaussée. Il carra les épaules, tandis que sa mère le dépassait et approchait sa main manucurée de l'interphone sans lui jeter un regard. Elle hésita, l'index en suspens devant le bouton. Peter ne put empêcher une chaude bouffée d'espoir de le traverser : peut-être avait-elle changé d'avis ? Elle n'aurait pas le cœur de le laisser ici pendant des mois. C'était si loin de la maison !

Les yeux fixés sur son ongle cramoisi, sa mère prit une audible respiration.

– Peter ?

Il concentra toute son attention sur son visage, mais elle continuait de contempler son index, comme si c'était la chose la plus intéressante du monde.

– Tâche de ne pas te faire remarquer cette fois.

Il fit un pas en arrière et enfonça les mains dans ses poches.

Il aurait dû s'y attendre : *N'embarrasse pas ta famille, Peter. Ne rends pas les choses plus difficiles pour ton père. Pourquoi ne peux-tu pas ressembler davantage à tes cousins, Peter ?*

Il grinça des dents et résista à l'envie d'essuyer ses yeux avec sa manche. Il était presque plus en colère contre lui-même, pour avoir eu la bêtise d'espérer, que contre cette femme brisée qu'il avait parfois du mal à appeler encore sa mère.

Comment avait-elle pu ? Comment avaient-*ils* pu choisir Maya plutôt que lui ?

Celle-ci l'observait, tendue, comme si elle savait exactement ce qu'il pensait.

– C'est seulement pour quelques mois, reprit sa mère. Ton père et moi… nous t'aimons tous les deux. C'est juste que…

Elle se tut. Elle le regardait à présent, au bord des larmes. Peter se retint de commenter. Ses poings étaient serrés au fond de ses poches, mais il avait encore assez de bon sens pour ne pas dire quelque chose qu'il regretterait plus tard. Et il ne pouvait prétendre être surpris : lorsque sa mère sortait de son mutisme, c'était toujours pour se ranger du côté de son père. Son père qui rentrait tard et passait les week-ends au bureau. Qui se levait aux aurores lors des jours de fête et ne revenait que quand son fils était déjà couché.

C'était sans parler de son anniversaire. Oh, son père laissait bien un paquet sur la table de la cuisine, emballé avec dextérité par une vendeuse et contenant un cadeau approprié. Mais il n'était jamais là. Quelquefois, il ne reparaissait pas avant le lendemain matin.

Chaque année, Peter combattait le violent désir de l'attendre toute la nuit dans le bureau du premier étage. De le secouer par les épaules en lui hurlant au visage que ça ne faisait pas la moindre différence : qu'il l'ignore ou pas, *c'était* leur anniversaire, à Maya et à lui. Rien ne pouvait changer ça.

Et quand il était là, son père avait cette façon de le regarder… Certains jours, Peter lisait dans ses yeux bruns si semblables aux siens qu'il aurait souhaité que son fils ne soit plus là pour lui rappeler Maya. Évidemment. Toujours Maya.

Parce que même morte, c'était encore elle que ses parents préféraient.

Nous t'aimons.

Peter eut un reniflement méprisant.

– Ouais, c'est ça.

2

Peter étouffa un bâillement derrière sa main. Le proviseur du pensionnat parlait vite, s'arrêtant à peine pour reprendre son souffle entre les phrases. Il gesticulait aussi beaucoup, assis derrière le bureau en merisier sur lequel était ouvert le dossier de Peter. Si bien qu'il manquait sans cesse de renverser le pot rempli de stylos noir et doré à côté de la plaque en bronze reluisante qui indiquait en lettres rondes :

Rufus Bentham – Proviseur

Les phrases sortant de la bouche de Bentham se fondaient les unes dans les autres. Peter n'en comprenait pas un mot, mais hochait la tête sans discontinuer, tel un pantin au ressort cassé. Maya entreprit de singer grotesquement l'homme derrière son dos, et Peter hoqueta un éclat de rire, s'attirant un regard curieux de la part du proviseur. Il fronça les sourcils en direction de sa sœur dès que l'attention de Bentham fut de nouveau attirée par un relevé de notes : il ne tenait pas particulièrement à ce que « Peter le Taré » refasse son apparition dès le premier jour. D'autant qu'il était évident que Bentham n'avait pas une très haute opinion de lui.

Pour être juste, personne n'aurait pu être impressionné par son dossier scolaire.

Peter se redressa sur la chaise rembourrée et observa le bureau le plus discrètement possible. Les boiseries étaient sombres et intimidantes, suggérant que, la présente entrevue mise à part, il ne serait appelé ici que dans les circonstances les plus déplaisantes.

Il soupira lorsque son regard tomba sur le siège vide à ses côtés. Sa mère était repartie juste après avoir reçu l'assurance que St-Gabriel savait comment s'occuper des cas les plus difficiles. Peter supposait qu'il en était un. Après tout, son dossier faisait apparaître le renvoi de trois précédents établissements, sans qu'aucun motif précis ne fût mentionné – son père s'en était assuré. Bentham avait usé de toute sa fourberie pour lui faire avouer la vérité, mais Peter avait prétendu ne pas comprendre.

Maya disait souvent que le talent avec lequel il jouait les idiots était presque inquiétant.

Une série de coups secs retentit, interrompant l'interminable monologue de Bentham sur la « politique de l'établissement » et la nécessité de commencer « dès aujourd'hui » à préparer le certificat qu'il faudrait passer l'année suivante. Peter avait, quant à lui, déjà oublié la moitié du règlement. Il espérait seulement que Maya pourrait lui rappeler les heures des repas et du couvre-feu.

– Entrez, dit Bentham d'une voix forte qui tira Peter de sa léthargie.

La porte s'ouvrit, glissant sans bruit sur la moquette grise, et laissa apparaître la femme en tailleur brun et chignon serré qui avait introduit Peter et sa mère dans la pièce un peu plus tôt.

– Mlle Steel ? demanda Bentham.

Celle-ci étendit le bras derrière elle et attira dans la pièce un garçon bronzé assez trapu. Sa cravate était de travers. Le garçon, qui ne devait pas avoir plus de quinze ans, passa la main dans ses courtes boucles brunes avant de la lever en signe de salutation, comme si Bentham était un camarade de classe. Si son visage était dénué d'expression, ses yeux verts luisaient d'une indéniable raillerie.

– Monsieur le proviseur, dit-il d'une voix sobre.

Bentham se raidit. Il repoussa ses lunettes à monture métallique plus haut sur son nez et en pinça la base entre son pouce et son index. L'espace d'un instant, il parut très fatigué derrière son costume coûteux et ses cheveux impeccablement lissés de chaque côté d'une raie tracée à la règle. Peter aurait même juré que celui qui venait de déclarer à sa mère que St-Gabriel transformait les pires vauriens en gentlemen faisait un exercice de relaxation.

– M. Matheson, soupira Bentham.

Il massa ses tempes du bout des doigts et ferma les yeux. Avec l'assurance d'un vieil habitué, le garçon prit place sans y être invité dans le siège qu'avait occupé la mère de Peter.

– Mlle Steel, accompagnez M. Klast dans sa chambre, je vous prie.

– Bien, monsieur.

Peter se leva et rejoignit la secrétaire devant la porte. Il se retourna vers le proviseur, ne sachant comment prendre congé : celui-ci avait visiblement tout oublié de sa présence et fixait un regard d'oiseau de proie sur l'adolescent avachi, qui ne semblait pas le moins du monde impressionné.

– Hmm, au revoir, monsieur. Et euh… merci pour les explications, hasarda-t-il.

– Ah, oui, oui. C'est mon travail, dit Bentham en agitant la main sans quitter Matheson des yeux. Votre uniforme et votre emploi du temps vous attendent dans votre chambre.

– D'accord. Merci, répéta Peter, de plus en plus mal à l'aise.

Mlle Steel le bouscula hors de la pièce et traversa d'un pas rapide le bureau servant d'antichambre à celui du proviseur.

– Lèche-bottes, souffla Maya dans son oreille.

Peter fit un bond, manquant heurter la secrétaire. Il lança un regard mauvais à Maya, qui lui tira la langue et le dépassa en sautillant. Se retournant à demi, elle lui adressa un sourire moqueur avant de disparaître dans le couloir.

L'année s'annonçait longue.

La porte de la chambre se ferma derrière lui et Peter se retrouva seul face à un amas de vêtements roulés en boule au pied d'un lit. Il l'enjamba avec précaution avant de se tourner vers un bureau couvert de feuilles éparpillées. S'il en jugeait par toutes celles qui gisaient froissées autour d'une corbeille en osier, les devoirs assignés à son camarade de chambre avaient été particulièrement compliqués. Et ce dernier avait un lancer capable de rivaliser avec celui de l'homme-tronc du Grand Cirque ambulant du Derbyshire que tante Harriet l'avait emmené voir pour ses sept ans.

– Eugh, j'avais oublié que tu partageais ta chambre avec un autre garçon. Peut-être que ça va être affreux, finalement, marmonna Maya.

Peter sursauta. Cela avait beau faire huit ans que Maya était morte, ses apparitions impromptues le prenaient toujours au dépourvu. Il n'aurait pas osé le dire à voix haute, mais il ne parvenait pas à s'habituer à ce qu'elle était devenue – pas de souffle, ni de chaleur, rien qu'une image aussi immatérielle qu'un hologramme perçu par lui seul.

– Arrête de faire ça ! s'exclama-t-il. Tu vas encore me faire passer pour un abruti !

– Ta valise est sur la mezzanine, l'informa Maya.

Elle retroussa le nez d'un air dégoûté en examinant un livre d'histoire posé sur un tas de sous-vêtements à la propreté douteuse.

– Il y a aussi un lit, une commode et un bureau. J'imagine que ce sont les tiens. C'est vraiment une grande chambre.

– Ne fais pas comme si tu ne m'avais pas entendu ! Tu ne peux pas apparaître sans prévenir à tout bout de champ. J'en ai assez d'avoir l'air d'un malade mental juste parce que ça t'amuse !

– Peter…

– Non ! Pour une fois, je voudrais ne pas passer mon année à ramper entre les tables pour éviter de me faire aplatir par des types qui me trouvent bizarre. Et je te préviens : mes devoirs de maths ont intérêt à être sacrément bons si tu veux que je continue à te parler.

Maya se racla ostensiblement la gorge et leva un sourcil.

– Quoi encore ? dit Peter, exaspéré.

Elle fit un signe du menton dans sa direction. Peter se sentit pâlir percevant soudain une présence dans son dos.

– Tu sais que parler tout seul est le premier signe de la folie ? demanda une voix amusée.

Peter se maudit de s'être montré si imprudent. Il

aurait voulu étrangler Maya, qui se tenait là, camouflant son hilarité derrière une expression innocente.

– J'ai essayé de te prévenir, mais tu ne m'écoutes jamais, se justifia-t-elle.

Peter l'ignora, se retournant vers un garçon aux yeux d'un bleu étonnamment pâle.

– Oui… c'est ce qu'on dit, répondit-il.

Il frotta sa nuque avec embarras et s'obligea à rire.

– Je suis Peter… Peter Klast. Je suis nouveau, ajouta-t-il inutilement.

Il sourit de son mieux et repoussa une boule de papier du bout du pied. Il n'était pas très doué pour les présentations, incapable de déterminer quand une poignée de main ou une claque dans le dos était appropriée.

Tout ça, c'est à cause de Maya, pensa-t-il avec amertume. *Si seulement elle avait disparu…*

– Simon Henlich, dit le garçon, souriant de toutes ses dents, qu'il avait larges et écartées. Alors, je suppose que je vais devoir partager ma chambre… Dommage, je commençais à m'habituer à mon espace.

– Désolé ? hasarda Peter, gêné.

Simon se mit à rire. Il était maigre et à peine plus grand que Peter. Il flottait dans son uniforme, dont le noir tranchait de façon frappante avec ses cheveux platine, ses yeux délavés et ses lèvres fines qui se démarquaient à peine sur une peau si blanche qu'elle en était crayeuse.

Simon Henlich semblait avoir été passé à la machine à laver avec de l'eau de Javel.

– Eh, je plaisantais ! Ce sera sympa d'avoir quelqu'un avec qui discuter. En fait, je me sentais un peu seul. Par contre, j'espère que tu n'es pas un maniaque du rangement, parce que moi…

– Non, sans blague, marmonna Maya, s'installant sur le rebord de la fenêtre.

Peter fit semblant de n'avoir rien entendu, trop soulagé pour être encore irrité contre elle.

– Tes affaires doivent être en haut, continua Simon en désignant l'échelle qui conduisait à la mezzanine. Ça ne te dérange pas de dormir là ?

Peter secoua négativement la tête. Il avait appris depuis longtemps que moins il parlait, moins il risquait de se ridiculiser – il avait déjà assez d'occasions comme ça sans les chercher.

– Bon, tu peux utiliser la commode à côté de ton lit et une partie du placard.

Simon désigna une porte au pied de son propre lit.

– On a des toilettes là, ajouta-t-il en indiquant une autre porte à droite de l'échelle menant à la mezzanine. Par contre, la salle de bains est ailleurs. Si tu veux, je te montre. Mais tu devrais mettre ton uniforme d'abord.

– On doit être en uniforme tout le temps ? interrogea Peter.

– Non, tu peux t'habiller comme tu veux le samedi après-midi et le dimanche. Les deuxième année ont même le droit de rentrer chez eux un week-end sur trois.

Peter acquiesça, songeant qu'il ne risquait pas d'user beaucoup de ce privilège, et monta sur la mezzanine. Il jeta un rapide coup d'œil à l'emploi du temps posé sur son lit, puis ouvrit sa valise pour vérifier que tout était en ordre. Il rangerait plus tard. Il attendit que Maya se tourne vers le mur avant d'enfiler son uniforme à la hâte.

Il rentra sa chemise dans son pantalon et passa le bout de tissu censé se transformer en cravate autour de son cou. Il avait été dans beaucoup d'établissements scolaires différents, mais jamais dans un pensionnat. Il n'avait pas porté d'uniforme depuis l'école primaire. À cette époque, sa mère se chargeait des détails pratiques. Il regrettait à présent de ne pas avoir observé ce qu'elle faisait au lieu de s'agiter en prétendant qu'elle allait l'étrangler – ce qui était faux, car sa mère le traitait toujours comme s'il était sur le point de se briser. Exactement comme elle traitait Maya autrefois.

Peter soupira avec fatalisme et tenta de faire un nœud.

– Prêt ? questionna Simon.

Peter se rapprocha de la balustrade pour voir en bas. Allongé sur son lit, Simon lisait un magazine d'informatique. Il leva la tête en direction de Peter et celui-ci recula d'un bond pour cacher le résultat malheureux de ses efforts.

– Une seconde, répondit-il d'un ton anxieux.

Il se tourna vers sa sœur.

– Maya ! souffla-t-il entre ses dents. Maya, aide-moi !

Elle le regarda par-dessus son épaule et il lui présenta la cravate, souriant piteusement. Maya la saisit et refit le nœud avec dextérité. Ses interactions avec les objets avaient, au départ, laissé Peter assez perplexe. Quand il l'avait interrogée, elle avait répondu que, même si personne ne pouvait se vanter d'avoir déjà touché un esprit, l'idée qu'ils communiquaient en frappant sur des tables était trop répandue pour ne pas avoir un fond de vérité. Il lui avait fallu des années pour regagner peu à peu une capacité de préhension toujours imparfaite. Cependant, au soulagement de Peter, elle réussissait généralement à manipuler les objets sans encombre lorsqu'elle était assez concentrée. Les voir passer au travers de ses mains était d'ailleurs vaguement perturbant.

– Voilà, annonça-t-elle.

Peter hocha la tête en signe de remerciement. Maya s'écarta pour le laisser passer. Même après toutes ces années, elle continuait de se mouvoir comme un être humain, se déplaçant pour éviter d'impossibles collisions. Peter n'aurait jamais eu l'idée de la traverser. Peut-être parce que le faire rendrait sa mort plus réelle. Tangible. Car pour lui, Maya n'avait pas disparu. Elle était à ses côtés pendant qu'il contemplait le corps froid qu'elle avait laissé derrière elle dans le lit d'hôpital. Puis quand on l'avait enterré. Elle était allée partout avec lui. À l'école, au parc d'attractions, aux goûters d'anniversaire interminables et aux cours de tennis.

Alors, tant qu'il n'essayait pas de la toucher, Maya n'était pas morte.

– Je suis prêt, annonça Peter en descendant l'échelle.

Simon reposa son magazine et conduisit Peter hors de la chambre. Une fois dans le couloir, il s'approcha d'une poignée située à mi-hauteur du mur leur faisant face et tira, découvrant un espace vide.

– C'est le panier à linge. Le dimanche est le jour des couleurs et le mercredi celui du blanc. N'oublie pas de mettre ton uniforme de la semaine au sale avant vingt-deux heures la veille de ces jours-là, sinon tu te retrouveras avec les mêmes vêtements deux semaines de suite. Crois-moi, il vaut mieux éviter.

Peter leva un sourcil : Simon ne semblait pas si pointilleux sur le chapitre de la propreté en ce qui concernait la chambre.

– Oh, je ne dis pas ça pour l'hygiène ! se défendit celui-ci en agitant la main, comme si l'idée était ridicule. Bentham fait parfois une revue surprise avant le petit déjeuner, et je te jure qu'il a un détecteur à tenue incorrecte implanté dans le cerveau : il les remarque toujours. Alors, si tu veux pas te faire passer un savon…

Peter acquiesça et Simon referma la trappe.

– Tu as aussi une tenue de sport et tu as plutôt intérêt à la laver, parce que le coach Davis nous fait transpirer comme des porcs deux fois par semaine, reprit

Simon. Est-ce que tu comptes rejoindre un club ? Moi, j'ai pris basket pour avoir des points supplémentaires. Finalement, je trouve ça plutôt cool. Quoique, la plupart des équipes doivent être complètes maintenant, ajouta-t-il avec une grimace pensive.

– Peut-être. Je ne sais pas encore, dit Peter avec un geste évasif. Je vais voir.

Maya ricana ouvertement. Peter devait admettre que, si on en jugeait par l'opinion de ses précédents professeurs de sport, le seul rôle qu'il jouerait jamais au cours d'un événement sportif serait celui de spectateur. Mais il ne voulait pas sortir la pancarte « Punching-ball humain : garanti incapable de rendre les coups » dès le premier jour. Les petites brutes de St-Gabriel le repéreraient assez vite sans cela.

Parce qu'il y aurait des brutes, il y en avait toujours, et Peter était un véritable aimant à problèmes.

– C'est la salle de bains, annonça Simon en désignant une porte. On la partage avec les types de la chambre d'à côté. Ils sont sympas, mais je te conseille de prendre ta douche le soir : Ian est toujours levé avant tout le monde, et il met plus de temps à se laver que ma sœur et ma mère réunies.

À son ton, Peter supposa que ce n'était pas peu dire. N'ayant rien à ajouter, il acquiesça de nouveau, se sentant terriblement emprunté.

– Tss, tss, déjà en train de pourrir notre réputation auprès du nouveau ? C'est bas, Henlich, même venant de toi.

Peter fit volte-face. Deux garçons étaient sortis de la chambre située à gauche de la leur. Celui qui avait parlé était appuyé contre le chambranle de la porte et considérait Peter avec intérêt.

Ce dernier se crispa, mais Simon rit d'un air détendu et personne ne fit de geste hostile. Le second garçon, un adolescent dont les cheveux lisses et les yeux noirs indiquaient clairement une origine asiatique, observa cependant l'attitude méfiante de Peter avec une curiosité mal dissimulée.

– OK, Peter, ces deux idiots sont Ian O'Neal et Connor Shelley, déclara Simon en indiquant successivement l'adolescent roux adossé au mur et le garçon asiatique. Les deux idiots, voici Peter Klast.

– Euh… Salut ! dit Peter d'un ton incertain.

– Oh, allez, Peter, grogna Maya. Ils n'ont pas encore eu l'idée de te frapper, mais ça ne va pas tarder si tu gardes cette expression de lapereau effrayé.

Il réprima l'envie de lui ordonner de se taire et carra les épaules. Connor s'approcha, et Peter prit conscience de la taille impressionnante qui se cachait derrière son dos voûté. Simon avait tout à coup une allure de miniature.

– Alors, pourquoi tes parents t'ont envoyé ici ? demanda-t-il.

– Ouais, c'est vrai que tu as été renvoyé de six écoles différentes et que tu as été viré de la dernière pour avoir agressé l'une de tes profs ? intervint Ian.

Peter se figea.

– Q-quoi ? bégaya-t-il.

Maya fronça les sourcils.

– Ça a été rapide, commenta-t-elle. Je pensais qu'on était assez loin de la maison pour éviter les rumeurs... Il faut croire que j'ai surestimé l'influence d'Aaron Klast.

– Subtil, O'Neal, vraiment subtil, dit Simon en secouant la tête.

Peter observa les trois garçons avec une inquiétude renouvelée. Aucun n'avait l'air soupçonneux. Seulement curieux, comme s'ils l'avaient interrogé sur sa moyenne d'espagnol et pas sur ce qui lui avait fait passer des heures dans une petite pièce sans fenêtre avec deux inspecteurs de police et un tas de feuilles blanches prêtes à recevoir ses confessions.

– Non, marmonna Peter. J'ai agressé personne. J'ai changé plusieurs fois d'école parce qu'on a déménagé souvent avec le travail de mon père et... C'est rien d'intéressant.

Il termina son explication par un rire nerveux. Il n'était pas très bon menteur. Toutefois, ses nouveaux camarades ne mirent pas sa parole en doute. En fait, ils parurent même déçus par la banalité de l'affaire.

– Oh, j'aurais dû me douter que Tyler racontait n'importe quoi. *Encore,* fit Ian. Alors, pourquoi tes parents se sont débarrassés de toi ?

Peter ravala une réponse peu amène. Ici, les élèves semblaient aussi fouineurs que bavards. Ce n'était pas une bonne combinaison pour quelqu'un qui avait autant de secrets que lui.

S'il se faisait renvoyer…

Cette fois-ci, son père ne le lui pardonnerait pas.

– On n'a qu'à faire faire le grand tour à Peter – histoire qu'il ne se ridiculise pas dès demain en arrivant en retard à tous ses cours –, proposa Simon, brisant le silence gêné qui s'était installé.

– Je croyais que tu avais encore la moitié d'*Hamlet* à lire pour McKief ? demanda Connor.

– C'est justement pour ça… grommela Simon. *Je suis désolé, monsieur, j'ai dû venir en aide au pauvre nouveau sans défense et ça m'a empêché de terminer la passionnante lecture que vous nous avez imposée*, déclara-t-il, une main sur le cœur.

L'atmosphère pesante s'évapora et Peter se détendit. Peut-être… Peut-être que tout irait bien. Les lèvres de Maya se tordirent dans ce qui ne pouvait être qualifié de sourire, découvrant ses dents. Peter détourna les yeux : cette expression apparaissait parfois sur son visage et, s'il n'était pas certain de ce qu'elle signifiait, elle ne lui plaisait pas.

– De toute façon, McKief ne peut pas nous faire la leçon. Il a pris ses vacances d'automne avec une semaine d'avance, remarqua Connor.

– Pourquoi ? demanda Peter.

– Il paraît que son père est mort, répondit Simon d'un ton indifférent.

Peter émit un petit « Oh ! » et se tut. Il ne pensait pas que les professeurs aimaient prendre ce genre de congés supplémentaires, mais il n'était pas près de le dire tout haut. Maya se rembrunit – elle supportait mal ceux qui manquaient de considération pour les morts.

– Tiens, regardez qui voilà, lança brusquement Ian.

Peter se retourna et vit le garçon qui avait interrompu son entrevue avec Bentham traverser le couloir sans même un coup d'œil dans leur direction.

– C'est qui ? demanda-t-il.

– Tyler Matheson.

– Il était dans le bureau de Bentham tout à l'heure, dit Peter.

Les autres ne parurent pas surpris.

– Il se retrouve là au moins deux fois par semaine. Bentham rêve de le renvoyer, mais ses parents comptent parmi les plus gros donateurs de St-Gabriel, expliqua Connor. Il ne peut rien faire contre les Matheson.

Il haussa les épaules.

– Enfin, Tyler est marrant à avoir dans ta classe tant qu'il n'a rien contre toi. Le mieux est d'éviter de trop te faire remarquer. Bah, de toute façon, il parle pas vraiment avec les types comme nous : on n'est pas assez fun et on fait nos devoirs.

– La plupart du temps, compléta Ian.

Il appuya ses propos en assénant une claque dans le dos de Peter, qui manqua de s'écraser contre le mur. Il se frotta l'épaule le plus discrètement possible, songeant que c'était bien la première fois que quelqu'un lui faisait mal en marque de camaraderie.

Il s'apprêtait à suivre les autres dans le dédale de couloirs et d'escaliers du manoir, quand il regarda autour de lui, réalisant soudain que Maya s'était montrée anormalement discrète au cours de la conversation.

Elle avait disparu.

3

Les couloirs étaient déserts. À cette heure, les élèves étaient vraissemblablement dehors. Maya s'en moquait. Elle croisa les bras devant sa poitrine et continua de déambuler au milieu des chambres.

St-Gabriel lui déplaisait et elle aurait voulu voir Peter déjà expulsé. Elle était consciente que c'était un vœu égoïste. Un autre renvoi serait probablement fatal aux relations de son frère avec leurs parents, comme à ses chances de finir sa scolarité dans un bon lycée. C'était un miracle que celui-ci ait accepté de le prendre avec un tel dossier : apparemment, plus les frais d'inscription étaient élevés, moins on prêtait attention aux écarts de conduite passés des élèves.

Maya choisit une chambre au hasard et se glissa sous la porte. Le radio-réveil argenté posé sur un bureau impeccablement rangé indiquait cinq heures et demie. D'après l'emploi du temps de Peter le dîner commencerait dans une heure. Maya se mettrait en quête du réfectoire à ce moment-là : pour l'instant, mieux valait laisser Peter tranquille ou il la blâmerait pour chacun de ses faux pas.

Un bruissement dans son dos fit sursauter Maya. Son premier réflexe fut de s'accroupir, prête à s'enfuir en courant.

Elle regarda par-dessus son épaule. Un garçon était allongé dans son lit, enfoui sous un amas de couvertures duquel seules une main et une touffe de cheveux d'un acajou rougeâtre dépassaient. Le dormeur grogna et poussa un long soupir satisfait avant de s'immobiliser. Sa respiration redevint profonde et régulière, et Maya se demanda comment elle avait pu ne pas l'entendre en entrant dans la chambre.

La colère, sans doute. Et un peu de panique, aussi.

Elle ferma les yeux et secoua la tête pour chasser les pensées qui menaçaient de se faire plus précises. Plus tard. Elle y réfléchirait plus tard.

Elle se releva. C'était stupide. Personne d'autre que Peter ne la voyait, et elle continuait de s'abandonner à ses réflexes d'être vivant. C'était peut-être mieux ainsi : peut-être qu'elle se cramponnait de toutes ses forces à ses angoisses d'enfant et à ses instincts de survie parce que, le jour où ils la quitteraient, elle serait réellement morte. Elle se fondrait alors parmi les spectres silencieux qui hantaient les couloirs, ignorant le reste du monde, comme enfermés dans un rêve interminable. Elle frémit à cette idée. Non, plutôt disparaître que devenir l'un d'entre eux !

Le garçon marmonna des mots inintelligibles dans son sommeil et recommença à remuer. Maya s'approcha pour l'observer, fascinée. Le corps en repos était immobile, à peine secoué par de lentes inspirations, presque mort, et pourtant…

La porte de la chambre s'ouvrit d'une poussée et alla cogner contre la table de chevet du garçon endormi. Celui-ci s'assit brusquement, les yeux grands ouverts. Il se renfrogna et gronda sourdement en direction de celui qui l'avait réveillé.

– Turner, triple idiot !

Le perturbateur frotta sa nuque du plat de la main en riant d'un air penaud. Maya sortit de la chambre, invisible et silencieuse.

Le réfectoire était immense. Les installations du self, en verre transparent et métal argenté trop neuf, juraient avec les murs de pierre, et les plateaux en plastique bruns ne semblaient pas à leur place sur les longues tables en bois. C'était sûrement inévitable quand on transformait un manoir de roman victorien en lycée.

Maya observa les élèves tandis que leurs plateaux se remplissaient du contenu de grands bacs en aluminium à l'aide de louches. Elle jugea l'ensemble peu ragoûtant, mais la majorité des garçons n'y prêtaient pas tellement attention, occupés qu'ils étaient à rire et à se frapper amicalement les uns les autres.

Elle prit place sur un banc et contempla les rayures

qui avaient été gravées par des générations d'adolescents sur le bois de la table. Malgré les années, elle ne s'habituait pas aux foules. À toutes ces personnes rassemblées qui ne la voyaient pas. Un garçon blond s'assit presque sur elle et elle ne l'évita que par réflexe. Il frissonna et regarda autour de lui avant de se plaindre des courants d'air au garçon qui lui faisait face. Celui-ci rit et le traita de fillette.

Peter disait que les spectres laissaient une impression de froid quand on les traversait. Maya ignorait pourquoi – elle-même ne ressentait plus les différences de température.

Rien qu'un courant d'air, voilà ce qu'elle était devenue.

Par simple ennui, Maya se plaça derrière le second adolescent et effleura son dos. Un violent tremblement le traversa. Il jura, resserrant la veste de son uniforme autour de lui. Le garçon blond se moqua de lui à son tour, l'arrosant dans son hilarité de particules de pommes de terre au jus de viande.

Maya fixa les yeux sur l'entrée de la salle et aperçut Peter avec ses nouvelles connaissances. Il souriait timidement, ne semblant pas croire à sa bonne fortune. Maya se frotta les bras, comme si elle avait soudain froid, elle aussi.

Peter se détourna du plateau qu'il poussait avec précaution sur la rampe en métal. La familière sensation de picotements dans sa nuque lui fit immédiatement perdre le fil du débat dans lequel Simon et Ian s'étaient lancés. Peter ne s'y connaissait pas vraiment en football, même s'il regardait un match de temps en temps, mais c'était agréable de faire semblant – de prétendre être un adolescent normal. Il avait donné sa voix à Manchester United, comme Simon. Après tout, ils dormaient dans la même chambre.

Et puis, Maya était réapparue.

Le plastique de son plateau s'enfonça douloureusement dans ses paumes et Peter s'empressa de desserrer son étreinte. Maya était partie pendant des heures, pourtant ça paraissait soudain beaucoup trop court. Peter aurait voulu plus de temps seul avec des garçons de son âge. Vivants.

– Eh, Klast ? Ça va ?

Ian agita une main pâle parsemée de taches de rousseur devant ses yeux.

– Hein ?

Peter se gifla mentalement et écarquilla les yeux pour paraître plus éveillé.

– T'avais l'air un peu dans les vapes, expliqua Connor en empilant le plus possible de petits pains sur son plateau.

– Ça va, c'est rien, assura-t-il.

Connor n'insista pas et ils s'installèrent à l'extrémité de l'une des grandes tables du réfectoire. Peter se mit à manger dès qu'il fut assis. Garder la bouche pleine était sans doute la meilleure tactique pour ne rien dire de stupide, maintenant que Maya se trouvait en face de lui.

Maya observait son frère avec amusement. Il gardait la tête baissée, ne la relevant que pour la tourner vers les trois autres garçons, évitant soigneusement de croiser son regard.

– Ralentis un peu la cadence, Peter ! On dirait que tu n'as pas vu un steak-purée depuis des mois. D'ailleurs, tout le monde te regarde !

Peter s'arrêta net et leva les yeux vers Ian. Celui-ci lui administra une grande claque dans le dos, riant à gorge déployée.

– Ouah, tes parents te nourrissent au pain et à l'eau ou quoi ? demanda-t-il.

Peter sentit son visage s'enflammer. Il rit faiblement et recommença à manger d'une façon plus civilisée. Il se concentra sur son dîner, attendant que les autres élèves cessent de lui prêter attention avant d'étudier les alentours. Le réfectoire était très bruyant. Il y avait environ deux cent cinquante pensionnaires, s'il se rappelait correctement la brochure que sa mère avait laissée sur son bureau après qu'elle lui eut annoncé son inscription. Il ne l'avait pas lue, bien sûr : il était beaucoup trop en colère pour ça. Mais Maya l'avait interceptée et avait passé les deux jours suivants à parler sans discontinuer du nombre d'élèves, de la taille des chambres et de l'heure des repas.

Un doigt pointé apparut brusquement dans son champ de vision, l'arrachant à sa rêverie.

– Tu vois là-bas ? dit Simon d'une voix rendue quasi incompréhensible par la nourriture qui emplissait sa bouche.

Peter suivit des yeux la direction indiquée et distingua quatre adultes assis au bout de la table la plus éloignée de l'entrée.

– On a l'impression qu'on est tout seuls, mais en fait des profs mangent ici pour nous surveiller. Alors, si tu fais une connerie, ça te retombera dessus à coup sûr, expliqua Ian.

Connor hocha la tête.

– Il y a aussi des surveillants au milieu des élèves. On a mis plusieurs semaines à s'en rendre compte : ils interviennent seulement quand les choses deviennent moches. Henlich s'est pris une heure de colle pour avoir renversé une bassine de plat en sauce en plein sur Mélanie Hursley. Il est parti en courant et croyait s'en être tiré, continua-t-il en ricanant, mais il a été convoqué une heure plus tard dans le bureau de Bentham.

– Mélanie ? répéta Peter. Je croyais que c'était un pensionnat de garçons ici.

– Oh, c'en est un, confirma Simon.

Il marqua une pause pour avaler bruyamment et Maya plissa le nez avec dégoût.

– Depuis quelques années, il y a aussi des externes. Change pas grand-chose, si tu veux mon avis : on est au milieu de nulle part, alors il y a presque rien comme filles.

– Ouais, à peu près cinq par classe, renchérit Ian.

– Hmm, ils finiront probablement par faire un dortoir de filles dans une des dépendances pour augmenter les effectifs, remarqua Maya. Par contre, je ne suis pas sûre que tu sois encore là pour en profiter. À moins, évidemment, que je n'arrête de faire tes devoirs, ajouta-t-elle d'un ton faussement pensif.

– En plus, depuis qu'Henlich les fait toutes fuir en les aspergeant de jus de viande..., se moqua Connor.

– Oh, la ferme ! l'interrompit Simon. C'est pas comme si t'avais jamais eu de retenue. Tu serais pas ici, sinon.

Connor renifla.

– Jamais pour un truc aussi embarrassant !

Peter se rembrunit et termina son repas en silence.

St-Gabriel : le pensionnat où les familles aisées se débarrassaient des adolescents devenus gênants. Est-ce que cinq cents personnes avaient décidé un matin qu'ils en avaient assez de s'occuper de leur progéniture ? Peter doutait que beaucoup d'entre eux aient d'aussi bonnes raisons que ses propres parents.

Maya garda le silence, se sachant incapable de le réconforter. Elle tourna la tête vers un groupe de grands adolescents qui se racontaient des plaisanteries graveleuses, baissant inconsciemment la voix lors des passages « intéressants » et ricanant comme des fillettes.

Peter se leva finalement, reposant ses couverts avec un bruit sec. Il évita le regard de Maya et alla ranger son plateau, un sourire forcé aux lèvres.

Il mettait tant d'énergie à faire comme si elle n'existait pas qu'il ne remarqua pas les yeux d'un vert presque jaune posés sur lui à l'autre bout du réfectoire.

– Peter ? appela Maya avec hésitation.

Il leva son visage de l'oreiller dans lequel il était en train d'essayer de s'étouffer.

– Quoi ?

Son ton sec la fit tressaillir. Elle alla tout de même s'asseoir près de lui. Elle choisit précautionneusement ses mots avant de lancer la discussion, craignant de le braquer.

– Tu penses que tu es prêt pour demain ?

Peter émit un borborygme qui pouvait passer pour un « oui ». Cela n'allait pas être facile.

– Au moins, tu t'es intégré plutôt vite, remarqua-t-elle.

Il lui fit face pour la première fois de l'après-midi et lui adressa un demi-sourire.

– Ça s'est pas mal passé, hein ? Ça devrait aller, je crois.

Maya s'empêcha de grimacer en entendant sa voix pleine d'espoir. Elle ne pouvait que prier pour qu'il ne soit pas déçu. Encore. Elle décida de taire le mauvais pressentiment qu'elle avait sur cet endroit.

Sur la façon dont Tyler Matheson et sa bande, que les autres élèves semblaient craindre autant qu'admirer, l'avaient observé pendant le dîner.

Non, le prévenir ne ferait que l'inquiéter davantage. Maya se plongea dans les yeux bruns un peu écarquillés par l'excitation et l'anxiété de Peter, et tâcha de se montrer rassurante.

– Je te demande pardon, Peter. Je sais que tout ça est ma faute, dit-elle, laissant ses dents s'enfoncer dans sa lèvre inférieure.

Elle aurait aimé sentir la douleur. De tout ce qu'elle avait abandonné en mourant, c'était le toucher qu'elle regrettait le plus. Elle pouvait s'asseoir. S'allonger. Elle ricana presque – c'était ironique, vraiment, que ces facultés soient les seules à ne lui demander aucun effort. Après tout, comment aurait-elle pu être fatiguée quand son corps reposait déjà en paix ?

Dans un petit cimetière à Long Eaton.

Bien sûr, elle pouvait aussi attraper des objets, ou même les utiliser si elle se concentrait beaucoup.

Mais pas sentir. Ni le bois ou le matelas sous elle, ni les pages qu'elle parvenait à présent à tourner. Par moments, elle ne se souvenait plus de ce que signifiait avoir un corps.

– Nan, tu n'y es pour rien, mentit Peter. Et puis, ce pensionnat nous fera des vacances : on n'a plus à supporter papa et maman ou tante Betty jusqu'à Noël !

Maya secoua la tête.

– Ne dis pas de mal de tante Betty, elle est juste un peu excentrique.

– Ouais, excentrique. Elle m'ébouriffe les cheveux chaque fois que je passe à côté d'elle et elle m'a offert des Playmobil à mon… notre, corrigea-t-il, dernier anniversaire.

– Au moins, on t'offre quelque chose, pointa Maya.

Ses yeux s'assombrirent dangereusement. Peter leva les mains devant lui.

– Je te les donne si tu les veux tant que ça !

– Ah, ah ! Très drôle.

Maya jeta un regard vers la fenêtre : le soleil disparaissait déjà et la nuit se répandait sur le paysage aussi rapidement que la peur montait en elle. Elle se força à afficher une expression insouciante sur son visage.

– Il est tard. Je te laisse dormir. Tu as cours tôt demain matin et on ne voudrait pas que tu te ridiculises dès le premier jour.

– Oh non, je sens que je vais faire une grande impression – je suis un spécialiste des présentations en public, tu te souviens ?

– Bonne nuit, Peter, dit-elle avec un sourire affectueux.

Peter ne releva pas le fait qu'il restait une demi-heure avant le couvre-feu, ou que Maya disparaissait systématiquement quand le ciel devenait noir. Il haïssait sa façon d'être soudain si douce et gentille avant de s'en aller : chaque soir, elle s'efforçait de faire la paix avec lui quelles qu'aient été leurs querelles dans la journée, comme si elle faisait ses adieux.

Comme si elle allait se fondre dans les ténèbres et ne plus jamais surgir sans prévenir pour le faire sursauter.

– Bonne nuit, répondit-il.

Et soudain, il n'y avait plus personne au bord de son lit. Non, Peter ne lui avait jamais demandé où elle allait ou ce qu'elle faisait, plus effrayé par la réponse qu'elle pourrait lui donner qu'il ne voulait l'admettre. Il était tellement plus facile de prétendre que tout était normal – qu'elle allait se coucher jusqu'au matin et qu'elle serait sans aucun doute là à son réveil.

– Tu parlais tout seul ?

Surpris, Peter bondit hors de son lit et regarda en bas depuis la mezzanine. Simon levait la tête vers lui. Une serviette était posée sur ses épaules et ses cheveux dégoulinants avaient pris une coloration jaune. Il souriait encore, de son immense sourire qui découvrait des dents blanches assez larges pour appartenir à l'australopithèque du livre d'histoire de primaire de Peter. Pourtant, ses yeux pâles reflétaient une lueur de doute absente la première fois qu'ils s'étaient trouvés dans cette situation. Peter croyait voir les rouages tourner dans le crâne de l'autre garçon : une fois c'était un accident, deux fois un hasard, et trois fois…

Peter maudit le règlement de St-Gabriel, qui interdisait les téléphones portables aux élèves. Il aurait été si simple de parler à Maya en prétendant avoir une conversation téléphonique. Maintenant, il allait falloir se montrer beaucoup plus prudent s'il voulait terminer l'année ici.

– Sale habitude, répondit Peter comme si le sang ne palpitait pas à toute allure dans sa gorge. Je déteste le silence, alors…

Simon hocha la tête, semblant rasséréné.

– J'ai une radio si tu veux. Je te montre comment elle marche ? Elle est un peu compliquée.

Peter recommença à respirer librement et descendit l'échelle avec tant de précipitation qu'il manqua un barreau et s'écrasa lourdement sur le sol. Quelques secondes plus tard, il fusillait Simon du regard, tandis que celui-ci se tenait le ventre à force de rire, ayant tout oublié des curieuses manies de son camarade de chambre.

4

Maya n'avait jamais avoué à Peter ce qui se passait la nuit.

Quand il avait découvert que les fantômes ne dormaient pas, il avait été jaloux. Maya n'avait pas de couvre-feu : elle pouvait rester écouter les conversations des grandes personnes, sortir de la maison quand elle voulait et regarder les émissions tard à la télévision.

La réalité n'était pas aussi simple.

La nuit, leurs parents n'avaient plus rien d'Aaron et de Susan Klast – la façade qu'ils présentaient toute la journée à Peter s'écroulait, laissant place à deux êtres noyés dans leur chagrin et en colère contre le monde qui leur avait arraché l'un de leurs enfants. Les programmes de télévision nocturnes n'avaient plus rien de très distrayant quand vos parents se disputaient à quelques pas de là, incapables d'entendre vos cris.

Et puis, il y avait le croque-mitaine.

Certaines nuits, *il* rôdait, tapi dans le noir, n'attendant qu'un instant d'inattention pour entraîner Maya avec *lui*. *Il* lui arrivait aussi de disparaître pendant des semaines entières, au point qu'elle *le* croyait parti pour de bon.

Au départ, c'était la terreur qui l'avait retenue d'en parler à Peter. À six ans, Maya avait pensé que si elle ne faisait rien pour *le* mettre en colère, le croque-mitaine s'en irait. Elle avait aussi eu l'espoir que si elle prétendait qu'*il* n'existait pas, *il* finirait par s'évanouir tel un cauchemar au réveil.

Il avait continué à revenir. Encore et encore.

À dix ans, c'était la fierté qui lui faisait tenir sa langue. Maya se reposait sur Peter pour tout : sans lui, elle n'avait pas la force de soulever une feuille de papier et personne à qui parler. Sans lui, elle n'était qu'un courant d'air qui parlait aux ombres sans en attendre de réponse. Même si cela semblait n'avoir aucun sens, affronter seule le monstre qui hantait ses nuits était important.

À présent, Maya se taisait toujours, tant par peur que par fierté. Mais la peur avait changé. Elle savait à présent que le croque-mitaine ne disparaîtrait pas : *il* attendrait son heure, patiemment, jusqu'à ce que Maya ne puisse plus se cacher. Car la Mort possède une infinie patience. Non, ce dont elle avait peur, c'était de la réaction de Peter. Il se sentirait coupable et il voudrait tout arrêter. Peut-être pas le Peter de six ans, pour qui ne pas être seul était tout ce qui comptait et qui aurait pensé que passer la moitié de son existence dans l'effroi n'était pas grave. Le Peter de quatorze ans, lui, comprendrait : il verrait la terreur glacée et le désespoir qui donnaient parfois envie à Maya de se jeter dans les griffes du monstre juste pour que la chasse soit enfin terminée. Et il la laisserait partir.

C'était sans doute ce qu'il aurait dû faire huit ans plus tôt. Les morts n'étaient-ils pas censés rejoindre un monde meilleur ?

Maya eut un rictus. Après tout ce temps passé entre deux mondes, elle craignait bien trop le suivant pour abandonner celui-ci. Elle ne serait plus à sa place dans un « paradis » ou quoi que ce soit d'autre. Et comment savoir si elle ne serait pas punie pour être demeurée toutes ces années supplémentaires dans le monde des vivants ?

Les ombres s'allongeaient.

Maya se mit à courir. Sa fuite était futile, bien sûr : *il* savait toujours exactement où l'attendre. La nuit, le corps que Maya ne possédait plus tremblait d'épuisement, se couvrait de sueur froide, tandis que son cœur cognait violemment contre sa cage thoracique et remplissait sa bouche d'un goût de panique. Les objets qu'elle heurtait au hasard de sa fuite se déplaçaient imperceptiblement et elle croyait enfin sentir le monde autour d'elle.

C'était près de la Mort que Maya était la plus vivante, et si la terreur ne l'avait pas étouffée, elle en aurait ri.

Parce que c'était absurde et si cruel.

De la lumière, il fallait trouver de la lumière. Vite ! Maya tourna à droite sans ralentir et fit tomber la lampe métallique d'un bureau. Déjà dans le couloir, elle entendit le son mat, suivi d'une bordée de jurons dans son dos.

Elle s'engouffra dans une autre chambre. Elle avait compris, depuis longtemps, qu'elle n'avait pas le temps de penser à ce qu'elle faisait – il lui fallait trouver une source de lumière et rester cachée là jusqu'au lever du jour.

Et surtout, surtout, ne pas regarder.

Échapper à la Mort ressemblait un peu au jeu de chat perché, songeait-elle. Un horrible chat perché, mortel et pervers, où le chat serait la monstrueuse forme mouvante dont elle ne distinguait que les contours et la bizarre clarté.

Restait à trouver le perchoir.

Obscurité. Maya jura entre ses dents, traversant la chambre sans s'arrêter pour passer dans la suivante. Qui aurait cru que les élèves de première année étaient si sérieux ? Il était à peine vingt-trois heures et il n'y avait déjà plus une seule lumière allumée. Même les surveillants s'étaient couchés après avoir fait leur ronde.

Il se rapprochait de plus en plus, lentement, comme s'*il* avait l'éternité devant *lui*. C'était horrifiant et injuste à en pleurer de *le* savoir quasi immobile dans l'ombre et pourtant toujours là. De jouer à ce jeu qu'elle se savait incapable de gagner.

Maya détestait perdre.

Elle observa les alentours, évitant délibérément la zone où elle *le* devinait, qui n'attendait qu'un instant de faiblesse pour l'avaler tout entière. L'étrange lueur qui émanait du croque-mitaine était si… séduisante. Maya avait rapidement appris à ne pas la regarder en face, comprenant qu'elle céderait alors à son appel et se précipiterait dans sa gueule béante sans hésiter.

Elle avança encore et s'aperçut qu'elle avait inconsciemment refait le même chemin que dans l'après-midi.

Le garçon endormi lui revint en mémoire. Il était sûrement réveillé après avoir passé une partie de la journée au lit. Maya se précipita dans l'escalier, marmonnant des prières incohérentes.

Comme si les fantômes pouvaient encore en appeler à un dieu qu'ils fuyaient.

Elle trébucha enfin dans la bonne chambre et fit frémir une chaise en s'y raccrochant.

De la lumière. Jaune, presque orangée, sale et sinistre, émanant d'une lampe cabossée qui ressemblait aux veilleuses qu'on laisse aux enfants effrayés par le noir. Maya tomba à genoux et rampa jusqu'au cercle qu'elle projetait sur le sol. Elle se recroquevilla et passa les bras autour de ses genoux pour les serrer contre sa poitrine.

– La ferme, Turner ! Je peux pas me concentrer avec tes jérémiades !

Maya leva la tête vers le lit à côté duquel elle s'était installée. Le dormeur de cet après-midi, et probable propriétaire de la lampe, était adossé contre le mur, les yeux fixés sur une petite console de jeux argentée. Sa position était si tordue qu'il paraissait contrefait. Ses pouces appuyaient en rapide succession sur les touches avec la dextérité d'un joueur expérimenté et les cliquetis retentissaient bruyamment dans le silence.

– Non, franchement Stevens ! D'abord le coup de la lumière et maintenant ça. Tu ne pourrais pas dormir, comme tout le monde ?

Dans le lit poussé contre le mur d'en face, Maya reconnu « Turner » comme celui qui avait réveillé l'autre garçon en ouvrant la porte quelques heures plus tôt.

– Oh, arrête de râler ! Tu t'es fait à la lumière, et puis tu as la chambre pour toi tout seul une fois par semaine.

– Tu parles d'un cadeau, grommela Turner. Tu rentres à deux heures du mat' avec la discrétion d'un éléphant : tu me réveilles à chaque coup.

La chambre était plus grande que celle de Peter, mais dépourvue de mezzanine, les deux lits situés de part et d'autre de la porte. Maya voulait bien croire que Turner éprouvait des difficultés à dormir.

Le dénommé Stevens agita la main sans cesser de regarder l'écran de sa console pour clore le sujet.

– Pas ma faute, c'est Matheson qui décide, dit-il.

Turner grogna et s'enfonça sous les couvertures, pressant théâtralement son oreiller contre son crâne.

– Personne ne t'a obligé à entrer dans son club idiot. En plus, la lumière attire des tonnes d'insectes. J'ai tellement de piqûres de moustiques que c'est un miracle que je ne sois pas encore mort d'hémorragie, grommela-t-il d'une voix étouffée, probablement plus pour se plaindre que pour convaincre Stevens de remédier à ses habitudes.

– Il y a des moustiques dans toutes les chambres, répondit distraitement Stevens. Arrête donc de laisser la fenêtre ouverte.

– J'ai trouvé deux taons, vendredi dernier, continua Turner, comme s'il ne l'avait pas entendu. J'ai passé une heure à courir après avec un dictionnaire pour les écraser avant qu'ils ne m'attaquent pendant mon sommeil.

Stevens laissa échapper un reniflement moqueur.

– Eh, il paraît que les taons peuvent te filer l'anthrax ! s'exclama Turner, émergeant de dessous son oreiller pour le fusiller du regard. J'ai dû aller chercher un surveillant à une heure du matin pour avoir une bombe insecticide. Depuis, il me fait une imitation de *La Mouche* chaque fois que je le croise dans un couloir. Ouais, avec le bruit et les ailes qui battent, ajouta-t-il avec un frisson d'horreur avant de pointer un doigt accusateur vers Stevens. Et c'est ta faute : si la lumière était pas tout le temps allumée, les bestioles rentreraient pas sans arrêt !

– Ta gueule, Turner ! Ah, merde… Je me suis fait bouffer !

Du coin de l'œil, Maya aperçut une forme au milieu des ombres. Elle resserra son étreinte sur ses genoux et fixa ses yeux sur la lampe, se préparant à attendre le jour.

Ne pas regarder les ombres, surtout ne pas regarder la douce et apaisante lueur qui guettait la moindre faiblesse pour l'attirer hors de la lumière.

Il demeurait là, si doux et séduisant – *Approche. Plus près, plusprèsplusprèsplus…* –, afin de la saisir et de l'engloutir. Tel le croque-mitaine qui offrait un ours en peluche à un petit enfant pour arracher son bras tendu. Un seul regard dans sa direction et tout était oublié. Il ne restait que le désir de s'approcher et de caresser cette lueur compatissante.

Le croque-mitaine, oui. C'était le nom que son esprit d'enfant lui avait donné, quand *il* était apparu près de neuf ans auparavant.

Et qu'elle soit damnée si elle *le* laissait l'attraper.

Simon n'était plus dans la chambre quand Peter fut tiré de son sommeil par le réveil de voyage placé sur sa table de nuit.

Six heures quarante-cinq.

Il gémit bruyamment et s'enfouit sous les couvertures dans une vaine tentative pour oublier qu'il avait classe dans une heure, que, étant nouveau, il attirerait l'attention des autres élèves, et que, avec sa chance, il découvrirait sans doute qu'il avait pris du retard sur le programme. C'était déjà une aubaine que le directeur d'Ashgate l'ait laissé venir en classe jusqu'à ce qu'il soit accepté ailleurs.

Ne commence pas, se réprimanda-t-il. *Tout va bien se passer.*

– Aucun problème, dit-il à voix haute.

Voilà qu'il se mettait à parler tout seul pour de vrai. Il ébouriffa ses cheveux à deux mains et écarta ses couvertures avec un soupir exaspéré. L'air froid couvrit sa peau de chair de poule. Simon avait expliqué hier avec force lamentations que le chauffage n'était allumé qu'entre neuf heures et dix-neuf heures, ce qui rendait les nuits passées entre les murs de pierre très pénibles. Peter devait reconnaître qu'il n'avait pas exagéré. Il se leva et revêtit son uniforme en un temps record dans l'espoir d'arrêter de claquer des dents avant qu'elles n'aient été réduites en poudre.

Il écouta un instant à la porte de Ian et de Connor. N'entendant aucun bruit, il s'apprêta à frapper, puis se ravisa. Il n'aimait pas les portes fermées. Il était impossible de prévoir comment vous accueilleraient ceux qui se trouvaient de l'autre côté. Retrouver les autres dans le réfectoire valait probablement mieux. Hochant la tête pour lui-même, Peter rehaussa son sac sur son épaule et passa son chemin.

L'étage des première année était silencieux, comme

si une catastrophe l'avait vidé de ses occupants durant la nuit. Le bruit de ses pas sur le parquet résonnait dans le silence, lui donnant la sinistre impression d'être le seul être vivant du bâtiment. Peter eut soudain mal à l'estomac. Il essuya ses paumes moites contre son pantalon, regrettant que Maya ne soit pas encore apparue.

Les autres étaient forcément quelque part.

Un bruit de verre brisé rompit le silence. Peter se figea. À peine un instant plus tard, un raclement métallique se faisait entendre, telle une lame traînée sur des pierres. Le son venait du couloir qui menait à l'escalier principal. Peter surveilla les alentours avec nervosité avant de s'y engager à pas précautionneux, agrippant la courroie de son sac à deux mains.

Le couloir était sombre. Les rideaux avaient été tirés et ne laissaient passer qu'une faible lueur glauque. Ravalant sa salive, Peter continua d'avancer : c'était le seul chemin qu'il connaissait pour arriver jusqu'au réfectoire, et le manoir était trop vaste pour risquer d'en chercher un autre. Il se perdrait, c'était couru d'avance. Quelques mètres plus loin, le raclement métallique recommença. Plus proche, beaucoup plus proche.

Brusquement, une immense silhouette noire surgit de nulle part, juste devant lui.

Peter s'arrêta net, le corps tendu. La silhouette pivota lentement dans sa direction. Dans la quasi-obscurité, il ne discernait qu'un visage blafard indistinct et une grande cape noire. Un éclat froid attira son regard et il s'aperçut que des chaînes traînaient aux pieds de l'ombre.

Peter se passa les deux mains dans les cheveux et tira dessus un grand coup en signe de frustration.

C'est pas vrai, pas déjà ! Maya m'avait juré qu'elle n'avait vu aucun d'entre eux rôder par ici !

Il ravala son irritation et se remit en marche d'un pas décidé, la tête haute. Il marqua une pause devant la silhouette noire, pointant son index vers elle.

– Toi, ne t'approche plus de moi, siffla-t-il à mi-voix. J'ai assez de problèmes comme ça.

Il reprit son chemin sans se retourner. C'était inutile, les spectres restaient apathiques quoi qu'on fasse. Peter doutait même qu'ils soient capables de le comprendre. Il n'en avait jamais croisé doté de la parole ou de réactions un tant soit peu humaines en dehors de Maya. Ils n'en étaient que plus inquiétants, mais ça simplifiait singulièrement les choses quand il s'agissait de les ignorer.

Peter contint un soupir de soulagement en atteignant l'escalier principal. Puis il cligna des yeux, décontenancé. Devant lui étaient rassemblés au moins une quarantaine d'élèves. Assis sur les marches ou adossés contre la rambarde, en silence, dans une atmosphère d'ennui palpable. Comme s'ils attendaient quelque chose. Peter avança, ayant l'impression de faire irruption au milieu d'une cérémonie secrète à laquelle il n'aurait pas été convié.

Son regard croisa celui de Tyler Matheson et il s'immobilisa devant l'horrible mélange de haine et de colère qu'il crut y déceler. L'expression disparut instantanément et Peter repoussa l'idée, supposant qu'il l'avait rêvée. Après tout, Matheson n'avait aucune raison de lui en vouloir, il ne lui avait jamais adressé la parole.

La chevelure platine de Simon et la silhouette imposante de Connor les rendaient aisément repérables, malgré le groupe d'élèves derrière lequel ils étaient assis. Peter songea qu'ils avaient étrangement l'air de se cacher. Cependant, la situation le déconcertait trop pour qu'il y cherchât un sens. Il s'approcha d'eux et, à l'instant où il posa le pied sur l'escalier, le sortilège qui semblait garder les élèves prisonniers se dissipa : des discussions commencèrent, timidement, puis bientôt le brouhaha envahit la cage d'escalier. La plupart des élèves se relevèrent, ramassant leurs affaires et partant en direction du réfectoire, comme s'il ne s'était rien passé.

– Qu'est-ce que c'était que ça ? interrogea Peter.

– Rien de spécial, répondit Ian en haussant les épaules.

– Pourquoi vous n'êtes pas en train de petit déjeuner ? On a cours dans moins d'une demi-heure…

Il laissa sa phrase en suspens. Le silence se prolongeant, il fouilla sa mémoire à la recherche d'une clause du règlement qui imposerait aux élèves de descendre tous ensemble pour aller manger. Il n'avait pas porté une grande attention aux recommandations de Maya, mais il se serait sûrement rappelé une obligation aussi fantaisiste, non ?

– Vous attendez tout le monde pour descendre ? C'est un genre de tradition ? hasarda-t-il.

Connor s'était levé et regardait à présent derrière l'épaule de Peter, les sourcils froncés.

– Ouais, dit-il. Un genre de tradition.

Ian et Simon se redressèrent à leur tour pour aller manger et Peter se retourna. Mais il n'y avait là que Matheson et quatre autres garçons qui parlaient à voix basse.

Il secoua la tête, perplexe, et décida que, parfois, mieux valait ne pas chercher à comprendre.

5

Vingt-cinq paires d'yeux examinaient Peter avec méfiance tandis qu'il restait debout, le plus près possible du bureau en bois fatigué au milieu de l'estrade. Il avait l'impression de se tenir nu sous des projecteurs.

Déterminé à ne pas se laisser perturber, il maintint son attention rivée sur le professeur assis derrière le bureau. Ce dernier était engoncé dans un costume marron et une chemise bleu pâle que son ventre étirait tant qu'on distinguait sa peau entre les boutons fermés. Il n'avait pas relevé la tête une seule fois depuis l'arrivée de Peter, pas même quand celui-ci avait bafouillé les trois phrases préparées dans le couloir pour se présenter. Le professeur consultait le contenu d'une chemise en carton, son visage dissimulé sous les mèches de sa terne chevelure noire. Il ne semblait pas le moins du monde perturbé par la présence de Peter à ses côtés ou par les adolescents qui entraient et sortaient de sa classe continuellement, paraissant essayer de battre un record en matière de niveau sonore.

Peter tritura la manche de la veste de son uniforme. Il n'avait jamais eu une très bonne mémoire des noms et il se retrouva tout à coup terrifié à l'idée que le professeur s'aperçoive qu'il ne se souvenait pas du sien. Il était inscrit sur son emploi du temps, à côté de la mention « Lundi : 7 h 45 – Mathématiques ». C'était quelque chose comme Bart ou…

Peter sentit un filet de sueur dégouliner entre ses omoplates et maudit sa mémoire défectueuse. Sa main droite se contracta dans sa poche et il songea à ouvrir son sac pour vérifier. Après tout, il restait cinquante-sept secondes avant le début du cours et le professeur était si absorbé par ce qu'il écrivait qu'il ne le remarquerait probablement pas.

C'était stupide : jamais un professeur ne lui demanderait son propre nom. Pourtant, Peter ne parvenait pas à arrêter le tic nerveux qui agitait sa jambe, alors que la feuille se couvrait peu à peu d'annotations à la couleur d'hémoglobine de dessin animé.

Il aurait tout donné pour que Maya soit là. Elle aurait su le nom du professeur de mathématiques et elle lui aurait rappelé qu'il n'y avait pas de quoi faire une histoire d'un simple premier jour d'école. Mais elle n'était pas réapparue depuis la nuit dernière.

Le professeur jeta un coup d'œil sur sa montre et glissa les doigts sous son col pour gratter une sorte de plaque d'eczéma, avant de refermer la chemise en carton mauve sans précipitation.

– Asseyez-vous !

Peter sursauta. Sa vision, brouillée par une longue fixité, redevint nette. Levant les yeux jusqu'au visage de son professeur, il y découvrit une collection de plaques et de boutons qui lui rappelait les seize ans de son cousin Hadrian.

La classe s'installa sans une protestation après cette unique injonction. Peter était impressionné : vingt-cinq adolescents de quatorze ans venaient de se ranger tels d'obéissants petits soldats, ignorant l'état peu flatteur de l'épiderme de leur professeur, et sans que celui-ci élève la voix. Lorsque les derniers murmures, claquements de fournitures scolaires posées sur les bureaux en contreplaqué et chuintements de feuilles à carreaux se furent tus, il porta finalement son attention vers l'élève demeuré près de lui.

Peter fut décontenancé par l'animosité non dissimulée qu'il lut sur le visage du professeur. Il ferma les yeux un instant, à moitié persuadé qu'il ne s'agissait que d'une illusion issue de sa paranoïa galopante. Comme avec Matheson, à peine une demi-heure auparavant.

Quand il les ouvrit de nouveau, l'homme l'observait toujours avec hostilité.

– Voici Peter Klast, votre nouveau camarade. Il vient d'être transféré ici pour une raison inconnue.

Le professeur écarquilla les yeux, feignant l'incompréhension.

– Peut-être M. Klast voudrait-il partager son grand secret avec le reste de la classe ? ajouta-t-il.

Peter resta muet de stupeur. Tout le monde le dévisageait à présent avec curiosité, attendant sa réponse. Il garda la bouche résolument fermée : le silence lui vaudrait sans doute l'antipathie de l'enseignant, mais la vérité serait pire pour sa réputation.

Il détestait les mathématiques, de toute façon.

– Je vois, dit le professeur, au terme d'une trentaine de secondes qui parurent des heures. Installez-vous près de M. Lewis, reprit-il sèchement.

Il lui indiqua sa place d'un geste, à côté d'un grand garçon à la peau mate que Peter avait vu avec Tyler Matheson le matin.

Peter remonta la rangée de tables, tenant son sac à deux mains pour ne pas renverser les affaires de quelqu'un en passant. Ses jambes vacillaient et il ne savait pas si c'était dû à sa nervosité ou au demi-toast qu'il avait avalé au petit déjeuner.

Soudain, Peter se retrouva par terre, l'épaule chaude et douloureuse à l'endroit où elle avait heurté le coin d'un bureau et les genoux vibrant encore sous le choc. Il avait à peine eu le temps de voir la chaussure de sport noire mise en travers de son chemin.

– Déjà fatigué, M. Klast ? Je vous prierai d'attendre la fin de mon cours avant de vous recoucher, lança le professeur dans son dos.

Des rires furent étouffés et Peter se releva, un peu

hébété par sa chute et la réaction de l'enseignant. Il trébucha en ramassant son sac et alla s'asseoir le plus rapidement possible à sa place, le visage cramoisi.

Le garçon à ses côtés continua de regarder le tableau noir, mais laissa un sourire goguenard flotter sur son visage. Peter sortit ses affaires et, encore sidéré par ce qui venait de se passer, contempla la peau fendue de sa paume droite sans prêter attention à la leçon qui commençait.

Un élève lui avait délibérément fait un croche-pied, le ridiculisant devant toute la classe cinq minutes à peine après le début des cours. Et le professeur de mathématiques, loin de punir le coupable, avait trouvé cela amusant.

Il fit de son mieux pour ravaler la boule d'angoisse dans sa gorge et décapuchonna un stylo, ses mains tremblantes l'obligeant à s'y reprendre à plusieurs fois. Il n'osa pas chercher Simon, Ian ou Connor du regard, ne pouvant s'empêcher de se demander si eux aussi avaient ri de lui.

Un soupir lui fit redresser la tête. Maya se tenait dans l'allée, appuyée contre le bureau sur lequel un élève prenait son cours en notes.

– Je ne peux pas te laisser tout seul deux heures sans que tu t'attires des ennuis, hein ?

Peter voulut protester, dire que ce n'était pas sa faute et qu'il n'y comprenait rien : tout semblait si parfait hier et… Qu'est-ce qui avait bien pu se passer pendant la nuit ? Même Simon, Ian et Connor avaient eu l'air mal à l'aise pendant le petit déjeuner et ils avaient évité autant que possible de lui adresser la parole – Peter l'avait remarqué, malgré leurs efforts pour prétendre que tout allait bien.

– Je commence par la mauvaise ou par la très mauvaise nouvelle ?

Le sourire de Maya s'effaça quand elle vit l'expression de son frère. Ses grands yeux bruns s'étaient élargis et paraissaient trop brillants, comme quand il était petit et qu'il faisait de son mieux pour ne pas se mettre à pleurer.

– Je suis allée dans la salle des professeurs, ce matin, reprit-elle. Ils ont pas mal parlé de toi. J'ai l'impression que vider le dossier scolaire n'était pas une idée si géniale que ça, finalement : la plupart d'entre eux pensent que tu es un délinquant sauvé du centre de redressement par l'argent de tes parents. Surtout que tu t'es fait renvoyer quelques semaines après le début des cours, cette fois – tu avoueras que ça fait plutôt suspect.

Elle leva les mains, consciente qu'il mourait d'envie de protester.

– Je sais que ça n'était pas ta faute, assura-t-elle. Seulement, Eckhart, lui, ne le sait pas. Alors, il n'est pas super enthousiaste à l'idée de t'avoir dans sa classe. Et imagine quand il aura pris conscience de ton talent pour les mathématiques…

Peter se renfrogna davantage.

– Eh, on ne peut pas lui en vouloir d'être hargneux ! continua-t-elle d'un ton trop enjoué pour être naturel. Tu as vu cette acné ? Et à son âge, en plus ? Tous les élèves doivent l'appeler « pâté en croûte » dans son dos…

Peter déguisa un ricanement en quinte de toux. M. Eckhart. Évidemment, Maya se souvenait de son nom, elle. Elle était tellement meilleure que lui dans tous les domaines qu'il arrivait à Peter de se dire que ses parents auraient été plus heureux s'il était mort 0à sa place. Ils auraient pu vivre avec une petite fille modèle qui ne se serait jamais fait renvoyer, qui aurait eu un cercle étendu d'amis « comme il faut » et d'excellents résultats scolaires.

Eckhart appela une fille aux courts cheveux blonds au tableau pour résoudre une équation incompréhensible. Peter la suivit du regard, soulagé de ne pas être à sa place.

Il recopia sur sa feuille ce qui était inscrit sur le tableau noir. Il griffonna ensuite des signes informes dans la marge, feignant la concentration, avant de jeter un coup d'œil à Maya. Celle-ci secouait la tête et tapait du pied avec impatience, observant les tentatives de « Caputo Rosemary » pour venir à bout de l'équation. Eckhart lui-même ne cachait pas son agacement, et Rosemary paraissait de plus en plus perdue, tiraillée entre les réponses murmurées dans son dos et les remarques incessantes du professeur.

Peter compatissait avec la pauvre fille, sachant qu'il finirait tôt ou tard dans la même situation. Plutôt tôt que tard, à en croire l'affection qu'Eckhart lui portait déjà.

Maya devrait assister à chaque leçon de mathématiques durant les quatre prochaines années, décida-t-il. Il trouverait un moyen pour l'y contraindre, quitte à la menacer de ne plus lui adresser la parole si elle refusait d'obtempérer. Il n'aimait pas abuser du pouvoir qu'il avait sur elle, cependant il se sentait prêt à en venir aux pires extrémités pour éviter des heures d'humiliation potentielle conduites par Eckhart.

Peter observa de nouveau Maya. Il se souvint alors qu'elle avait annoncé deux nouvelles. Ne voulant pas risquer une retenue en essayant d'attirer son attention, Peter écrivit : ET LA TRÈS MAUVAISE NOUVELLE ? sur une feuille vierge et la fit dépasser du tas placé devant lui dans l'espoir que Maya finirait par la remarquer.

Sa sœur ne sortit de sa transe mathématique qu'une fois Rosemary renvoyée à sa place avec un claquement de langue désapprobateur de la part d'Eckhart.

– Elle était presque aussi mauvaise que toi, remarqua-t-elle.

Peter ignora le commentaire et agita discrètement la feuille.

– Ah, oui, ça, dit-elle en lisant le message.

Rien que son ton donnait à Peter l'envie de grimacer. D'un coup, il n'était plus certain de vouloir entendre ce qu'elle allait lui apprendre.

– Matheson en a après toi. D'après ce qu'on raconte, lui et sa bande se sont donné pour mission de jouer un sale tour à chaque pensionnaire – ils ont déjà une sacrée réputation. Apparemment, c'était ton tour aujourd'hui et tu les as fait passer pour des crétins.

Peter secoua la tête et haussa les épaules pour lui indiquer qu'il n'avait pas la moindre idée de ce dont elle parlait.

– Tu n'as rien vu de particulier ? Un type a prétendu qu'ils t'avaient fait le coup du couloir hanté ou je sais pas quoi. Tu étais censé courir jusqu'à l'escalier en criant comme une gamine de six ans pour…

Maya s'interrompit.

– Oh, dit-elle.

Vaguement nauséeux, Peter songea que la soudaine expression de commisération sur son visage n'annonçait rien de bon.

– Peter, ne me dis pas que tu as cru que c'était un *vrai* fantôme !

Il se sentit pâlir. Alors, dans le couloir, ce matin, c'était…

– C'était l'un des membres de l'équipe de basket déguisé par nos joyeux farceurs.

Elle observa son voisin de table, qui mâchait consciencieusement de petites boulettes de papier avant de les enfoncer dans le corps d'un stylo à bille vide, et fronça le nez.

– Maintenant, ils vont sûrement s'acharner sur toi

jusqu'à ce que l'incident d'aujourd'hui soit oublié. Je te conseille de ravaler ta fierté et d'avoir l'air le plus terrifié possible.

Peter pensa avec amertume que ça n'allait pas être trop difficile. Il tapota nerveusement le bois de la table et son voisin lui donna un coup de pied dans la cheville. Il fit semblant de n'avoir rien senti mais immobilisa sa main. Si la théorie de Maya s'avérait, il aurait suffisamment de problèmes sans aggraver son cas.

La sonnerie retentit et tous les élèves se levèrent, remballant leurs affaires à une vitesse impressionnante. Le professeur Eckhart annonça les devoirs à rendre pour le lendemain par-dessus le brouhaha, sans se préoccuper de ceux qui étaient trop loin pour l'entendre.

Peter les nota et se leva, s'apercevant qu'il avait été si occupé à s'apitoyer sur son sort qu'il n'avait pas entendu un mot de la leçon. Force lui était de constater que son inattention combinée avec ce que Maya appelait son « génie naturel » lui rendaient les calculs inscrits au tableau aussi compréhensibles qu'un message codé extraterrestre.

Il agrippa son sac bleu marine comme s'il s'agissait d'une bouée de sauvetage et se prépara mentalement à affronter le reste de la journée.

– Tu restes avec moi, articula-t-il silencieusement en direction de Maya.

Elle acquiesça, le visage sombre, et lui emboîta le pas.

La porte de la chambre s'ouvrit doucement et Simon entra sur la pointe des pieds juste au moment où un son perçant, qui rebondissait à n'en plus finir sur les murs du bâtiment, signalait l'heure du couvre-feu. Peter l'observa, accoudé à la rambarde de la mezzanine. Simon ne put réprimer un mouvement de recul en le voyant.

– Oh, Peter… Tu es encore debout, dit-il avec un sourire embarrassé.

Il profita d'aller poser son sac au pied de son lit pour lui tourner le dos.

– Tiens, tu te souviens de qui je suis, maintenant, remarqua Peter d'un ton venimeux.

Simon frotta les semelles de ses chaussures contre la moquette grise. Gardant les yeux fixés sur le sol, il passa la main dans ses cheveux. Ils paraissaient blancs à la lumière électrique.

– Écoute, Peter. Je suis désolé de t'avoir laissé tomber, mais je tiens pas à être dans le collimateur de Matheson.

Peter hocha la tête avec raideur.

– J'ai pigé, Henlich, pas la peine de me faire un dessin.

Les épaules de Simon s'affaissèrent et il soupira avant de monter le rejoindre sur la mezzanine. Il enfourcha la chaise en bois placée devant le bureau et reposa ses bras croisés sur le dossier de celle-ci.

– Moi aussi je déteste Matheson. Je pense que

beaucoup de gens le détestent, en fait. Mais personne ne fera rien contre lui et sa bande parce que ça nous retombera forcément dessus.

Il se tut et regarda Peter, comme pour vérifier qu'il l'écoutait toujours. Peter garda le silence, le visage inexpressif.

– Avant que t'arrives, Matheson s'est mis en boule contre un autre gars – il l'avait fait passer pour un imbécile en lui envoyant le ballon en pleine tête pendant une partie de volley, ou un truc dans ce genre-là. Le gars est parti deux semaines plus tard.

– Il a été exclu pour ça ? demanda Peter, horrifié.

– Oh non, il n'a pas été viré !

Simon ricana et Peter comprit brusquement que les ennuis qui l'attendaient étaient beaucoup plus graves que ce qu'il avait cru. L'« autre gars » n'avait pas été renvoyé, il avait été persécuté jusqu'à ce qu'il n'ait plus d'autre choix que de changer d'établissement pour échapper à Matheson et sa bande.

– Et personne n'a été le dire au principal ou aux profs ?

– Tu plaisantes ? Le père de Matheson est le meilleur ami du proviseur. Tyler pourrait mettre le feu à son bureau, il s'en tirerait avec deux heures de colle. Tu vois, nos parents s'en sortent tous plutôt pas mal, côté finances. Normal, vu les frais d'inscription pour entrer ici. Seulement presque personne à St-Gabe ne peut se mesurer à la famille Matheson. À part James, en deuxième année. Peut-être. Je crois que sa mère est une arrière-petite-cousine de la reine. Enfin, c'est ce qu'on raconte.

Il haussa les épaules et Peter n'était pas sûr de trouver son discours réconfortant. Ses parents à lui n'étaient pas si riches que ça. Aisés, oui, mais rien de spectaculaire. Et s'il était à St-Gabriel, c'était moins à cause de l'enseignement qui y était prodigué ou de la qualité de la cantine que parce que seul un établissement hors de prix fermait encore les yeux sur les curieuses pages blanches de son dossier.

– Je suis vraiment désolé de ne pas t'avoir aidé, mais mon père me tuerait si j'étais obligé de rentrer à la maison, et c'est pareil pour tous les autres élèves. Tu sais ce que je veux dire : il y a des tas de rumeurs sur toi, et, même si c'est sûrement n'importe quoi, je pense que tes parents espèrent te voir terminer tes quatre ans d'école loin de chez eux.

Peter se raidit de nouveau, détestant que Simon ait si facilement deviné sa situation.

– Je ne sous-entends rien par là, vieux, reprit immédiatement Simon. C'est juste que si tu es à St-Gabe, soit tes parents sont très traditionnels côté éducation, soit ils préfèrent ne pas t'avoir dans les jambes. Ou alors, tu as fait une grosse connerie là où tu étais avant, du genre qui s'efface pas avec un chèque pour la rénovation du gymnase, ajouta-t-il après un instant de réflexion. Avec ce que j'ai entendu, je vais parier que tu es dans le troisième cas.

Peter inclina la tête. Mieux valait passer pour un abruti intrépide que pour un pauvre paumé dont même les parents ne voulaient plus.

– Quelque chose comme ça. Et toi, pourquoi t'es là ?

Simon eut un geste évasif.

– Ah, tu sais ce que c'est, on a une grosse société et plein de maîtresses. Un jour, on pense que se marier fait plus respectable et qu'avoir un héritier assurerait le futur de l'entreprise. Ensuite, on se retrouve avec deux enfants et on s'aperçoit qu'ils sont encombrants. Alors, comme ils ne serviront pas avant une vingtaine d'années, on les met en pension.

– Ah... Tu as un frère ? questionna Peter, mal à l'aise.

– Une sœur, Ann. C'est une chouette gosse – elle m'écrit souvent. J'en profite tant qu'elle n'est pas encore en pension pour lui faire envoyer des tas de trucs ici. Mais elle ira l'année prochaine, il faudra trouver un autre moyen de se ravitailler. Attends...

Il descendit lestement l'échelle et récupéra quelque chose dans le tiroir de son bureau avant de remonter sur la mezzanine. Il fourra l'objet sous le nez de Peter, qui eut un mouvement de recul avant de s'apercevoir qu'il ne s'agissait que d'une photographie dans un cadre en bois. On reconnaissait très bien Simon, plus jeune, se tenant debout à l'ombre d'un grand arbre. À côté de lui, une petite fille habillée d'une robe bleue à volants était assise sur une balançoire d'allure robuste. L'air de famille était indubitable entre les deux enfants, alors que le soleil se reflétait sur leur peau pâle et leurs cheveux platine.

Peter se demanda s'il n'aurait pas dû s'inquiéter de dormir dans la même pièce qu'un adolescent de quatorze ans qui vous montrait la photo de sa petite sœur, se comportant comme une vieille tante célibataire pendant une réunion de famille.

Si on considérait qu'il parlait quotidiennement avec sa sœur morte depuis huit ans, il aurait été hypocrite de sa part de s'en formaliser.

Simon ramena la photographie derrière son dos et rougit, semblant prendre conscience de l'étrangeté de sa conduite. Il s'éclaircit la gorge.

- Et toi, des frères et sœurs ?

– Non, je suis enfant unique, répondit Peter sans sourciller.

– Ah, OK.

Simon eut un sourire anxieux.

– Alors, on est cool pour Matheson et tout ça ?

Maya aurait probablement dit quelque chose sur la constance en tant que facteur déterminant dans l'amitié. Peter prit à peine le temps de réfléchir.

– Oui, on est cool.

Quand il était petit, pour le consoler de ses déboires amicaux, sa mère lui répétait sans arrêt qu'il valait mieux être seul que mal accompagné. À présent, il songeait sombrement qu'un homme à la mer ne refuserait jamais une barque sous prétexte qu'elle était trouée. Plutôt écoper que se noyer.

À sa place, tout le monde en aurait fait autant.

6

Une lettre.

Après dix-huit jours de silence, sa mère lui avait envoyé une fichue lettre. Son père n'avait même pas pris la peine de signer, ainsi qu'il le faisait à l'époque où Peter partait en camp de vacances pendant l'été. Mais il y avait longtemps que son père avait cessé de faire semblant de s'inquiéter de lui.

La plupart des autres pensionnaires étaient appelés dans la salle où se trouvaient quatre rangées de téléphones enfermés dans des boxes en bois au moins une fois par semaine. Souvent deux pour les élèves de première année. Ils levaient tous les yeux au ciel et prétendaient être ennuyés par ces étalages de sollicitude parentale.

Peter savait qu'ils mentaient. Il avait parfois l'impression d'être un petit garçon perdu dans la forêt que ses parents avaient renoncé à revenir chercher parce qu'il n'en valait pas la peine. Et avoir quatorze ans ne rendait pas le sentiment moins douloureux.

Il considéra longuement la feuille de papier crème

posée sur ses genoux et effleura du bout des doigts le lion imprimé en relief dans le coin supérieur droit. Puis il contracta ses mains, ne sachant s'il devait déchirer la lettre, la froisser ou la remettre dans l'enveloppe.

L'idée d'y répondre ne lui traversa pas l'esprit.

Il était si horriblement jaloux des autres élèves de St-Gabriel, de Maya – de la Terre entière, vraiment. Maya aurait ricané si elle avait su, lui rappelant qu'elle était *morte* quand elle avait six ans. Qu'elle était coincée dans cet entre-deux-mondes, condamnée à la solitude et à la merci de son bon vouloir quand elle désirait une conversation. Elle aurait eu raison. Seulement, après la quatrième « plaisanterie » de Matheson de la journée, qui avait laissé une odeur douceâtre et une pellicule poisseuse au fond de son sac, les questions incessantes d'Eckhart, et cette lettre vide dans laquelle son père n'était pas mentionné, le sort de Maya semblait presque enviable.

Peter pressa ses paumes contre son visage pour refouler la colère qui l'étourdissait. Il ne se sentait pas capable de parler à Maya – il ne voulait même pas la voir. Il espérait qu'elle était partie pour une de ses interminables promenades et ne reparaîtrait pas avant le lendemain.

Elle avait tout rendu difficile : s'il n'avait pas été si habitué à voir des spectres, il aurait réagi à la plaisanterie de Matheson et celui-ci ne se serait pas acharné sur lui.

Sans elle, son père l'aimerait encore.

Il n'était pas juste, il en était conscient. Il fit une boule de la lettre et la lança dans la corbeille à papier depuis son lit.

La vie n'était pas juste.

– Je ramasserai vos commentaires en début d'heure et je n'accepterai aucun devoir en retard. N'oubliez pas de lire le chapitre cinq pour mardi ! annonça le professeur McKief au milieu des bruits de sacs refermés à la hâte.

Lorsque la sonnerie signalant la fin de l'heure se tut enfin, la moitié de la classe était déjà hors de la salle. McKief secoua la tête avant de rassembler ses propres affaires.

– Eh.. Peter, c'est ça ?

Peter rentra automatiquement la tête dans les épaules. Ces temps-ci, une personne lui adressant la parole en public pour autre chose qu'une soudaine pénurie d'encre ou de papier était le signe certain d'ennuis à venir.

Il se retourna et scruta l'adolescente rousse qui lui souriait de toutes ses dents.

– Oui…

Ça sonnait comme une question. Il avait l'air de se demander si « Peter » était bien son prénom. Il fit un pas en arrière, cherchant frénétiquement un moyen de s'enfuir avant de s'être humilié de façon irrémédiable.

Le sourire de la fille s'élargit et Peter crut se souvenir qu'elle s'appelait Alison.

Ou peut-être Margaret...

– Tu es le nouveau ?

Peter n'était pas sûr que le terme « nouveau » soit toujours approprié, maintenant qu'il était là depuis quasiment un mois, néanmoins, pour une fois que quelqu'un l'approchait sans rien lui jeter au visage, il n'était pas près de protester. Il la dévisagea avec méfiance. Elle était plutôt jolie, malgré la façon dont elle le regardait – comme s'il était une sorte d'insecte curieux qu'elle avait ramassé.

Trop jolie pour venir lui parler sans raison.

– Celui qui s'est fait renvoyer de son lycée pour avoir agressé le proviseur ?

Ah, alors c'était pour ça. Peter réprima un soupir.

– Non, non, je n'ai pas...

L'adolescente agita la main devant son visage, coupant court à ses protestations.

– Tu connais Matheson ? demanda-t-elle.

S'il connaissait Matheson ? Où était-elle durant les quatre dernières semaines ? Depuis que Tyler Matheson avait connaissance de son existence, il ne s'était pas passé un jour sans qu'il soit la risée de ses camarades de classe.

– Parce qu'il aimerait te parler, et on dirait que quelques amis ne te feraient pas de mal, continua-t-elle, souriant toujours. On fait des trucs vraiment cool avec lui et je suis sûre que ça te plairait si tu…

Peter ricana ouvertement et tourna les talons sans la laisser terminer. Lui cracher dessus depuis les escaliers ou mettre un poisson rouge dans son verre (tour qui lui laissait penser que le confinement des pensionnaires dans St-Gabriel hors des jours de sortie n'était pas si « garanti » que le prétendait la brochure) ne suffisait plus, il leur fallait aussi insulter son intelligence. Franchement, lui proposer de rejoindre leur bande… Pour qui le prenaient-ils ?

Il devait s'avouer qu'il n'aurait pas été très pointilleux si la fille avait mentionné une trêve. Cependant, elle avait fait comme s'il ne s'était rien passé, et après ces semaines de pur enfer Peter n'allait pas les laisser piétiner si facilement ce qui lui restait d'amour-propre.

Excédé, il pensa malgré tout à saluer le professeur McKief en sortant de la salle. Celui-ci lui retourna la politesse et sembla un instant sur le point d'ajouter quelque chose, mais il se contenta de lui adresser un sourire fatigué avant de se tourner pour effacer le tableau noir.

Peter quitta la salle sans s'attarder. McKief voulait probablement lui parler du devoir sur table de la semaine précédente et il n'était pas pressé d'apprendre qu'il l'avait raté : la sensation de ses pieds trempés par l'une des blagues hilarantes d'un acolyte de Matheson s'était révélée faire mauvais ménage avec la rédaction d'une dissertation. Le souvenir des chaussettes spongieuses et glacées collant à sa peau le faisait encore frissonner.

Il enfonça les mains dans ses poches et traîna les pieds vers le réfectoire, espérant y trouver Maya. Elle l'évitait ces derniers temps et Peter se doutait que sa mauvaise humeur chronique n'y était pas étrangère. Néanmoins, elle était souvent dans le réfectoire au moment des repas, surtout à midi, lorsqu'il y avait les externes. Peter la soupçonnait d'avoir soif de conversations « de filles » et de profiter du déjeuner pour écouter les adolescentes glousser à propos de maquillage, de garçons et de toutes ces choses auxquelles il n'entendait rien.

Il balaya la salle du regard dès qu'il y pénétra, à la recherche de lâches boucles blondes et de la robe blanche que Maya portait au mariage de leur cousin Eliott.

Celle dont elle était si fière qu'on l'avait enterrée avec.

Il la rejoignit à la table du fond, son plateau garni de diverses mixtures dont la couleur oscillait entre le vert et le gris, suivant l'éclairage. S'asseyant, il sortit un marqueur de son sac et coinça une serviette en papier sous son plateau pour écrire dessus sans attirer l'attention. Il y avait trop de monde autour de lui pour risquer de parler : être vu en train de converser tout seul lui assurerait le titre de « Peter le Psycho » pour le restant de sa scolarité.

Et honnêtement, sa réputation n'avait pas besoin de ça.

Il ne lui restait plus qu'à espérer que Maya serait assez magnanime pour oublier la façon dont il l'avait traitée ces deux dernières semaines. Et que personne ne s'apercevrait qu'il écrivait des messages à un fantôme sur une serviette en papier.

Parfois, il se demandait si un séjour à l'asile ne lui serait pas effectivement bénéfique.

Il leva son verre d'eau à ses lèvres et jeta un coup d'œil circulaire avant de passer à l'action.

– Psst !

Maya resta ostensiblement tournée vers une brune qui appliquait une sorte de crème verte sur ses paupières en s'admirant dans un miroir de poche.

– Psst, Maya ! souffla-t-il, inclinant davantage le verre afin de masquer sa bouche.

Cette dernière action se révéla être une erreur : l'eau se précipita dans sa gorge. Ses chuchotements se transformèrent en gargouillis et il s'étrangla, toussant et hoquetant bruyamment.

Cela eut au moins le mérite d'attirer l'attention de Maya, ainsi que celle de tous ses voisins. Elle le dévisagea un instant et éclata de rire si fort qu'il eut un instant l'impression que les autres allaient l'entendre.

Il la fusilla du regard et plongea le nez dans son assiette. Il se mit en devoir d'en engloutir le contenu, espérant qu'après une minute ou deux de ce spectacle sans intérêt les autres élèves retourneraient à leurs conversations. Son but atteint, il griffonna quelques mots sur la serviette, de cette écriture tordue et serrée que seule Maya réussissait à lire.

Il savait qu'elle finirait par venir à lui. Ce n'était pas comme si elle pouvait battre froid indéfiniment à la seule personne qui la voyait.

N'est-ce pas ?

Peter n'était pas très doué pour la discrétion. Maya le vit la chercher depuis l'autre bout du réfectoire. Elle détourna vivement la tête à son approche, simulant une véritable fascination pour sa voisine de droite. S'il espérait qu'elle allait lui pardonner si facilement pour la façon dont il agissait depuis leur arrivée à St-Gabriel, il allait être déçu ! Il n'avait pas à savoir qu'elle était si frustrée de ne pas avoir prononcé un mot depuis soixante-deux heures qu'elle avait envie de hurler.

Pas qu'elle ait compté ou quoi que ce soit.

Il essaya d'attirer son attention avec tant de vigueur qu'il s'étrangla et elle ne put s'empêcher de rire de son expression mortifiée. Du coin de l'œil, elle le vit écrire sur une serviette. Malgré elle, elle était curieuse de ce qui le poussait à la contacter en plein réfectoire, alors qu'il l'avait jusqu'ici ignorée sans état d'âme.

– Vas-y, raconte, dit-elle.

Peter surveilla brièvement les alentours. Cachant ce qu'il faisait d'une main, il désigna la serviette. Maya vint s'asseoir près de lui pour pouvoir lire plus commodément.

UNE FILLE EST VENUE ME PARLER TOUT À L'HEURE.

Maya leva un sourcil et lui adressa un sourire sarcastique.

– Et je suis censée te féliciter ou t'aider à choisir la bague de fiançailles ?

Un tic crispa la mâchoire de Peter et il planta sa fourchette dans une pomme de terre avec violence.

– D'accord, d'accord. Désolée. Qui c'était, cette « fille » ? demanda Maya, traçant des guillemets dans les airs.

Peter l'avait déjà informée à de multiples reprises que c'était une habitude ridicule, mais elle n'arrivait pas à s'en défaire.

Et l'exaspération que ça provoquait chez son frère était impayable.

ROUSSE, YEUX BRUNS. COURS DE MCKIEF. JENNY ?

Maya déchiffra pensivement les pattes de mouche tracées sur la serviette.

– Megan, corrigea-t-elle. Megan Jones. Elle est aussi avec toi en physique-chimie.

Peter se fendit d'un léger haussement d'épaules. Maya sentit une chaude vague de jalousie la submerger à l'idée que des gens venaient lui parler et qu'il pouvait se permettre de ne pas retenir leur nom.

– Qu'est-ce qu'elle voulait ? Un rencard torride à l'horizon ?

Peter lui lança un regard qui signifiait clairement que s'il avait été capable de l'étrangler, elle serait à court d'oxygène.

VOULAIT QUE JE PARLE À MATHESON. A DIT QU'IL VOULAIT SYMPATHISER OU QUELQUE CHOSE COMME ÇA.

Maya fronça les sourcils. Pourquoi diable Matheson enverrait-il quelqu'un jouer les médiateurs avec le garçon qu'il martyrisait quotidiennement ? À moins que ce ne soit une autre tentative pour se moquer de lui.

– Qu'est-ce que tu lui as répondu ?

SUIS PAS IDIOT : SUIS PARTI.

Maya hocha la tête. Elle laissa son regard errer dans le réfectoire jusqu'à ce qu'il s'arrête sur la familière chevelure auburn de Samuel Stevens, dans la chambre duquel elle se réfugiait chaque fois que le croque-mitaine faisait son apparition.

Sauf les soirs où Matheson le faisait appeler, bien sûr. Ces soirs-là, il arrivait à Stevens de rester hors de sa chambre pendant plus de la moitié de la nuit et elle devait chercher une source de lumière à l'extérieur du manoir, maudissant la lâcheté qui l'empêchait de tout avouer à Peter.

– Tu sais, je crois qu'il y a vraiment un truc bizarre avec Matheson, observa-t-elle. Des élèves vont le voir en pleine nuit et tout le monde parle de lui comme d'un vrai petit caïd. Sacrée influence, pour un plaisantin qui n'est dans ce lycée que depuis deux mois et demi… Je veux dire, des élèves violent le couvre-feu parce qu'un *première année* leur ordonne de le faire ? Sans compter que si Megan est venue te baratiner, ça signifie qu'il y a aussi des filles dans sa bande. Comment font-elles pour entrer dans le pensionnat après la fermeture des grilles ?

Elle secoua la tête.

– Il y a quelque chose que je ne saisis pas.

Peter mordit sa lèvre inférieure, l'air inquiet. Maya le comprenait : où qu'il aille, il attirait les ennuis. Il ne se rendait probablement pas compte à quel point son attitude poussait les autres à faire de lui une victime.

Ou de la satisfaction tordue que cette situation lui procurait.

Évidemment, Peter détestait se faire harceler et brutaliser, mais parfois, après une raclée particulièrement impressionnante, il avait cette expression sur le visage, comme s'il faisait enfin la paix avec lui-même. Dans ces moments-là, Maya aurait juré qu'il croyait *mériter* ce traitement. Elle n'avait toutefois jamais osé aborder le sujet, sachant que la discussion se terminerait en dispute.

– Même si Matheson fait… ce qu'il fait avec les autres élèves. Je ne vois pas pourquoi il aurait envie que tu y participes, poursuivit-elle.

N'avait-il pas fait trébucher Peter dans l'escalier quelques heures plus tôt ? S'il cherchait à lui faire une mauvaise blague, pourquoi n'était-il pas déjà ici, se moquant de sa crédulité ou insistant pour qu'ils deviennent amis ? Et la ruse était grossière, même pour

Matheson. Il ne pouvait pas croire Peter assez bête pour tomber dans le panneau.

Ce dernier esquissa un geste d'impuissance, ayant de toute évidence suivi le même raisonnement. Il se leva et prit son plateau pour aller le poser avec la vaisselle sale.

Puis, il se figea.

Le plateau heurta la table avec un bruit mat, envoyant sa fourchette rebondir sur le sol. Ses pupilles se dilatèrent et sa poitrine fut soulevée par des halètements de plus en plus irréguliers, comme s'il montait un escalier au pas de course. Le visage livide, Peter semblait hypnotisé par quelque chose.

Quelque chose qui se trouvait derrière Maya.

Le croque-mitaine, pensa-t-elle immédiatement. Le croque-mitaine était derrière elle et il allait…

Non, pas le croque-mitaine. Peter ne l'avait jamais vu, et il y avait de la lumière. Bien trop de lumière pour que la créature ne s'aventure dans le réfectoire.

Peter commençait à se faire remarquer. Il fallait agir vite. Maya fit volte-face.

Il n'y avait rien. Devant elle se trouvaient quatre rangées de tables où déjeunaient bruyamment élèves et professeurs chargés de la surveillance, parmi lesquels Terence Davis, le coach de l'équipe de basket, Eckhart, et John McKief, le professeur de littérature. Elle surveilla un instant McKief. C'était un homme mince et assez jeune qui se cachait derrière des mèches de cheveux blond cendré, à la façon d'un adolescent. Il semblait profondément mal à l'aise, alors que la femme assise à côté de lui se penchait dans sa direction en émettant un petit rire de gorge.

Maya se retourna vers Peter, perplexe.

– Peter ?

– Tu... Tu ne l'as pas vu ? bégaya-t-il, oubliant où il se trouvait.

– Peter, tu ne peux pas me parler maintenant, siffla Maya. Tu es au milieu du réfectoire. Tu tiens à passer pour un échappé de l'asile ?

Plus calme, Peter prit une grande respiration.

– Bien, l'encouragea Maya. Il y a un surveillant qui s'approche, alors ramasse ce que tu as fait tomber et va poser ton plateau. Ensuite, on discutera dans ta chambre – tu as encore une demi-heure de pause avant le cours de maths.

Peter s'exécuta, ses gestes mécaniques. Il avança jusqu'aux étagères en aluminium sur lesquelles on glissait les plateaux sales, puis traversa le hall, se dirigeant d'un pas raide vers l'escalier.

Il referma la porte de sa chambre derrière lui et s'appuya contre le battant.

– Alors, qu'est-ce que tu as vu ? interrogea Maya.

– Il est revenu, murmura Peter, écrasant son visage dans ses mains. Qu'est-ce que je vais faire ? Il est revenu !

Maya s'agita, effrayée malgré elle.

– Qui ça ?

– *Lui*, gémit-il. Comme pour Christie Miller.

Il se laissa glisser contre la porte et se recroquevilla, les cuisses pressées contre sa poitrine. Lorsque l'esprit était apparu pour la première fois, Peter venait de lire les *Contes de Noël* de Dickens avec Maya. À cette époque, elle ne parvenait pas encore à tourner les pages elle-même et ils partageaient toujours leurs lectures. L'apparition avait instantanément été baptisée « l'Esprit de Noël dernier ». Sur le moment, cela avait paru être un excellent nom. Avec le temps, Maya avait trouvé l'appellation de plus en plus sinistre – elle rappelait qu'on pouvait s'amuser avec sa famille un soir de fête, et terminer froid, les yeux vitreux et grands ouverts le lendemain.

Finalement, elle avait déclaré le nom trop long et l'apparition avait été rebaptisée. Comme si cela changeait quoi que ce soit.

Movaisogur.

Ce nom-là était resté, toutefois ni Maya ni Peter n'osaient le prononcer : cela aurait rendu son retour bien trop réel.

– Christie Miller ? répéta Maya. Oh, non… Tu es sûr ?

– Combien de fantômes sans visage tu connais ?

– Je n'ai vu personne, dit Maya d'un ton incertain.

– Il a disparu presque tout de suite, mais il était là.

– D'accord, d'accord.

Peter commença à se balancer d'avant en arrière, ainsi qu'il le faisait lorsque les choses dérapaient. Son crâne produisait un son mat contre le bois de la porte. Maya détourna le regard, luttant pour ne pas se laisser gagner par l'anxiété communicative de son frère.

– Tu as vu qui il désignait ?

Peter releva la tête et la secoua d'un air misérable avant de l'enfouir dans le creux de ses bras.

– Il y avait les professeurs de garde – Davis, McKief, Eckhart, le petit Asiatique et la blonde à l'air stupide…

– Mlle Zera, dit-il d'une voix étouffée. Elle est prof de biologie.

– Comment tu peux savoir ça et ne pas connaître le nom des filles de ta classe ? grommela Maya entre ses dents. Derrière, il y avait des élèves. Tu penses qu'il était là pour l'un d'entre eux ?

Peter fit un geste d'impuissance.

– Il y avait la bande de Matheson, marmonna-t-il après un silence.

– Matheson ? Ça pourrait avoir un rapport avec lui ?

Maya s'assit à côté de Peter, laissant les implications de sa question en suspens.

– Tu crois qu'il va mourir ? demanda-t-elle enfin.

Peter tourna son visage vers elle. L'ambre habituellement clair de ses yeux paraissait soudain terne. Voilé. Une teinte avec laquelle Maya était devenue familière au cours des années, et qui lui donnait envie de serrer son frère dans ses bras pour lui promettre que tout irait bien.

Mais c'était impossible : elle était incapable de

toucher un être vivant. De toute façon, elle aurait menti. L'expérience avait prouvé que les choses tournaient rarement bien pour lui.

– J'en sais rien… La dernière fois, *il* est apparu à côté du principal Miller et c'est Christie qui est morte.

– C'est vrai, admit Maya. Alors, qu'est-ce que tu vas faire ?

– Faire ? répéta Peter.

Un rire amer secoua ses épaules.

– Qu'est-ce que tu veux que je fasse ? Je ne sais pas de qui il s'agit et je n'ai aucune envie de le savoir.

Maya aurait souhaité être encore assez naïve pour être horrifiée par sa réaction. Par le fait que son frère préférait détourner les yeux, attendant que quelqu'un meure sans essayer de l'empêcher.

Vu ce que ça lui avait rapporté lorsqu'il était intervenu, elle trouvait son attitude compréhensible. Surtout si on considérait qu'ils ignoraient si la personne concernée était encore en vie.

– Et pour Matheson ?

– Aucune idée. Peut-être que ça m'aiderait, d'intégrer son groupe. Peut-être que toutes les « plaisanteries » étaient un test que j'ai passé avec succès ou peut-être qu'il en a marre de s'acharner sur moi ?

Maya se retint de lui faire remarquer que ça faisait beaucoup de « peut-être » : Peter était parfaitement conscient qu'il était préférable de ne pas trop se faire d'illusions.

– Je vais attendre, je crois, reprit-il d'une voix sourde. On verra.

Maya ne répondit pas. Elle resta là en silence, assise à côté de Peter qui se balançait doucement sur lui-même, jusqu'à ce que la sonnerie annonce le premier cours de l'après-midi.

7

Peter ouvrit les yeux et roula sur le côté pour faire face à Maya. Penchée au-dessus d'une feuille d'énoncés, elle écrivait soigneusement les réponses après avoir pris quelques instants pour réfléchir, l'air concentré.

Peter laissa échapper un éclat de rire fatigué à la pensée de ce qui arriverait si Simon entrait dans la chambre et trouvait un stylo plume résolvant tout seul des équations au bord de son lit.

Maya releva la tête.

– Peter ? Est-ce que ça va ?

– Oui… Tu as bientôt fini ?

– Presque, il ne m'en reste que deux. Mais tu as tort de ne pas t'entraîner : si je disparaissais un de ces jours, tu serais incapable de faire une multiplication par toi-même, dit-elle.

Disparaître…

Le stylo traversa ses doigts et roula sur le lit. Peter eut un reniflement moqueur et écarta cette idée d'un geste de la main. Maya ramassa l'instrument et reprit ses calculs. Son frère ignorait ce qui rôdait la nuit ou la façon dont ces fantômes qui ressemblaient à des ombres s'approchaient quelquefois d'elle comme pour l'entraîner dans l'abîme avec eux.

Elle avait été prête à quitter cette Terre, un jour, quand elle avait six ans, et avait senti le monde s'effacer. Mais plus le temps avait passé, plus la terreur s'était installée et, aujourd'hui, rejoindre le monde des morts semblait impensable – mourir une seconde fois, d'une certaine manière.

– Comme si j'avais une seule chance de me débarrasser de toi, grommela Peter – et Maya ne parvenait pas à se convaincre qu'il ne s'agissait là que d'une plaisanterie. Tant que tu es là, je serais stupide de ne pas en profiter. Ce serait perdre du temps pour faire beaucoup moins bien que toi. Pourquoi je me fatiguerais ?

Maya pinça les lèvres. Si seulement il savait…

Son regard se perdit un instant dans les ombres qui s'allongeaient au pied du lit. Le soir arrivait à grands pas et le croque-mitaine attendait son heure.

– Salut !

Peter fit volte-face, s'attendant à ce que quelque chose de visqueux soit glissé dans le col de sa chemise. Rien ne vint. Ce n'était que la fille aux cheveux roux lui adressant un sourire de vendeur de calendrier.

– Ah… Mmm, Megan ? demanda-t-il, priant pour que Maya lui ait donné le bon prénom.

– Tu te souviens de moi, dit Megan, découvrant ses canines d'une façon qui paraissait anormale.

Il devait le reconnaître, Maya se trompait rarement.

– Alors, tu as réfléchi ?

Peter ne prit pas la peine de masquer sa perplexité. Elle semblait avoir oublié qu'il était parti en courant au milieu de leur précédente conversation.

– Je… je ne comprends pas trop.

– On a un groupe, expliqua-t-elle, imperturbable. Tu ne serais pas contre laisser un peu tomber le règlement, hein ?

Elle ramena quelques mèches rousses derrière ses oreilles. Peter se sentit obligé de contracter ses zygomatiques – elle souriait si *largement*…

– Il faut juste passer un test. Oh, rien de terrible ! ajouta-t-elle, lisant la méfiance sur son visage. Et Matheson est vraiment génial, même si…

Peter se crispa. Matheson lui était complètement sorti de la tête.

– M. Klast, auriez-vous un moment ? Vous êtes en heure libre, je crois ?

Surpris, Peter se retourna. Le professeur McKief se tenait à quelques pas de lui, les bras encombrés d'un volumineux paquet de copies. Peter le dévisagea avec inquiétude, essayant de deviner s'il s'était une fois de plus mis dans le pétrin sans s'en rendre compte. Le visage anguleux du professeur était impassible. Lentement, Peter acquiesça. Il haussa les épaules en direction de Megan, qui lui sourit et fit un signe de tête en direction de McKief. Peter se demanda si elle souriait ainsi en permanence ou si sa journée avait été particulièrement bonne.

Ou si elle se réjouissait d'avance du bon tour que Matheson préparait contre lui.

Il fit de son mieux pour ne pas y penser et emboîta le pas au professeur McKief. Celui-ci l'emmena bientôt dans une aile de St-Gabriel que Simon lui avait indiquée comme celle où il ne voulait pas aller : celle des bureaux des professeurs, là où ils convoquaient les cancres et punissaient les délinquants en herbe.

Peter chercha frénétiquement ce qu'il avait pu faire qui méritât une colle. Sûrement…

Non, son devoir sur Emily Dickinson n'était pas si mauvais – d'ailleurs, même Maya l'avait estimé correct.

– Pouvez-vous tenir ça un instant ? Merci.

Peter fut tiré de ses pensées par le paquet de copies qu'il lui présentait. Il le prit et le professeur McKief ouvrit la porte de son bureau avec une clef ouvragée tirée de sa poche. Avec ce type de serrure, le professeur n'avait pas intérêt à ranger ses objets de valeur dans cette pièce : il aurait probablement suffi d'une bonne épingle à cheveux pour l'ouvrir.

– Merci, répéta le professeur McKief en reprenant les copies.

Peter le suivit dans le bureau, trop confus et angoissé pour oser parler.

Est-ce que quelqu'un l'avait vu écrire à Maya durant le déjeuner ?

– Asseyez-vous, proposa le professeur McKief.

Il prit lui-même place derrière une table en bois sur laquelle étaient éparpillées des feuilles couvertes d'une écriture fine et penchée que Peter reconnaissait pour l'avoir vue sur ses devoirs. Précautionneusement, il s'assit à son tour sur le siège recouvert de moleskine installé devant la table. Le professeur McKief posa les copies en équilibre sur deux piles de documents. Il écarta un mug portant des traces de café et aplatit quelques papiers chiffonnés avant de regarder Peter.

– J'ai rien fait, s'entendit dire celui-ci.

Il résista à l'envie de plaquer sa main contre sa bouche. Il était presque content que Maya ait momentanément disparu : elle se serait moquée de lui pendant des semaines.

Le professeur McKief l'observa placidement. Toutefois, ses yeux verts montraient son amusement. Peter se renfrogna et se plongea dans la contemplation des stylos noirs et rouges, crayons à papier mâchonnés et élastiques multicolores qui débordaient des trois pots à crayons alignés près d'une petite lampe de bureau. Il imagina McKief la nuit, penché au-dessus de ses copies sous la lumière jaune de cette lampe.

– Personne ne vous accuse de quoi que ce soit, répondit le professeur. À moins que vous n'ayez quelque chose à m'avouer…

– Non, protesta Peter, un peu trop vite.

McKief leva un sourcil et croisa ses mains osseuses devant lui.

– Très bien, dans ce cas, je voulais seulement vous parler de vos amis.

Peter *dut* ricaner.

– De mes amis ? Ça ne va pas être long, alors, marmonna-t-il avant de se souvenir à qui il s'adressait.

– Je faisais allusion à la petite bande de M. Matheson, dit McKief, réprimant un sourire. Je n'ai pu m'empêcher d'entendre la conversation que vous avez eue avec Mlle Jones. Je suis certain qu'il s'agit d'une jeune fille très… aimable. Cependant, je crois de mon devoir de vous mettre en garde. M. Matheson n'est pas le genre de fréquentation que je vous recommanderais.

– Je ne savais pas que les professeurs contrôlaient aussi les relations des élèves entre eux, remarqua Peter, surveillant la réaction de McKief.

Le professeur de littérature passa la main dans ses cheveux, découvrant la peau de son crâne à l'endroit où ils se raréfiaient.

– Je ne prétends évidemment pas intervenir dans votre vie personnelle, et je ne peux pas vous interdire de fréquenter les mêmes… *cercles* que M. Matheson. Il s'agit d'un simple conseil. Je sais que vous avez eu des ennuis dans vos établissements précédents et il serait regrettable que cela se reproduise. Voyez-vous, M. Matheson a lui aussi la fâcheuse habitude de se faire renvoyer en cours d'année. J'ai pensé qu'il vous serait profitable d'être mis au courant avant qu'il ne soit trop tard. Maintenant que je vous ai informé, c'est à vous de prendre vos propres décisions.

Peter se leva, éberlué par le tour qu'avait pris la conversation.

– Si c'est tout, je vais aller faire mes devoirs, professeur, dit-il avec raideur.

Le professeur McKief saisit un stylo rouge, prenant garde de ne pas déséquilibrer la précaire pile de copies.

– Bien sûr, M. Klast. Gardez à l'esprit que je suis votre professeur principal : je suis là si vous avez besoin de parler. S'adapter à la vie de pensionnaire est parfois difficile – surtout le fait d'être séparé de sa famille.

– Oh, ne vous en faites pas pour ça : où que je sois, ma famille est toujours un peu avec moi, grinça Peter.

McKief cligna des yeux, se demandant visiblement s'il s'agissait d'une métaphore poétique ou si Peter était plus dérangé qu'il ne l'avait cru.

– Vraiment ? questionna-t-il d'un ton curieux.

Peter esquissa un signe sans réelle signification, puis quitta précipitamment la pièce, refermant la porte derrière lui.

– Il t'a conseillé de ne pas approcher de Matheson ? répéta Maya.

Peter soupira. Il avait lui-même retourné l'avertissement dans tous les sens, et il n'y comprenait toujours rien.

– Peut-être qu'il les a entendus manigancer contre toi et qu'il a essayé de te prévenir ? hasarda Maya.

– Si c'est le cas, pourquoi il me l'a pas dit ? Le problème n'avait pas l'air d'être leur test bizarre, mais plutôt *Matheson*.

– Tu dois reconnaître qu'il n'est pas franchement sympathique…

– Ça, je le sais déjà, et McKief est au courant : la bande de Matheson m'a insulté et fait tomber devant lui des dizaines de fois.

Maya se leva pour faire les cent pas sur le tapis de la chambre.

– Tu as raison, ça doit être autre chose… Imaginons qu'il fasse des trucs pas légaux. McKief aura voulu t'éviter des ennuis.

– Ou imaginons qu'il veuille éviter aux autres de me fréquenter. Après tout, pour tout le monde, c'est moi le délinquant, marmonna Peter.

Maya baissa les yeux. Quelque part en chemin, le petit garçon hyperactif et souriant était devenu un adolescent désabusé et méfiant. Et il était trop tard pour revenir en arrière.

– Est-ce que tu l'as revu ? interrogea-t-elle soudain.

– Qui ? demanda Peter, faisant mine de ne pas comprendre.

Maya émit un bruit d'agacement.

– Movaisogur… répondit-elle d'une voix douce, comme si le murmurer allait rendre le nom plus acceptable.

– Non. Rien depuis le réfectoire.

Peter s'humecta les lèvres et s'assit lourdement sur la chaise de Simon. Il avait été si stupéfait par sa conversation avec McKief qu'il s'était précipité dans la chambre pour tout raconter à Maya sans prendre le temps de monter sur la mezzanine.

De toute façon, Simon est avec ses amis. Il ne reviendra pas avant des heures, pensa-t-il avec amertume.

Maya ne voyait qu'un moyen de remédier à la situation, et il ne lui plaisait pas. Il faudrait agir la nuit : elle avait beau être invisible aux yeux des vivants, un tiroir qui s'ouvrait tout seul ne passait pas inaperçu.

– Si ça se trouve, ce n'est rien, le rassura-t-elle. Je vais me renseigner sur Matheson – j'y verrai sûrement plus clair après avoir lu son dossier. J'irai ce soir.

Peter se leva pour prendre une serviette et une bouteille de shampoing.

– Merci... Maya, souffla-t-il sans se retourner avant de sortir de la chambre.

Maya se rembrunit. Elle n'aimait pas ce que Peter était devenu – cet adolescent amer et renfermé que les Matheson et les McKief avaient fait de lui à force d'acharnement.

Elle ne les laisserait pas faire, cette fois. Et si pour ça elle devait affronter le croque-mitaine dans le bureau du proviseur Bentham, qu'il en soit ainsi.

8

Maya descendit l'escalier qui menait des chambres des première année au bâtiment principal, grommelant contre les architectes qui avaient négligé de faire communiquer l'aile ouest avec celle où se trouvaient les troisième année et le secteur administratif. Elle avait la ferme intention de rendre sa visite dans le bureau du proviseur la plus rapide possible, mais la pensée du croquemitaine la faisait fréquemment ralentir, à la recherche d'un endroit éclairé d'où elle pourrait guetter les environs.

Il ne s'était pas encore montré, ce soir.

Maya pénétra dans le hall et gravit l'escalier de marbre qui montait vers les salles de classe, glissant presque d'une marche à l'autre.

Peter disait souvent qu'elle avait de la chance de ne souffrir ni d'essoufflements ni de points de côté. Surtout quand il regagnait sa chambre après une heure d'éducation physique, traînant les pieds et ahanant tel un asthmatique enfermé dans une mine de charbon.

Maya pensait qu'elle aurait eu davantage de chance si elle avait eu la capacité de traverser la matière pour passer d'un étage à l'autre en un instant.

Elle aurait *dû* pouvoir le faire : elle le méritait, elle était quand même morte ! Mais non, si tous les esprits apparaissaient sans cesse de nulle part et se dissolvaient dans l'air après avoir offert un spectacle glaçant, Maya, elle, était incapable de passer à travers un mur. Ce qui était injuste, puisque les objets, eux, pouvaient la traverser lorsqu'elle essayait de les manipuler.

Elle se demandait parfois si c'était ça la différence : si les autres esprits se jouaient des lois de la physique parce qu'ils n'étaient plus considérés que comme des choses. Si tel était le cas, Maya préférait continuer à monter les escaliers.

Elle écarta ces réflexions parasites d'un geste agacé. Ce soir, elle devait trouver des réponses pour aider Peter. Elle s'éloigna des salles de classe vides et traversa l'étage des troisième année.

De la lumière.

Maya s'arrêta net. Elle entendait des voix de l'autre côté d'une porte – des rires étouffés et des murmures qui allaient *crescendo,* jusqu'à ce que quelqu'un leur chuchote de faire moins de bruit, sans quoi ils allaient se faire prendre.

Elle hésita. Elle devait consulter le dossier. Toutefois, savoir ce qui se tramait pouvait se révéler utile. Était-ce là une des fameuses réunions de Matheson ? Non, impossible : il s'agissait d'une chambre de troisième année et Matheson n'était qu'en première année.

La curiosité l'emporta et Maya se glissa sous la porte sans difficulté – si elle ne pouvait traverser la pierre, elle pouvait, en revanche, passer par les plus petits interstices. À sept ans, Peter en avait été malade de jalousie.

Maya jeta un coup d'œil circulaire dans la pièce : des bouteilles pleines et moins pleines d'un liquide probablement proscrit par le règlement, et cinq garçons secoués de rires se pressant autour d'un objet posé à terre.

– Vas-y, vas-y, à ton tour !

Un garçon roux se redressa avec un sourire mal assuré.

– Je sais pas les gars… Mon grand-père dit qu'il faut pas jouer avec ces trucs-là. Si tu les appelles, ils peuvent venir te chercher comme ça.

Il claqua des doigts pour illustrer son propos, s'y reprenant à trois fois pour produire un son alors que ses camarades s'affaissaient les uns sur les autres à force d'hilarité.

– C'est des conneries, Nielson, répondit un garçon à la peau noire, agitant vaguement sa main en l'air. C'est rien qu'un truc de gonzesses comme les horio… horo…

Il fronça les sourcils, apparemment incapable de se souvenir de la fin du mot, ce qui plongea l'un de ses voisins dans une nouvelle crise d'exubérante allégresse. Finalement, il haussa les épaules.

– Le truc astrorogique, conclut-il, hochant la tête comme si ça mettait un point final à la discussion.

Il prit une goulée d'un liquide que Maya supposait être du whisky.

– Moor a raison, dit un troisième garçon, semblant plus sobre que les autres. D'ailleurs, ma frangine va m'arracher les yeux quand elle verra que je lui ai tiré son…

Il pointa un doigt vers l'objet qui retenait l'attention des autres garçons.

– Son truc, termina-t-il d'un ton résolu.

– Moins que mon père quand il ouvrira la… la penderie à alcools, reprit Moor.

Cette pensée le fit rire aux larmes, tellement qu'il paraissait devoir tomber raide mort à force de rester aussi longtemps sans respirer. Il reprit enfin son souffle.

– C'est pas « penderie », abruti, c'est « placard », reprit le troisième garçon.

L'intervention envoya Moor s'écraser sur le sol, terrassé par un incontrôlable fou rire. Maya plissa le nez avec dégoût avant de se pencher pour voir ce qui les captivait tant. Une planche gravée sur laquelle était posé un pointeur en pierre reposait au milieu des bouteilles. Les lettres de l'alphabet étaient surplombées d'un « oui » et d'un « non » tracés dans le bois en écriture cursive.

Maya eut un sourire narquois. Elle se souvenait avoir déjà vu cet objet dans des séries télévisées : c'était un Ouija, l'instrument qui permet d'entrer en contact avec les esprits.

Ils étaient en veine ce soir, un esprit était justement disposé à leur répondre.

Après tout, il n'était qu'une heure vingt du matin. Elle avait encore largement le temps de fouiller les tiroirs étiquetés par ordre alphabétique de l'énorme meuble trônant dans le bureau de Bentham.

– Je sais pas, reprit le roux, clairement peu emballé à l'idée de consulter l'au-delà.

– Oh, allez, Niels… fais pas le con. Regarde, ajouta un garçon blond qui avait jusqu'alors gardé le silence.

L'air guindé, il réajusta ses lunettes d'une pichenette et lui fourra un verre rempli d'eau sous le nez.

– On a tout prévu. Si le zombie s'incruste, on balance le verre et il se casse.

Il se tut un instant, l'air perplexe, puis pouffa en prenant conscience son jeu de mots involontaire.

Maya commençait à être agacée. Elle n'avait pas laissé tomber ses devoirs envers Peter pour regarder des adolescents complètement ivres ricaner comme des collégiennes.

– Allez, vas-y ! Tu laisses juste l'esprit bouger tes mains, reprit le garçon à la peau sombre qu'ils appelaient Moor.

Joignant le geste à la parole, il saisit d'autorité les mains de Nielson pour les poser sur le triangle de pierre plate.

Le rouquin réajusta sa position plusieurs fois, terminant affalé sur les genoux devant le Ouija. Il s'essuya les paumes sur son pantalon et pinça les lèvres avec détermination avant de fermer les yeux.

– Hmm… Y a quelqu'un ? lança Nielson.

Rien ne se passa et il rouvrit un œil. Le blond à lunettes asséna un coup sur la tête de son voisin de gauche, qui recommençait à glousser.

– Tu dois dire : « Esprit, es-tu là ? », corrigea Moor, renversant une bouteille au-dessus de sa bouche avant de s'apercevoir qu'elle était vide.

Il retroussa le nez dans une expression de mécontentement, puis jeta le cadavre loin de lui.

– OK. Esprit, es-tu là ? répéta Nielson d'un ton nerveux.

D'un coup, Maya se sentait d'excellente humeur.

Ça allait être amusant. Elle se faufila entre les garçons. Moor frissonna et le blond tira sur sa cravate, achevant d'en défaire le nœud.

Maya posa ses mains sur celles de Nielson. Le garçon sursauta, émettant un petit bruit de surprise.

– Ça va, vieux ? questionna Moor.

– Ouais, ouais, c'est rien, dit Nielson.

Il mourait visiblement d'envie de se frotter les mains pour se débarrasser du picotement électrique qui devait avoir envahi sa chair. Du moins, c'était ainsi que Peter l'avait décrit, lors des rares occasions où elle l'avait « touché ».

Ignorant le malaise du garçon, Maya se concentra sur le pointeur et le déplaça.

O

U

I

La pierre produisit un grincement déplaisant contre le bois. Nielson ne résista pas, laissant ses bras être emportés par la force extérieure qui les déplaçait sur le plateau. Le blond à lunettes se redressa, subitement plus sobre.

– Nielson ?

– J'ai pas bougé, j'te jure ! Ça l'a fait tout seul ! répondit l'adolescent, les yeux écarquillés.

Moor leva un sourcil d'un air de doute et Nielson regardait ses mains, comme si elles allaient se détacher de ses bras. Il voulut lâcher le pointeur et reculer, mais le garçon blond fut plus rapide et le retint par les poignets.

– Reste là, c'est génial ! On a un vrai…

Il s'interrompit, peinant à trouver ses mots.

– Casper ? hasarda le garçon affalé à la gauche du blond avant d'ouvrir paresseusement les yeux.

Sa voix fit tressaillir une nouvelle fois Nielson qui, tout comme Maya, avait apparemment supposé qu'il s'était endormi.

– Ouais, ça, répondit le blond, peu ému par l'intervention.

Moor échangea un regard avec le troisième garçon, qui grignotait distraitement le contenu d'un paquet de chips en observant la scène. Maya pouvait presque goûter leur scepticisme dans l'air.

– T'es sûr que t'as pas bougé ? interrogea le garçon aux chips.

Nielson secoua la tête.

– Nan, nan, ça s'est fait tout seul.

– Pose une autre question, alors, suggéra Moor.

Les traits de Nielson se tordirent dans une grimace de concentration, puis une expression triomphante la remplaça. Maya le dévisagea avec curiosité alors qu'il s'appliquait à la « contacter ».

– Qui t'es ? interrogea-t-il.

Maya prit un instant pour réfléchir avant de poser les mains sur celles du Nielson.

S

A

T

A

À ce point, les mains de Nielson se crispèrent et résistèrent à la pression qu'elle exerçait. Le pauvre garçon transpirait abondamment et maintenait le pointeur en place de toutes ses forces. Maya était partagée entre l'hilarité face à la teinte grisâtre qui avait envahi le visage du blond et la contrariété de devoir laisser sa plaisanterie inachevée : elle ne pouvait pas rivaliser avec la force d'un être vivant.

– Tu… tu l'as déplacé, cette fois, hein ? demanda Moor, mal à l'aise.

Nielson secoua la tête. À l'exception de celui qui semblait s'être rendormi, tous les adolescents jetaient à présent des coups d'œil craintifs autour d'eux.

– Je crois qu'on devrait arrêter là, suggéra le blond.

Nielson acquiesça et relâcha le pointeur avec empressement. Maya reprit le contrôle de celui-ci et le déplaça dans un grincement menaçant.

N

Elle n'était pas sûre qu'ils aient encore l'esprit assez clair pour avoir retenu toutes les lettres et réussi à former un mot avec, mais la pierre se déplaçant toute seule fit certainement son petit effet : Nielson poussa un cri perçant qui n'avait rien de très masculin, tandis que Moor attrapait le verre plein d'eau censé repousser l'esprit malvenu et le lançait le plus loin possible. Le verre rebondit sur un coussin et roula vers le blond à lunettes, qui le regarda comme s'il allait se jeter sur lui.

– Il est pas cassé, murmura-t-il, l'air désemparé.

– Qu'est-ce qu'on fait, maintenant ? paniqua Nielson.

Il repoussa le verre du bout de sa chaussure, le surveillant avec une méfiante fascination. Le garçon blond se leva d'un bond.

– Je crois qu'on devrait aller dans notre chambre, décida-t-il. Il y a assez de place pour quatre.

Moor hocha la tête et les trois garçons valides rejoignirent le blond à la porte. Ils tournèrent le dos au mur, s'attendant apparemment à être attaqués par l'esprit qu'ils avaient invoqué.

– Et Jerry ? demanda Nielson en désignant celui qui s'était endormi, affalé sur le paquet de chips à moitié vide.

– Il dort, il lui arrivera rien, dit Moor d'un ton assuré.

– OK, répondit immédiatement Nielson.

Puis les quatre garçons se précipitèrent hors de la pièce, claquant la porte derrière eux, pour se réfugier deux chambres plus loin.

Maya les écouta barricader la porte avec un bureau et des chaises, avant de quitter le premier étage des troisième année en sautillant.

Maya trouva le tiroir étiqueté *M-O* et l'ouvrit. Bien sûr, le bureau du proviseur Bentham était fermé à clef, mais personne n'avait pensé à boucher l'interstice de quelques millimètres entre le battant et le plancher. Elle rit tout haut en imaginant la réaction du pauvre homme si on lui avait dit qu'un fantôme avait fouillé dans ses dossiers pendant la nuit.

– M… Manings… Martin… Massinger… Matheson !

Elle sortit précautionneusement le dossier de Matheson E., veillant à ne rien déranger.

Une seconde : E. ?

Elle contempla l'étiquette apposée sur la chemise beige, déconcertée – elle aurait juré que le prénom de Matheson était Tyler.

Elle ouvrit le dossier et, d'un coup, tout devint clair.

9

– Lui ? T'es sûre ? marmonna Peter dans son porridge.

Maya examina un instant l'adolescent caché dans un recoin du réfectoire. Non qu'elle en eût besoin : une fois qu'on l'avait remarqué, il était impossible de le confondre avec un autre. Des mèches indisciplinées châtain foncé retombaient devant ses yeux et il jetait autour de lui des regards paranoïaques, une expression sombre gravée sur son visage. Elle confirma d'un signe de tête.

– Certaine.

– Mais je ne les ai jamais vus s'adresser la parole.

Maya haussa les épaules.

– Ça arrive. Peut-être qu'ils sont fâchés ou un truc dans le genre…

– Et ils ne se ressemblent pas, pointa Peter, fixant son attention sur Tyler Matheson.

Maya devait en convenir. Les cheveux de Tyler étaient plus clairs, beaucoup plus souples aussi, et le vert de ses iris paraissait soudain fade face au profond outremer des yeux d'Edward. La dissemblance était encore plus évidente quand on considérait leur caractère : l'attitude extravertie et bruyante de Tyler contrastait de façon frappante avec le comportement asocial de son frère. Pourtant, quand on connaissait leur lien de parenté, il devenait aisé de distinguer une certaine similitude dans les traits de leur visage et leur carrure.

– Après tout ce qu'on a entendu sur lui, c'est bizarre de le voir aussi… seul, remarqua Maya.

– Peut-être que les types avec qui il traîne la nuit préfèrent garder leurs distances quand les profs regardent, suggéra Peter. Après tout, il est pas très net.

Maya était peu convaincue. Cependant, c'était si proche de la situation de Peter avec Simon qu'elle n'osa pas insister.

Peter ricana.

– Jamais j'aurais deviné que j'avais été invité par un *autre* Matheson. C'est dingue que ça se sache pas ! Depuis le temps que je suis ici et avec la réputation de Tyler, j'aurais dû en entendre parler, non ?

– Tu es arrivé deux mois après le début des cours, j'imagine que ça avait déjà perdu de sa nouveauté et que personne n'a pensé à te le dire. Et, sans vouloir te vexer, les gens n'ont pas vraiment fait la queue pour venir te raconter les derniers ragots…

Peter montra les dents, puis referma hâtivement la bouche en se souvenant qu'il se trouvait en public.

– Et comment peuvent-ils être tous les deux en première année ? Ils sont jumeaux ?

– Non. Edward a redoublé l'année dernière, expliqua Maya. C'est pour ça qu'il a autant d'influence dans l'école : il connaît tous les première et seconde années, et une grande partie des troisième.

– Redoublé ? Qu'est-ce qu'il a fait, il a tué un prof ? Même moi, ils ne m'ont jamais fait redoubler.

Maya haussa les épaules.

– Aucune idée. Apparemment, les Klast ne sont pas les seuls à avoir sorti leur chéquier pour effacer le dossier de leur fils. Tu te sens moins seul ?

Peter se hérissa. Il détestait quand elle faisait ça. Quand elle parlait de leurs parents comme s'il s'agissait d'étrangers alors qu'eux n'avaient qu'elle en tête depuis plus de quatorze ans.

– Alors, qu'est-ce que tu comptes faire ? reprit Maya.

– J'en sais rien. Parce que, d'accord, c'est pas Matheson-*Matheson*, mais ça pourrait quand même être un sale plan : ils sont frères. Tu crois qu'ils pensaient que je savais qu'ils étaient frères et que je me ferais plus facilement avoir par l'autre Matheson ?

– Edward, précisa automatiquement Maya. Et McKief t'a mis en garde contre lui, non ?

– Ouais, ça aussi. D'un autre côté, ils n'ont pas l'air très proches, alors il est possible que l'histoire avec Edward n'ait aucun rapport avec Tyler. Et Tyler me laisserait peut-être tranquille si je traînais avec son frangin.

– L'espoir fait vivre, hein ? grommela Maya.

Peter voulut répliquer, mais un garçon à l'air mal réveillé prit place à côté de lui. Il dut se contenter de poignarder vicieusement son toast avec le couteau à beurre pour exprimer sa frustration.

– Peter, reprit Maya. Je sais que c'est difficile pour toi, mais réfléchis bien avant de faire quoi que ce soit. On n'a aucune idée de ce que trafique Matheson – Edward, je veux dire. Et si le professeur McKief est intervenu, il y a sûrement une raison. Toute cette histoire de test et de réunions la nuit est bizarre, tu ne peux pas prétendre le contraire. Je ne veux pas que tu aies d'ennuis. Encore.

Peter émit un grognement, espérant qu'elle comprendrait que le moment n'était pas idéal pour en discuter. Son voisin de table lui lança un regard méfiant avant de recommencer à débarrasser méthodiquement son scone de ses raisins secs.

– Bon, je vais faire un tour, annonça Maya. Ne sois pas en retard en maths.

Elle sortit du réfectoire. Laisser Peter seul quand une interrogation écrite surprise était probable éveillait en elle de vagues remords. Cependant, elle ne pouvait s'empêcher de penser que, pour une fois, il lui serait salutaire de subir les conséquences de sa paresse.

– M. Klast, un *excellent* devoir, comme d'habitude.

Peter remua sur sa chaise et regarda le professeur de mathématiques avec gêne. Il essaya de se concentrer sur la peau à présent lisse de celui-ci pour éviter de paniquer.

Serait-ce très déplacé de l'interroger sur le produit miracle qui l'avait débarrassé de sa terrible acné en quelques semaines ? Certains jours, Peter en aurait vraiment eu besoin.

– Merci… m'sieur.

Il prit la copie tendue et fit semblant de lire les annotations à l'encre rouge, essayant d'ignorer la voix qui lui chuchotait qu'Eckhart *savait* qu'il trichait.

– M. Klast, au tableau.

Il releva brusquement la tête.

– Quoi ? demanda-t-il.

Il y eut des rires dans son dos.

– Excusez-le, m'sieur, il a pas encore eu sa piqûre aujourd'hui !

La voix ressemblait singulièrement à celle de Matheson. Peter y prêta à peine attention, à présent face à un problème plus pressant.

Où était Maya quand on avait besoin d'elle ?

– Vu la qualité de votre devoir, il serait profitable à vos camarades de comprendre comment vous avez procédé.

Peter se sentit pâlir. Il resta cloué sur sa chaise, les genoux déjà tremblants.

– Un problème ? questionna Eckhart en levant un sourcil.

– Non, répondit Peter.

Il s'extirpa de son siège et attrapa sa copie d'une main moite. Il se dirigea à pas lents vers l'estrade alors qu'Eckhart s'installait au milieu de ses élèves.

Peter aurait juré que l'ombre d'un sourire sadique était passée sur le visage de l'enseignant. Eckhart n'avait attendu qu'une occasion pour l'épingler depuis son arrivée et Peter tempêtait souvent contre les professeurs vicieux qui n'avaient rien de plus excitant à faire que d'espérer l'expulsion de leurs élèves. Si souvent que Maya avait menacé la veille de ne plus faire un seul de ses devoirs si le nom d'Eckhart franchissait encore ses lèvres.

Peter pensa que si elle avait mis cette menace récurrente à exécution des années plus tôt, il ne se retrouverait pas dans cette situation. Et quel besoin avait-elle d'aller « faire un tour » justement maintenant ? Ce n'était pas comme si quelqu'un l'attendait quelque part ! Sa colère se dissipa après cette réflexion et Peter se sentit un peu cruel de l'avoir eue.

– C'est quand vous voulez, M. Klast. Je suis curieux de voir ce que vous donnez *seul* face à une classe.

L'accentuation de la phrase troubla Peter. Eckhart n'avait aucun moyen de deviner qu'il n'était pas l'auteur de son devoir, n'est-ce pas ? Peter avait eu une moyenne impeccable dans les matières scientifiques depuis… depuis que Maya était morte. Évidemment. Et sa totale incompétence mathématique n'était pas inscrite sur son visage.

Peter réprima un ricanement nerveux à cette idée.

Assise au troisième rang, Megan lui adressa un signe encourageant. Il lui envoya un sourire vacillant en retour et se tourna vers le tableau noir.

Il y avait une petite fille assise par terre.

Peter fit un pas en arrière.

Non. Non, pas maintenant. Disparais !

Marcher sur elle était impensable. Et elle était là, juste sous le tableau, à faire rouler un chariot en bois avec concentration.

– M. Klast ? appela Eckhart, soudain plus inquiet. Est-ce que tout va bien ?

Disparais. Disparais, bon sang !

– Oui, je… Ça va.

Peter leva sa copie pour lire la première ligne de calculs et prit une craie, craignant que celle-ci ne se mette à fondre en bulles crépitantes dans sa main moite, comme lorsqu'il en avait fait tomber une dans un seau d'eau en primaire.

Il contourna la petite fille et entreprit de recopier la réponse apportée par Maya au premier problème.

Il avait le sentiment que ses ennuis ne faisaient que commencer.

L'heure du déjeuner touchait à sa fin et Peter était proche de l'explosion. Sa mauvaise humeur n'avait fait qu'empirer toute la matinée. Il s'était complètement ridiculisé en mathématiques et avait pris deux heures de retenue pour avoir triché, Eckhart décidant que sa triste performance était une preuve suffisante.

Ses mots exacts.

Peter avait passé le reste du cours à faire semblant de ne pas entendre les autres élèves commenter sa prestation.

Il osait à peine penser à la lettre que sa mère lui enverrait quand elle apprendrait qu'il avait encore réussi à noircir son dossier scolaire.

Au déjeuner, Maya n'était toujours pas réapparue. Peter s'installa à une table de troisième année dans l'espoir de passer inaperçu. Il assista alors à un débat concernant la manifestation d'un esprit venu de l'enfer la nuit précédente. Un rouquin aux cernes violacés jurait avoir été attaqué par le démon au cours d'une séance de spiritisme. Il était soutenu dans ses affirmations par un blond à lunettes qui pâlissait d'effroi à ce souvenir. Une brune très maigre, qui devait faire partie des nombreuses demi-pensionnaires déjeunant à St-Gabriel, leva les yeux au ciel. Elle leur conseilla sèchement d'arrêter leurs soirées arrosées avant de commencer à voir des éléphants roses, ce qui fit rire toute la tablée.

Peter, s'étouffant presque de rage, se dépêcha de terminer son repas.

Maya ne perdait rien pour attendre.

– Megan ? Je peux te parler une seconde ?

Paraissant surprise, Megan s'excusa auprès des trois adolescentes avec qui elle discutait et rejoignit Peter à l'extérieur de la salle d'étude, pressant un livre de géographie contre sa poitrine. Il s'appuya contre un mur et humecta ses lèvres, ignorant les vives protestations de Maya, revenue sans explication quelques minutes plus tôt.

– J'ai réfléchi. Pour Matheson, je veux dire.

Megan acquiesça et attendit patiemment qu'il développe.

– Pourquoi est-ce qu'il s'intéresse à moi ?

– Excellente question, Peter, intervint Maya. Ensuite, tu devrais lui demander si leur truc, c'est plus le trafic de drogue ou la prostitution.

Megan haussa les épaules.

– Je ne suis pas sûre, répondit-elle. Tu as l'air d'avoir du mal à t'intégrer, alors il veut probablement t'aider.

Elle mentait. Et assez mal, avec ça. Peter jeta un coup d'œil à Maya, qui enrageait dans son coin.

– Arrête de faire l'idiot, Peter ! Je comprends que tu sois fâché contre moi, mais tu fais une montagne de rien du tout. Je me suis seulement un peu amusée, personne ne fera le lien avec toi. Ils étaient tous complètement ivres, de toute façon.

– Et le test, qu'est-ce que c'est ? interrogea Peter sans broncher.

– Peter ! s'exclama Maya. Tu ne sais pas ce qu'ils font. C'est peut-être dangereux et tu ne peux pas te permettre d'avoir des fréquentations douteuses. Tu as eu une mauvaise journée. Laisse tomber et sers-toi un peu de ta tête pour changer.

– Oh, c'est pas grand-chose. On le fait maintenant, si tu veux, dit Megan.

Peter enfonça les mains dans ses poches d'un geste décidé.

– OK, dit-il d'une voix un peu rauque.

Franchement, se morigéna-t-il, *on est dans un lycée. Qu'est-ce qui peut t'arriver de si terrible ?*

L'expulsion, la déception de sa mère et les imprécations de son père lui rappelant qu'il aurait préféré que Maya soit à sa place lui vinrent à l'esprit. Il s'ébroua pour disperser ces pensées importunes.

Au point où il en était, ce n'était même plus la peine de faire des efforts.

– On y va ? C'est Ryan qui s'occupe de ça, expliqua Megan.

– Ryan ? répéta nerveusement Peter.

Il passa en revue ses camarades de classe sans parvenir à mettre de visage sur ce prénom.

– Il est en deuxième année, précisa Megan.

– Ah, OK. D'accord.

Peter la suivit en silence jusqu'au parc. Ils s'arrêtèrent devant le grillage qui entourait la piste d'athlétisme, près du terrain de basket couvert. Maya avait cessé ses supplications et remontrances, comprenant qu'elles étaient inutiles. Elle se contentait de se tenir près d'eux, tapant du pied sans produire un son.

Il faisait froid. Peter frissonna bientôt de manière incontrôlable dans son uniforme. Il referma les boutons de sa veste avec des mains déjà engourdies. Megan, elle, avait un manteau. Elle lui adressa un sourire coupable alors qu'il se frottait les bras pour faire circuler le sang.

– Il ne devrait pas tarder, dit-elle d'un ton encourageant.

– Oh, je suis sûre qu'il arrivera avant que Matheson ne puisse te casser les doigts d'un coup sec pour les mettre dans son whisky *on the rocks*, commenta Maya. Mais, à ta place, je ne me ferais pas trop d'illusions sur tes chances face à l'hypothermie...

Elle fit une moue désapprobatrice et regarda à travers le grillage. Peter grinça des dents, irrité de la voir se pavaner dans sa légère robe d'été et ses sandales sans souffrir le moins du monde de la température et de la bruine glaciale qui se transformait rapidement en cataractes.

Il baissa la tête et contempla les graviers mouillés qui recouvraient le sol, essayant de ne pas laisser échapper le rire hystérique qui contractait sa gorge.

Tout ça était ridicule. Qu'est-ce qu'il faisait là, à attendre sous la pluie un garçon qu'il ne connaissait pas pour être admis dans la petite bande d'un adolescent bizarre ? N'avait-il pas déjà assez de problèmes ?

– Ah, le voilà ! annonça enfin Megan.

Un groupe de garçons en maillot vert émeraude sortait effectivement du gymnase pour se diriger vers les vestiaires. Ils étaient tous trempés et Peter doutait que ce soit à cause de la pluie. Il reconnut Simon parmi eux, mais celui-ci lui tourna le dos sans le voir.

Du moins, Peter espérait que c'était ça et non une volonté délibérée de l'ignorer en public.

Megan fit de larges gestes en direction d'un grand garçon au teint rouge, dont même à distance on ne pouvait ignorer l'acné galopante. Maya grimaça.

– Oh, je serais toi, je réfléchirais avant de rejoindre leur club. Peut-être qu'en fait, leur truc, c'est d'organiser des soirées « chocolat à volonté », suggéra-t-elle.

– Ryan ! appela Megan.

Celui-ci la salua de loin et leva cinq doigts dans sa direction, puis partit vers les vestiaires au pas de course.

– Je crois qu'il a besoin d'une douche, commenta Megan d'un air embarrassé.

Peter acquiesça, se retenant de faire remarquer que si ce n'était que ça, il pouvait tout aussi bien rester dehors. Agacé, il passa la main dans les mèches de cheveux dégoulinantes qui se collaient à son front.

Une dizaine de minutes plus tard, Megan tirait impatiemment sur sa queue-de-cheval, devenue presque brune sous l'effet de la pluie, et Peter luttait pour ne pas se trémousser, pensant avec nostalgie à l'eau chaude et aux vêtements secs qui l'attendaient dans le pensionnat. Il s'apprêtait à dire quelque chose d'incroyablement stupide dans l'espoir de détendre l'atmosphère quand Ryan émergea finalement des vestiaires. Il avait passé son uniforme et pris la peine de se sécher les cheveux, effort qui se révéla avoir été une perte d'énergie : la pluie s'abattait à présent sur St-Gabriel avec tant de détermination qu'il fut de nouveau trempé avant même de les avoir rejoints.

– Salut ! dit-il d'une voix plus forte que nécessaire. Moi, c'est Ryan, ajouta-t-il en tendant la main à Peter.

– Peter, se présenta celui-ci en la serrant.

– Ouais, je sais. On va à l'intérieur.

Tous trois se dirigèrent vers le bâtiment principal, Maya sur leurs talons. Une fois dans le hall, Ryan les entraîna en direction de l'escalier qui menait aux chambres des première et des seconde années. Il le dépassa pour s'arrêter au pied de la tour qui marquait l'angle sud-ouest du bâtiment. Après un coup d'œil pardessus son épaule pour s'assurer que Megan et Peter le suivaient toujours, il grimpa les marches sans hésitation. Peter toucha timidement l'épaule de Megan.

– Je croyais que les tours étaient interdites d'accès, souffla-t-il pour éviter d'alerter Ryan.

– C'est bon, t'inquiète pas, murmura-t-elle. C'est seulement pour que ça fasse plus… secret, ajouta-t-elle.

Indécis, il s'arrêta et ses muscles se contractèrent sous les vêtements trempés qui frottaient douloureusement contre sa peau. Il fallait être stupide pour risquer des ennuis uniquement parce qu'Edward Matheson et ses larbins trouvaient que c'était cool de faire passer des tests dans un endroit interdit.

Un regard en direction de Maya lui suffit pour se décider : feignant la désinvolture, il suivit Megan.

– Oh, non, ne t'en fais pas, Peter, singea Maya en battant des cils. Tu crois que tu seras envoyé à l'étranger quand tu te seras fait virer ?

Il continua à avancer, mais la crispation de sa mâchoire trahissait sa nervosité. Maya leva les bras en l'air comme pour prendre une invisible divinité à témoin, puis gravit l'escalier escarpé à leur suite, au son des respirations de plus en plus irrégulières des adolescents.

Ryan s'arrêta à mi-parcours et se percha sur le rebord d'une large fenêtre. Megan s'assit sur les marches à sa hauteur. Peter demeura debout, examinant la boue qui maculait ses chaussures.

Il espérait que le test n'incluait ni dégringolade d'escalier en roulades arrière, ni descente de tours en rappel.

– On commence ? questionna-t-il, nerveux.

– Attends, y en a pour cinq secondes, dit Ryan.

– C'est facile, le rassura Megan. Tu ne peux pas le rater.

Ryan laissa son sac à dos retomber lourdement à ses côtés et le secoua, répandant de l'eau dans toutes les directions. Il en extirpa ensuite cahiers cornés, feuilles froissées et livres qu'il empila avec maladresse sur le rebord de pierre. Les feuilles furent accidentellement arrosées au cours de l'opération, et la première page de ce qui semblait être un devoir de physique pleura de longues larmes d'encre. Ryan l'essuya du plat de la main, aggravant le problème. Il le délaissa finalement avec un grognement de frustration pour enfoncer de nouveau ses mains dans le sac. Il les en retira avec une exclamation triomphante, tenant un petit objet enveloppé dans un mouchoir noir.

– Tu as trois chances. Il faut juste que tu en tires une bonne, expliqua-t-il en déballant l'objet.

Peter croisa les bras pour se tenir chaud, complètement perdu.

– Une carte, précisa Ryan en révélant le jeu dans sa main.

Un jeu de tarot, évidemment.

Maya ricana, et Peter dut bien admettre que Matheson avait poussé le cliché un peu loin.

– Je tire une carte ? Et c'est tout ? demanda-t-il, incrédule.

– Oui. C'est une tradition plutôt qu'un test. Tu dois tirer une carte favorable pour que je puisse t'admettre, dit Ryan.

– Favorable ? répéta Peter.

– Il y a trois cartes défavorables : le Pendu, la Mort et la Maison Dieu, expliqua Megan en comptant sur ses doigts. C'est pour ça que tu as droit à trois essais – personne n'a jamais raté.

– L'impuissance, le sacrifice et la ruine, commenta Maya. Comme c'est original.

Peter l'ignora et se concentra ridiculement fort pour une tâche aussi idiote que de tirer une carte. Il en choisit une dans l'éventail que Ryan lui présentait face vers le sol et la retourna lentement, se sentant oppressé.

Un squelette tenant une faux. Des pieds et des mains jonchant le sol.

La Mort.

Ryan rit.

– Pas de chance, mon pote. On recommence.

Il reprit la carte et la remit dans le tas avant de le battre encore et de le lui présenter.

Peter résista à l'envie d'examiner le dos de chaque carte dans l'espoir de deviner ce qui se trouvait de l'autre côté. Il essaya de pousser mentalement Maya à regarder le dessous du paquet, mais vu sa désapprobation concernant toute l'affaire, il n'y avait aucune chance pour qu'elle l'aide. Il s'empara d'une carte sans trop y réfléchir.

Le squelette et la faux. La panique s'empara de Peter et une soudaine bouffée de chaleur lui monta au visage. Le rire de Ryan était plus nerveux. Il reprit cependant la carte et mélangea le paquet une troisième fois.

– Peter, trouve une excuse et sors de là, dit Maya. Tu es médium, tu *sais* que ça va mal se finir. Va-t'en avant qu'il ne soit trop tard !

Peter fit la sourde oreille. Elle avait raison, bien sûr. Cette histoire allait de toute évidence lui créer des ennuis. Mais il était comme un homme à demi ruiné dans un casino, conscient qu'il lui fallait sauver ce qui pouvait l'être et rentrer chez lui, et pourtant hypnotisé par l'improbable possibilité de se refaire.

Sa main tremblait quand il tira la carte, et ce n'était pas dû à ses vêtements mouillés.

Pour la troisième fois, la Mort lui grimaçait un sourire, et Ryan ne riait plus.

10

Maya rentra prudemment dans la chambre, ignorant quel spectacle l'y attendait. Après avoir tiré la troisième carte, Peter l'avait jetée à la tête de Ryan. Il l'avait ensuite copieusement insulté, l'accusant de se moquer de lui. Puis il était parti en courant. Simon s'apprêtait à entrer dans la chambre quand il était arrivé, mais l'évidente furie de Peter l'en avait dissuadé et il s'était retiré dans celle de Ian et de Connor. Peter n'avait même pas semblé remarquer sa présence.

Un volumineux objet projeté du haut de la mezzanine vint s'écraser au sol, accompagné d'une bordée de jurons à faire rougir un supporter de Manchester City. Maya grogna.

Apparemment, Peter avait trouvé le moyen de démonter son lit. Il s'employait à présent à transformer sa chaise en un tas de cure-dents en la jetant contre le mur – le papier peint crème à fleurs bleues avait déjà souffert et le plâtre apparaissait par endroits.

Maya rejoignit Peter dans la mezzanine et resta là,

en silence, pendant qu'il passait sa colère sur le mobilier. Ce n'était pas comme si elle avait pu l'arrêter. Après un moment passé à traiter la Mort de tous les noms, il montra les premiers signes de fatigue. Le rythme de la destruction ralentit notablement tandis que celui de sa respiration s'accélérait. Maya croyait voir les muscles de ses bras protester à chaque mouvement.

Ainsi qu'elle se plaisait à le lui rappeler, Peter n'avait jamais été un athlète.

– En réalité, le treizième arcane désigne rarement la Mort, intervint-elle.

Elle se tut et l'observa, incertaine de s'il allait continuer à l'ignorer ou si sa présence allait déclencher une nouvelle vague de fureur. Il s'immobilisa et elle regretta presque de l'avoir interrompu.

Il émit un hoquet de dérision et lança ce qui restait de sa chaise contre le mur auquel était adossé son bureau, sans prêter attention au contenu de la trousse ouverte et aux feuilles éparpillées.

– Ah ouais ?

Il se laissa glisser par terre et s'appuya contre le lit affaissé avant de s'agiter et d'extirper un demi-réveil de sous sa cuisse droite.

– Pourtant, la Mort, ça me va plutôt bien, reprit-il. Je ne sais pas pourquoi j'ai été surpris !

– En fait, dans la plupart des jeux, l'Arcane XIII ne porte pas de titre et on l'appelle souvent « l'Arcane sans nom », expliqua Maya sans se troubler. La plupart des gens font l'erreur de penser qu'elle est automatiquement liée à la mort alors qu'elle a beaucoup de significations, la plus courante étant celle d'un changement douloureux ou d'une avancée nécessitant un sacrifice.

– Pas que j'aie grand-chose à sacrifier, ironisa Peter en écartant ses explications d'un geste.

Il demeura muet un moment et Maya examina le chaos de sa chambre. Elle espérait qu'il parviendrait à la rendre présentable avant que Simon ne revienne : si l'accès de colère de son frère venait aux oreilles du proviseur, il serait sans doute mis à la porte. Après tout, les circonstances dans lesquelles Peter était arrivé à St-Gabriel avaient rendu tout le monde soupçonneux.

– Je suis vraiment désolée, Peter. Pour le cours de maths, pour le Ouija et aussi pour ne pas t'avoir aidé à choisir cette stupide carte. Je comprends que c'est très difficile pour toi et…

– Je l'ai encore vu, la coupa Peter d'une voix étouffée.

– *Lui* ? demanda Maya.

Il hocha la tête et ramena les genoux contre sa poitrine. Maya pouvait voir les signes d'une nouvelle crise se profiler.

– Il désignait quelqu'un en particulier ?

S'ils savaient qui allait mourir, peut-être… Non, c'était une idée absurde – la Mort était inéluctable, la simple idée de la déjouer n'avait aucun sens. De toutes les visions de Peter, Movaisogur était la plus cruelle : lui montrer l'inévitable ne servait qu'à lui rappeler sa propre impuissance.

Peter fit signe que non sans la regarder.

– Il y avait plein de monde, dans un couloir, marmonna-t-il, au bord de l'incohérence.

– D'accord, répondit Maya. Essaye de ne pas y penser.

Peter ricana sombrement.

– Ne pas y penser ? Il y en a partout ! Les fantômes ont l'air de tous s'être donné rendez-vous ici. Rien qu'hier, j'ai failli crier quand j'ai ouvert le placard à fournitures et qu'un vieux était installé dedans. La Mort passe son temps à me pourrir la vie, à croire que ça l'amuse ! Depuis toujours... Je voudrais qu'ils disparaissent.

Maya eut l'impression qu'il l'avait frappée au visage. Elle se rembrunit et ne dit rien. Elle détestait quand il était comme ça. Quand il oubliait que c'était *lui* qui l'avait suppliée de rester.

Et si les autres esprits commençaient à affluer, peut-être que cela signifiait qu'il était temps.

Peut-être qu'ils étaient finalement venus la chercher.

Elle garda un visage impassible, ravalant sa panique. Elle ne voulait pas aller de l'autre côté, elle était très bien dans le monde des vivants, là où elle pouvait parler à son frère, assister à des cours de physique et terroriser les adolescents crédules.

– Même en carte, elle continue de venir, poursuivit Peter.

Tirée de ses pensées, Maya se retint de lui faire remarquer qu'elle l'avait prévenu que l'invitation de Matheson conduirait au désastre. Elle ignorait ce que le garçon à l'allure maussade mijotait exactement, mais il était clair que quelque chose ne tournait pas rond dans cette histoire de club confinant à la société secrète.

– On va s'en sortir, Peter. Ça va aller, le consola-t-elle, faisant taire sa rancœur.

– Ça va se savoir, continua Peter. Ce genre de truc finit toujours par se savoir et je ne serai plus seulement le tricheur souffre-douleur de Matheson, je serai le barjo bizarre de service et plus personne dans ce lycée ne m'adressera la parole. Enfin, si je ne me fais pas *encore* renvoyer.

Peter avait raison. Simon, Ian et Connor lui parlaient volontiers à l'abri de leurs chambres, pourtant ils restaient hors de son chemin en public, par crainte de se retrouver dans le collimateur de Tyler. Peter faisait mine ne pas s'en rendre compte. Il voulait si désespérément se faire apprécier qu'il aurait tout accepté. Seulement, de nouvelles rumeurs lui feraient perdre jusqu'à ses « amis occasionnels », ainsi que Maya les avait surnommés.

– Il faut ranger la chambre avant que quelqu'un ne la voie. Je crois qu'on peut voler une chaise dans une des salles de classe, dit-elle d'un ton neutre.

Peter acquiesça et se releva pour évaluer les dégâts. Il entreprit de tout remettre en ordre sous les instructions de Maya.

Elle avait toujours été douée pour réparer ce qui devait l'être.

Maya arriva dans la chambre de Stevens beaucoup plus tôt que d'habitude. Elle était restée avec Peter assez longtemps pour s'assurer qu'il irait bien, mais au bout de quelques heures il lui était devenu insupportable.

De quel droit la rendait-il responsable de ce qui lui arrivait ? Elle n'avait pas choisi de mourir ! Si on devait désigner un coupable, ce serait plutôt lui.

Non.

Non, il fallait oublier tout ça. Il n'avait que six ans, à l'époque : il ne savait pas ce qu'il faisait.

Elle s'assit par terre. Ses pas l'avaient automatiquement conduite dans la chambre où elle passait ses nuits. Il faisait encore jour. À cette période de l'année, le soleil se couchait sans prévenir et elle ne voulait pas risquer d'être surprise par le croque-mitaine dans le noir.

– Hey, Turner !

Stevens entra dans la chambre, une serviette lâchement nouée autour de la taille et une autre dans les mains, avec laquelle il se séchait énergiquement les cheveux. Maya détourna les yeux.

– Ouais ?

Turner leva la tête de son livre.

– Je sors ce soir, l'informa Stevens.

– Encore ? dit Turner. Matheson vous tient vraiment en laisse.

– Oh, la ferme ! répliqua Stevens.

Estimant son crâne suffisamment sec, il lança la serviette qu'il avait entre les mains en direction d'une chaise, la ratant d'un bon mètre. Il grogna et la laissa là où elle était, décidant apparemment que la tâche de la ramasser reviendrait au premier qui se prendrait les pieds dedans.

Maya renifla avec mépris : vivre dans un pensionnat de garçons avait de quoi désillusionner la plus enragée des romantiques.

Il jeta la seconde serviette sur son lit et alla chercher des vêtements dans l'une des commodes. Maya ferma les yeux par réflexe, ne les rouvrant qu'au son d'une fermeture Éclair.

Sa tenue était entièrement noire, fut-ce pour mieux se dissimuler dans les sombres couloirs ou l'une des conditions requises pour assister aux réunions de Matheson. Cela n'aurait pas été si étonnant de la part de quelqu'un qui choisissait ses amis en leur faisant tirer des cartes.

Stevens s'affala sur son lit. Il repoussa la serviette humide avant d'attraper un baladeur et d'enfoncer les écouteurs dans ses oreilles.

Maya s'installa à la fenêtre et regarda la nuit tomber, protégée par la lumière jaune de la lampe. Après un temps, la musique qui filtrait faiblement des écouteurs se tut, et Stevens se leva. Vérifiant l'heure de son radio-réveil, il passa une veste de sport noire, avant d'extirper une torche cylindrique de sous son oreiller et de la fourrer dans sa poche. Turner continua de lire sans broncher – il était habitué aux va-et-vient de son camarade de chambre et avait cessé d'y prêter attention. Stevens rabattit sa capuche sur sa tête, masquant une partie de son visage, puis sortit dans le couloir.

Il était temps de découvrir ce que Matheson et sa petite bande fabriquaient.

Maya quitta la chambre à son tour, se cramponnant à l'idée que, là où il y avait un groupe, il y aurait de la lumière. Elle scruta les ténèbres et s'approcha le plus près possible de Stevens.

C'était absurde : si le croque-mitaine décidait de l'avaler, Stevens ne se rendrait compte de rien. Il continuerait de marcher, l'oreille aux aguets et se fondant dans l'ombre. Jamais il ne se douterait que, à ses côtés, un esprit disparaissait à jamais du monde des vivants. Sans un bruit.

Un mouvement, quelque part entre deux fenêtres.

Maya se colla tant à Stevens qu'il frissonna et se plaignit à mi-voix des vieux manoirs humides. Ils atteignirent les escaliers. Stevens s'arrêta, puis sortit la torche et la braqua sur les marches. Il reprit sa progression à pas prudents, se tenant à la rampe d'une main et prenant garde à ne pas trébucher. Maya le dépassa et se glissa dans le rond de lumière jaune sale avec soulagement.

Arrivé en bas de l'escalier, Stevens éteignit la lampe et traversa le rez-de-chaussée en direction du hall. Il s'arrêta juste avant celui-ci et se pressa contre le mur à gauche de la large ouverture ogivale qui y menait.

Le hall était éclairé.

Maya fronça les sourcils. Habituellement, en dehors de celles des salles de bain et des chambres, toutes les lumières étaient automatiquement éteintes à vingt et une heures depuis un appareil d'apparence compliquée dissimulé dans un petit placard. Ce dernier était constamment fermé à clef – personne d'autre que la gardienne, et peut-être Bentham, n'y avait accès.

Il était plus de vingt-trois heures. La gardienne s'était retirée dans sa loge des heures auparavant. Maya pénétra dans le hall désert. Stevens réfléchit avec soin, observant tour à tour la grande porte, l'escalier principal et l'entrée du réfectoire plongé dans les ténèbres de l'autre côté du hall. Il sortit une pièce de sa poche et la jeta le plus loin possible dans le hall. Elle rebondit sur le sol carrelé avec un tintement froid avant de rouler sous une console couverte de prospectus en papier recyclé vantant les activités proposées par St-Gabriel. Le silence retomba lourdement, comme le bruit avait été avalé par le meuble.

Personne ne vint. Stevens sortit de sa cachette et s'aventura dans le hall. Il ne continua cependant pas vers le réfectoire, ainsi que Maya l'avait prévu. Ignorant la large ouverture qui lui faisait face, il se dirigea vers l'une des deux modestes portes en bois situées de part et d'autre de l'escalier de marbre qui menait aux salles de classe. Maya elle-même ne s'était jamais aventurée dans cette partie du manoir, supposant qu'il s'agissait de réserves sans intérêt.

Stevens referma la porte derrière lui et ralluma la torche électrique. Quelques marches conduisaient à une cave soutenue par quatre larges piliers de pierre sans fioritures. La pièce était austère mais propre, et des bidons d'eau minérale montaient la garde telle une rangée de petits soldats devant des cartons soigneusement empilés. Stevens les dépassa, contourna un pilier et disparut.

11

Il y eut un éclair dans le noir, comme des dents de créature de film d'horreur se montrant brusquement. Maya se précipita derrière le pilier, se maudissant de ne pas avoir surveillé plus étroitement l'adolescent.

Un mur.

Comment avait-il pu traverser un mur ?

C'est un vieux manoir, raisonna-t-elle, *et il y a sans doute des passages dissimulés partout.*

Il fallait simplement qu'elle trouve la solution avant d'être rattrapée par le croque-mitaine.

Elle fit de son mieux pour ignorer les ombres mouvantes tout autour d'elle et examina le mur. Ça pouvait être une poignée, une pierre descellée le faisant pivoter... N'importe quoi, vraiment. Cela s'était passé trop vite et elle ne s'était aperçue de rien. Face à elle, il n'y avait que le mur lisse, et pas la moindre fente par laquelle elle puisse se glisser.

Dans son dos, la présence se rapprochait, plus tangible à chaque instant.

Maya refusait de la regarder – si elle se laissait hypnotiser, elle était perdue.

Le mur avançait vers l'intérieur de la pièce en son milieu. La saillie était en partie cachée par la colonne derrière laquelle Stevens avait disparu. Prête à partir en courant si nécessaire, Maya longea la paroi, la parcourant du bout des doigts. L'ouverture se révéla tout à coup, laissant sa main traverser les pierres à l'endroit où la saillie rejoignait le mur. Quelque chose de froid l'effleura dans l'obscurité. Maya jura à voix basse et se glissa vivement dans l'interstice. Elle s'élança dans le passage, se repérant au léger bruit que faisaient les chaussures de sport de Stevens sur les dalles, et rejoignit la réconfortante lueur de la torche.

La forme indistincte les rattrapa en un instant. Maya l'apercevait à la périphérie de son angle de vision, se tapissant dans les ténèbres. Patiemment. Maya se concentra de toutes ses forces sur Stevens, attentive à ses moindres changements de direction afin de ne pas se retrouver hors du faisceau de la lampe.

Le dédale de couloirs s'enfonçait progressivement sous le manoir en escaliers étroits et passages tortueux. Stevens avançait sans hésitation. Maya supposa que ce labyrinthe devait originairement être un moyen pour les propriétaires du manoir de s'enfuir en cas d'attaque.

Cette hypothèse se révéla erronée, ou du moins incomplète, lorsque Stevens s'arrêta pour ouvrir la porte en bois garnie d'une lourde ferronnerie qui marquait la fin du passage dans lequel il s'était engagé.

Un couloir plus large, bordé de quatre cellules suintant l'humidité, apparut. Maya ne se souvenait pas avoir vu une quelconque mention des cachots dans la brochure de St-Gabriel.

Les professeurs avaient-ils seulement connaissance de cet endroit ? Le sol poussiéreux était certes couvert de traces de pas plus ou moins récentes, mais si elle en croyait les allées et venues nocturnes de Stevens, la bande d'Edward Matheson se réunissait au moins une fois tous les dix jours. Il était donc possible, sinon probable, qu'ils soient les seuls à utiliser encore le passage secret.

Celui qui avait découvert l'accès dissimulé dans le cellier avait eu une chance incroyable. C'était le genre de chose qu'on pouvait aisément chercher pendant des années dans une si grande bâtisse.

Stevens frappa quelques coups irréguliers à la porte de la deuxième cellule de droite, là où les barreaux qui fermaient l'étroite fenêtre à hauteur d'homme laissaient filtrer une lumière rousse et vacillante. Un bruit de pas et des murmures se firent entendre de l'autre côté du battant avant que quelqu'un ne vînt ouvrir. Stevens éteignit sa torche et esquissa un signe de tête en guise de salutation. En pénétrant dans la pièce, Maya compta une quinzaine de personnes vêtues de la même façon que lui, jusqu'à la capuche rabattue qui rendait leur visage indiscernable à la lueur d'une unique bougie. Ils gardaient la tête baissée et Maya n'aurait même pas pu affirmer avec certitude que tous les participants étaient masculins.

Ce décorum était risible. Pourtant, elle devait avouer que la vision était assez effrayante : on se serait cru dans un de ces films de prévention sur les sectes, qu'on passait dans les écoles pour expliquer aux adolescents que le satanisme et les suicides collectifs ne constituaient pas une réponse adéquate à l'acné et au mal-être induit par une mauvaise intégration sociale.

Du moins, c'était ce qu'elle en avait retenu.

– Personne ne t'a suivi ?

– Non.

Le garçon qui s'était adressé à Stevens hocha la tête. Maya supposa qu'il s'agissait de Matheson car les autres le regardaient, attendant visiblement son signal pour commencer ce qu'ils étaient venus faire.

Brusquement, quelqu'un trébucha et envoya le bougeoir posé sur une caisse s'écraser par terre, plongeant la cellule dans le noir. La nervosité monta d'un cran et un garçon ordonna d'une voix ferme aux participants de ne pas bouger pendant qu'il cherchait à allumer une lampe.

Maya n'écoutait déjà plus : la silhouette était apparue dans l'ombre. Si près, si près et si *brillante*. Elle sentit son esprit se vider de toute pensée, ignorant ses instincts qui lui hurlaient de chercher une source de lumière.

La chose que Maya avait baptisée « croque-mitaine » tant d'années auparavant l'appelait et elle était d'un coup terriblement… amicale. Maya ne parvenait plus à se rappeler ce dont elle avait eu si peur, parce que la créature semblait aussi douce qu'un gentil animal de compagnie.

Elle voulait la caresser. Peut-être voir si elle ronronnerait. Elle se rendit vaguement compte qu'elle avait commencé à s'approcher de la lueur, la main tendue vers sa fourrure lustrée.

Soudain, la lumière était rallumée dans la cellule et un hurlement d'agonie vrillait les oreilles de Maya. Elle retira sa main avant d'avoir touché le croque-mitaine et ferma la bouche pour faire cesser l'insupportable bruit. Pour la première fois depuis qu'elle était décédée, elle avait l'impression de sentir son estomac se tordre. Elle se plia en deux, étouffée par l'odeur de putréfaction qui envahissait ses narines – comme si quelque chose était mort et avait été laissé à pourrir.

C'était impossible. Elle n'avait pas d'odorat. Pas d'odorat, pas de tympans et pas d'estomac. Et pourtant, en présence du croque-mitaine, Maya pouvait de nouveau imaginer ce que c'était que d'avoir un corps. De souffrir et d'être terrorisé par la sensation de la vie qui s'écoulait entre ses doigts.

Même si, évidemment, sa vie à elle avait déjà été avalée.

Elle s'approcha en chancelant de la bougie près de

laquelle on avait laissé une lampe de poche par précaution. Elle était épuisée, le simple fait de continuer à être là était presque douloureux. Elle ferma les yeux, attendant que l'odeur et les yeux posés sur elle disparaissent. Finalement, le croque-mitaine se fondit dans la nuit et Maya *le* sentit quitter la pièce.

Elle se calma, respirant à fond, même si elle était morte et que c'était ridicule.

Ça va aller, il est parti. Tout va bien. Tout va bien, il ne peut plus t'attraper, maintenant.

Elle reporta son attention à la réunion, murmurant pour elle-même des mots de réconfort inintelligibles. Des rires nerveux éclatèrent parmi les adolescents.

Je ne suis pas la seule à avoir peur du noir, songea-t-elle, encore un peu hébétée.

Elle se demanda si, au fond de leur être, les vivants sentaient eux aussi la Mort les frôler. Si c'était cela qu'ils craignaient sans en avoir conscience.

Stevens avait disparu parmi les silhouettes encapuchonnées pendant qu'elle se laissait fasciner par le croque-mitaine. Maya frissonna. Ça n'avait pas tellement d'importance, elle rentrerait avec n'importe qui du moment qu'il avait une lampe.

Celui qu'elle supposait être Matheson se tenait au centre du grossier demi-cercle formé par les personnes présentes. Il tourna discrètement la tête vers une silhouette restée un peu en retrait qui eut un signe d'assentiment.

– Bon, on va pouvoir…

Un grand bruit retentit dans les cachots et les occupants de la cellule se figèrent, à l'écoute du faible écho qui se répercutait encore contre les murs. Le garçon qui avait parlé releva la tête. Maya resta immobile, pétrifiée par les yeux outremer.

C'était effectivement Edward Matheson et on aurait dit…

Maya aurait juré qu'il la regardait.

Le bourdonnement des murmures s'éleva dans la petite pièce et un adolescent essaya d'ouvrir la porte, attirant l'attention de Matheson.

– Fermez-la, merde ! Ne sortez pas !

Maya émergea de sa transe. Matheson ne se préoccupait désormais que de ramener le calme dans la salle.

Comme s'il ne s'était rien passé.

Maya cligna des yeux. Est-ce qu'elle l'avait rêvé ? Pourtant, cela avait paru si réel…

Dans le cachot, on n'entendait plus que des chuchotements au sujet des surveillants, de la gardienne et du proviseur qui les attendaient probablement derrière la porte pour les mettre dans le prochain train qui les ramènerait chez leurs parents. À ce stade, certains adolescents paraissaient plus disposés à rester enfermés jusqu'au lendemain qu'à affronter ce qu'il y avait dehors.

– Ça doit être un chat ou un truc comme ça, reprit Matheson quand un calme relatif fut revenu.

Il consulta de nouveau l'autre silhouette en silence.

– Écoutez, on va attendre cinq minutes et ensuite…

Mais on ne sut jamais ce qu'il comptait faire par la suite, car un craquement sinistre l'interrompit, beaucoup plus proche cette fois. Le chaos s'abattit avant que Matheson n'ait pu réagir : la porte du cachot s'ouvrit sans qu'on sache exactement du fait de qui et les adolescents se précipitèrent vers la sortie, s'éparpillant en un instant dans les couloirs.

Maya songea que, pour des apprentis hooligans tenant des réunions secrètes en pleine nuit dans ce qui avait dû être le théâtre de tortures et d'interrogatoires, ils étaient bien peureux face à la perspective d'une expulsion.

Demeuré seul, Matheson enleva sa capuche et ébouriffa sa sombre chevelure d'un air las. Maya fuit à son tour, peu désireuse de croiser de nouveau son regard glaçant.

Parce que c'était impossible, n'est-ce pas ? Personne d'autre que Peter ne l'avait jamais vue, au point qu'elle se demandait parfois si elle n'était pas la création monstrueuse de son esprit délirant.

Elle tâcha de se calmer et remonta le couloir vers la massive porte qui séparait les cachots des couloirs du passage secret. Son attention fut attirée par une pile de caisses en bois adossées au mur qu'elle n'avait pas remarquée lors de son arrivée. Certaines étaient à terre et elle soupçonnait qu'il s'agissait de la source du bruit qui avait tant effrayé les compagnons de Matheson : soit quelqu'un les avait heurtées plus tôt, induisant un équilibre instable finalement vaincu par la gravité, soit une personne était passée pendant la réunion et les avait percutées dans la pénombre. Si tel était le cas, le coupable s'était sauvé, ce qui éliminait d'office la gardienne, les surveillants, sans parler du proviseur – si la moitié des récriminations de Mlle Steel sur M. Bentham étaient fondées, il n'y avait de toute façon aucune chance de le trouver hors de son lit au milieu de la nuit. Et la secrétaire savait de quoi elle parlait. Selon Maya, le temps qu'elle passait à observer les faits et gestes du proviseur était presque suspect.

Maya décida qu'elle se préoccuperait de l'identité de l'intrus quand le jour serait levé, et s'enfonça de nouveau dans les couloirs poussiéreux.

Elle s'étonna de ne rencontrer aucun des compagnons de Matheson. À croire qu'ils s'étaient tous évaporés quelque part entre la quatrième cellule et la porte menant aux cachots. Le croque-mitaine semblait avoir lui aussi disparu, peut-être lassé d'attendre qu'elle sorte de la pièce éclairée. Elle pressa tout de même le pas : elle se sentirait plus à l'abri une fois qu'elle aurait rejoint la chambre de Stevens et la lumière diffuse de sa veilleuse.

Après une dizaine de minutes d'escaliers et de couloirs aux coudes abrupts, Maya commença à avoir la curieuse impression que le retour prenait plus de temps que l'aller. Tellement qu'elle était sans doute perdue. Elle jura entre ses dents, sachant qu'elle pouvait encore mettre des heures à retrouver son chemin sous l'imposant bâtiment.

Un bruit de pas feutrés, dans un couloir adjacent, la fit soupirer de soulagement : suivre l'un des adolescents était la meilleure solution. Avec le nombre de réunions auxquelles ils avaient assisté, ils devaient connaître parfaitement les lieux. Maya s'émerveilla encore de la détermination dont Matheson avait dû faire preuve pour acquérir une telle connaissance du manoir. D'un coup, sa réputation ne semblait plus si étonnante.

Pestant contre ces pierres trop parfaitement scellées qui rendaient son passage d'un couloir à l'autre impossible, Maya erra un moment. Elle pensa avoir perdu le retardataire, avant d'apercevoir une forme sombre devant elle. Elle se hâta de la rattraper, se glissant dans le cercle de lumière émis par la lampe sans se préoccuper de son identité. L'inconnu trembla si violemment à son passage que Maya se retourna, marchant à reculons pour le voir. Il s'arrêta et remonta alors maladroitement la fermeture Éclair de la veste de sport noire qu'il portait, opérant de la main gauche. Sa main droite tenait la torche et le bas du vêtement, ce qui dirigeait le faisceau lumineux vers le sol et plongeait son visage dans l'obscurité. Il se retourna ensuite et promena la lampe derrière lui avant de l'éteindre et de tendre l'oreille, comme s'il craignait d'avoir été suivi. Maya le regarda avec curiosité et laissa échapper une exclamation quand il ralluma la lampe, éclairant son visage.

L'homme en noir qui déambulait d'un pas pressé dans les souterrains au beau milieu de la nuit n'était autre que le professeur McKief.

12

– Tu comptes y aller ?

Tiré de sa rêverie, Peter releva les yeux pour voir Simon, Ian et Connor le dévisager par-dessus leurs cartes. Ceux-ci s'étaient engagés dans une partie de poker une demi-heure plus tôt. Peter avait refusé de participer et s'était bientôt retrouvé étalé de tout son long sur le lit de Simon, en proie à l'ennui le plus profond. Son inactivité avait inévitablement conduit ses réflexions vers les commentaires peu flatteurs qu'Eckhart apposerait sans aucun doute sur son bulletin du premier trimestre. Pas très loin de la case dans laquelle étaient signalées les trois heures de retenue qu'il n'avait toujours pas réussi à mentionner à ses parents, malgré deux coups de téléphone de sa mère. Ensuite, l'estomac noué, il avait laissé ses pensées dériver vers son manuel de géographie, dont toutes les pages s'étaient mystérieusement retrouvées collées les unes aux autres pendant la nuit. Et maintenant qu'il y songeait, des élèves qu'il soupçonnait de faire partie de la bande d'Edward

Matheson l'avaient aussi regardé bizarrement ce matin…

Il secoua violemment la tête, regrettant d'avoir refusé de jouer. Cependant, la seule vision du tas de billets de cinq livres qui ne cessait de croître à la droite de Connor suffisait à l'empêcher de revenir sur sa décision : Simon n'avait pas menti, c'était un pensionnat de riches. Peter, lui, était maudit, et se retrouverait vraisemblablement privé d'argent de poche jusqu'à la retraite quand ses parents apprendraient qu'il avait été collé.

– Quoi ? demanda-t-il.

Il baissa les yeux et s'aperçut qu'il avait machinalement froissé une feuille de papier intitulée « Pour les fêtes » et parsemée d'indications cryptiques sur un fond orange criard.

Ian leva un sourcil et s'ébouriffa les cheveux.

– La fête, précisa-t-il.

Il passait la moitié de son temps la main dans sa tignasse blond-roux. Simon avait un soir chuchoté à Peter que Ian avait gardé ce tic de l'époque où ses cheveux étaient sa plus grande fierté – fierté que le règlement de St-Gabriel l'avait obligé à transformer en coiffure convenable à grands coups de ciseaux. Les mèches qu'il tentait de ramener devant son visage atteignaient à présent à peine le milieu de ses oreilles. Maya faisait souvent remarquer que s'il continuait à les toucher sans arrêt, il ne tarderait de toute façon pas à devenir chauve.

– Mmm, je suis pas sûr, répondit Peter. Déjà, quel

genre de fête célèbre… les fêtes de fin d'année ?

Il considéra le *flyer* d'un air dubitatif. On le lui avait glissé dans les mains au détour d'un couloir. Par erreur, supposait-il : aucune personne sensée n'inviterait le souffre-douleur préféré de Tyler Matheson.

– Ça célèbre Noël, abruti, intervint Connor. Et les vacances. Bon, d'accord, surtout les vacances. C'est pas trop tôt, j'ai l'impression que ça fait des années que je ne suis pas sorti de cet endroit pourri.

Ian ricana. Peter roula sur le ventre pour trouver une position plus confortable. Il ne releva pas l'insulte : chez Connor, c'était presque une marque d'affection.

– Les vacances d'automne remontent à moins de deux mois, pointa Simon. Pas que je serai fâché de me tirer d'ici, ajouta-t-il après un coup d'œil incrédule de la part de Ian.

– Moi, si, marmonna Peter entre ses dents.

– Hein ? demanda Connor.

– Nan, rien. Vous y allez, vous, à cette fête ?

Simon posa ses cartes en un tas net face contre terre.

– Ian ? questionna-t-il.

Ce dernier fronça les sourcils et se frotta le nez à l'endroit exact où se regroupaient une dizaine de taches de rousseur. Une autre manie qui témoignait du nombre d'heures incalculable qu'il passait devant le miroir de la salle de bains.

– C'est demain soir. Un mardi, dit-il pensivement. C'est un bon choix, le vieux Bentham s'attendra moins à ce qu'on fasse ça en plein milieu de la semaine – on est censés être crevés. En tout cas, les profs et les surveillants le sont. Par contre, ajouta-t-il après une pause, ils savent qu'on essayera de faire une fête avant les vacances, et il reste seulement huit jours de cours, alors, ils seront plus méfiants…

Il se tourna vers Connor. Celui-ci leva les yeux au ciel et plaça lui aussi son jeu sur le parquet, interrompant la partie avec un regret palpable. Peter ne le blâmait pas, vu sa chance. Ou peut-être était-ce de l'habileté. L'Asiatique suivit son regard.

– Mon vieux me fait jouer depuis que j'ai quatre ans, expliqua-t-il.

– C'est vrai ? questionna Peter.

Il jeta un coup d'œil vers les autres. Il était à présent habitué à l'humour particulier de Connor, qui racontait souvent n'importe quoi juste histoire de vous mener en bateau. Ian confirma distraitement, absorbé par le calcul des probabilités de participer à la célébration clandestine sans encombre.

– Ouais. Le poker, c'est un peu son credo. Il fait même une partie avec chaque type qu'il embauche, répondit Connor. Il dit qu'il y a pas mieux pour voir si le gars a ce qu'il faut pour bosser pour lui.

– Je croyais que pour gagner au poker, l'important, c'était de savoir mentir, dit Peter, perplexe.

Connor se mit à rire.

– Exact, mon pote, exact !

– Et la fête ? intervint Simon.

Ian consulta Connor d'un regard.

– C'est bon pour moi, annonça-t-il. Il paraît que des troisième année ont trouvé un nouveau passage et que plein de filles vont venir, alors ça vaut la peine de tenter le coup.

– J'en suis aussi, annonça Connor. Et j'espère qu'Elena Gates sera là parce qu'elle a des…

Peter se tourna vers Simon, qui lui offrit un pâle sourire.

– Et toi ? l'interrogea-t-il.

– Oh, oui, sûrement, répondit Simon.

– Ça va pas ? T'as l'air un peu…

Peter compléta ses paroles d'un geste de la main.

– Non, c'est rien. Je ne suis juste pas impatient de montrer ma note de maths à mes parents. Eckhart est un vrai salaud quand il s'y met.

– M'en parle pas, grommela Peter, enfonçant son visage dans les draps.

Il se mordit la lèvre et écouta Connor et Ian qui continuaient de discuter des charmes respectifs des filles qui partageaient leurs cours. Ce genre de sujet le mettait assez mal à l'aise, en grande partie parce qu'il ne savait jamais si Maya écoutait.

– Simon ? appela-t-il finalement.

– Oui ?

– Pourquoi vous ne m'avez pas prévenu qu'il y avait deux Matheson ?

La question le travaillait depuis que Maya lui avait révélé l'existence d'Edward et il ne parvenait pas à décider s'il se sentait trahi ou curieux.

– Oh, tu as eu affaire à Edward ?

Les sourcils de Simon disparurent pratiquement sous sa frange. Connor et Ian s'étaient tus et dévisageaient Peter. Celui-ci se sentit rougir et il regretta d'avoir ouvert la bouche. Il s'éclaircit la gorge, n'ayant aucune intention d'évoquer le désastre des cartes.

– Pas vraiment. En fait, j'ai parlé à une fille qui, euh... m'a parlé de lui, conclut-il pauvrement.

Une amie de Matheson ? Pouvait-on qualifier d'« amis » les personnes prêtes à le rejoindre en pleine nuit, mais qui ne lui adressaient pas la parole en plein jour ?

– Une fille ? questionna Ian.

– Ouais, Megan quelque chose.

– Ah, Jones ? La mignonne petite rouquine ? demanda Connor. Elle fait partie de la bande de Dracula ? J'aurais jamais cru...

– Dracula ? répéta Peter, déconcerté.

– Oui, on l'appelle comme ça. Parfois, dit Simon. Bon, d'accord, tout le temps, rectifia-t-il.

– Pourquoi ?

– À cause de son caractère solaire, répondit Ian, éclatant de rire.

Ce n'était pas particulièrement drôle. Toutefois, Peter ne put s'empêcher de se joindre à l'hilarité générale.

Edward Matheson collait assez bien au personnage, même d'un point de vue physique, et entendre se moquer de quelqu'un d'autre que lui était réconfortant.

– Non, sérieusement, pourquoi vous ne m'en avez pas parlé ? reprit-il.

Simon haussa les épaules.

– Je pensais que tu étais au courant, répondit-il. Les frères Matheson sont presque des célébrités à St-Gabriel et j'avais pas imaginé qu'on pouvait y passer plus d'une journée sans le savoir.

– Pareil, dit Connor en déballant un demi-chewing-gum enveloppé dans un morceau de papier d'allure douteuse.

– Euh... vous étiez là ces deux derniers mois ? Personne ne m'a adressé la parole, à part pour me demander de lui passer la sauce tomate !

Les trois garçons eurent la bonne grâce de sembler embarrassés devant ce rappel de leur absence de soutien face aux problèmes de Peter.

– Je suis passé pour un débile quand on est venu me parler de Matheson et que j'ai cru qu'il s'agissait de Tyler, reprit-il.

Connor étouffa un ricanement, enfournant le chewing-gum dans sa bouche.

– D'abord, pourquoi il y a deux Matheson dans la même année ? Ils sont jumeaux ? questionna Peter, espérant que les autres lui en apprendraient plus que Maya.

– Nan, Dracula a redoublé sa première année. Personne ne sait comment il s'est débrouillé, mais je crois qu'il a été « absent » longtemps, expliqua Connor.

– Absent ? Genre malade ?

Connor secoua la tête.

– Ça m'étonnerait. De toute façon, on sait pas grand-chose sur lui, à part que sa famille a du fric et que lui et son frangin ne peuvent pas se voir en peinture – c'est en partie à cause de leurs engueulades que tout le monde les connaît.

– Ils ne s'entendent pas ? Pourquoi ?

Ian eut un mouvement résigné.

– Va savoir. Même s'il a un genre de cercle, Edward n'est pas très populaire. Beaucoup de gens le trouvent bizarre et il y a des tas de rumeurs sur lui.

– Des rumeurs ?

– Oh, du classique : drogue, prostitution, cérémonies nu dans des cimetières sous la pleine lune, meurtres… Les mêmes que sur toi, dit Simon avec un sourire qui découvrait toutes ses dents. Alors, tu iras à la fête ? continua-t-il sans transition.

– Ouais. Ouais, je crois que je vais y aller, répondit Peter.

Connor reprit impatiemment ses cartes en main.

– Génial ! commenta-t-il. Et maintenant, dites tous adieu à vos biffetons !

Peter leva les yeux vers le plafond et replongea dans ses réflexions moroses.

Il se demandait si Maya serait réapparue à temps pour l'aider à faire son devoir de littérature.

Maya examina avec concentration la couverture du livre aux pages jaunies posé sur la table. Elle jeta un coup d'œil circulaire en direction des rayons poussiéreux de la bibliothèque. Elle avait passé de plus en plus de temps ici au fil des semaines et il n'y avait presque jamais personne dans la section « Paranormal – Spiritualité ». Maya se sentait un peu coupable d'abandonner Peter dans le pensionnat. Cependant, le bâtiment ne présentait que peu d'intérêt durant les heures de classe. L'atmosphère sereine et dépassionnée qui régnait dans la bibliothèque était aussi la bienvenue : Maya avait besoin de s'éloigner de la véritable fourmilière qu'était St-Gabriel pour réfléchir au calme.

Cela faisait une dizaine de jours qu'elle avait assisté à la réunion avortée du groupe de Matheson et elle n'en avait toujours pas parlé à Peter.

Pas plus que de la présence du professeur McKief.

Pourquoi n'avait-il pas attrapé les participants à la réunion quand il en avait eu l'occasion ? Elle n'arrivait pas à se l'expliquer. L'idée qu'il ait pu lui-même en faire partie l'avait effleurée – après tout, il portait des vêtements noirs et, dans l'obscurité, elle n'avait pu reconnaître personne. Peut-être qu'il ne faisait qu'un avec celui dont Matheson avait presque eu l'air de suivre les ordres pendant la réunion, songeait-elle parfois. Mais en quoi les activités d'un groupe d'adolescents intéresseraient-elles un professeur ?

Et si ce n'était pas le cas, que faisait McKief dans le souterrain ?

Elle aurait voulu parler de ses découvertes à Peter, mais l'état d'agitation dans lequel il se trouvait déjà à l'idée d'affronter leur père à Noël l'avait dissuadée d'aborder le sujet. Cela ne ferait qu'ajouter à ses inquiétudes pour rien.

Sans compter qu'il était devenu difficile d'avoir une conversation avec lui. Il passait tout son temps libre à jouer l'ombre de ses nouveaux amis – le garçon roux, l'Asiatique avec la scoliose et Henlich. Maya se renfrogna. Ceux qui laissaient Peter se faire ridiculiser quotidiennement sans jamais intervenir étaient pourtant toujours prêts à occuper sa chambre.

Elle soupira et parcourut du bout des doigts le titre gravé dans la couverture de cuir du vieux livre : *Oniromancie et communication avec l'au-delà par les rêves : comment faire parler vos morts.*

Le livre racontait n'importe quoi, c'était évident. Sans compter que Peter serait furieux si elle s'immisçait dans ses rêves. L'idée de connaître leur contenu était pourtant séduisante. Il n'était pas rare qu'elle le trouve empêtré dans ses draps au petit matin, suant et se débattant. Peter prétendait systématiquement avoir tout oublié à son réveil.

Elle savait qu'il mentait.

Elle espérait seulement que ce n'était pas une évolution de ses « capacités ». Faire des rêves prophétiques ou peuplés de messages de disparus n'était vraiment pas ce dont il avait besoin en ce moment. Surtout que, si les cachots du sous-sol avaient été actifs à une certaine époque, les esprits tourmentés ne devaient pas manquer à St-Gabriel.

Elle feuilleta le livre, faisant s'élever un léger nuage de poussière. Non, utiliser Peter était hors de question. Le regard de Matheson rencontrant le sien lui revint en mémoire. S'il avait la moindre prédisposition médiumnique, ça pouvait fonctionner. L'occasion de parler à quelqu'un d'autre que Peter... Maya y pensait, quelquefois.

Plusieurs fois par jour.

Et au final, malgré d'interminables rêveries détaillées et plutôt tirées par les cheveux, elle était moins excitée que terrifiée par cette possibilité : elle avait même renoncé à se rendre dans le réfectoire aux heures des repas pour éviter de se trouver sur le chemin de l'adolescent.

Elle posa la tête sur ses bras croisés. De toute façon, elle avait probablement tout imaginé, puisque Peter était le seul vivant à la percevoir.

Pourquoi Edward Matheson serait-il différent ?

13

Peter s'écarta d'un bond pour laisser une blonde qui riait beaucoup trop pour être sobre se vautrer sur la table. Elle entreprit de remplir d'une main mal assurée son gobelet du liquide suspect qui remplissait l'un des bols à punch. Elle éclaboussa la chemise de Peter en se redressant et celui-ci laissa échapper un couinement.

– Tu aurais dû mettre un tee-shirt, remarqua Maya. Si tu arrives en classe avec une énorme tache orange sur ton uniforme demain, tu vas te prendre une colle.

Peter grogna, n'essayant même plus de faire taire la petite voix dans sa tête qui lui disait qu'aller à cette fête était la plus mauvaise décision qu'il ait prise depuis le test de Matheson.

– Ne rêve pas, ta veste ne pourra pas cacher un truc de cette taille, continua-t-elle. Évidemment, si tu n'avais pas laissé Connor se servir de ta chemise de rechange comme serpillière, ce ne serait pas un problème.

Peter grogna avec mauvaise humeur. Il n'avait reconnu le chiffon que Connor trempait avec enthousiasme dans du soda renversé qu'une fois que le mal était fait.

Il espérait qu'il y avait une bonne réserve d'eau de Javel dans la buanderie.

Il s'enfonça davantage dans un recoin sombre, à gauche des rafraîchissements, pour éviter la horde d'adolescents suants et assoiffés qui revenaient de la piste de danse improvisée. Peter détestait chaque minute de cette fête, mais il devait reconnaître que les organisateurs avaient fait un travail impressionnant : les indications avaient été passées dans la plus grande discrétion, des filles avaient effectivement été introduites à l'intérieur de la propriété après le couvre-feu, et tous les ingrédients d'une soirée réussie étaient réunis.

Peter n'avait d'ailleurs toujours pas compris comment ils avaient déplacé la grosse chaîne stéréo jusque dans ce bâtiment sans se faire prendre. Il s'agissait de l'une des dépendances utilisées par certains clubs ou lors d'événements scolaires, telle l'exposition de la classe d'arts plastiques. Maya prétendait que le lieu avait été une salle à manger d'été du temps des propriétaires d'origine.

Il s'appuya contre le mur et tapa nerveusement du pied, se retenant de geindre à voix haute. Maya se serra près de lui et il s'apprêtait à lui dire de s'écarter quand il remarqua son visage renfrogné.

– Quoi ? fit-elle d'un ton brusque. Il n'arrête pas de me fixer, ça me porte sur le système !

Il leva un sourcil.

– Lui, là ! précisa-t-elle.

Peter suivit son regard pour découvrir une fille assise sur une chaise, un gros chat aux longs poils blancs sur les genoux. L'animal était caressé par deux autres adolescentes qu'il ignorait ouvertement, surveillant Maya avec attention. Peter étouffa un ricanement mais n'osa aucune remarque, de peur qu'on l'entende malgré la musique.

Maya plissa les yeux.

– Ce n'est pas drôle ! Ce chat est là depuis plus de vingt minutes et il ne m'a pas lâchée une seconde.

Peter toussa contre son poing, émettant un son qui ressemblait étrangement à : « coup de foudre ? »

– Au moins, maintenant, on sait que ce n'était pas parce qu'elle te détestait que Kitty-la-Borgne crachait quand on passait devant chez les Rowley, dit Maya. J'étais *sûre* qu'elle me voyait !

Elle se mit ensuite à marmotter sur l'injustice du monde qui avait trouvé bon de rendre médiums des créatures sans conversation.

Peter considéra l'idée un instant, aussi choqué qu'amusé – parce qu'un chat médium, vraiment… Cependant, les yeux de l'animal suivaient les déplacements de Maya d'une façon qui écartait l'hypothèse de la simple coïncidence.

– À propos de coup de foudre, reprit Maya, narquoise, regarde qui est là !

Peter dut s'extraire du renfoncement où il s'était mis

à l'abri pour voir une queue-de-cheval rousse fouetter l'air. Une fille en jeans lui tournait le dos, sautant avec enthousiasme au son d'un groupe de metal. Se sentant observée, elle se retourna et Peter rougit jusqu'à la racine des cheveux. Elle lui adressa un demi-sourire, mais une autre fille suivit son regard et chuchota à son oreille. Megan hocha la tête et retourna à son pogo après un dernier coup d'œil vers Peter.

– Quelqu'un a un faible pour le terrible sbire de Matheson, pas vrai ? dit Maya d'une voix moqueuse. Pas la peine de nier, je sais que tu as un truc avec les rousses depuis Susan Woods, en deuxième année de maternelle, continua-t-elle, feignant un air ému.

Peter ébouriffa ses cheveux, exaspéré, et décida qu'il était temps de retourner dans sa chambre. Il ne manquerait plus qu'il se fasse attraper dans les couloirs après le couvre-feu !

Il commença à battre en retraite, se glissant entre les couples qui s'embrassaient furieusement et ceux qui se contentaient de se balancer – voire de tituber, selon la quantité de punch vodka-whisky absorbée – au son d'un slow. Sa progression était lente et il se fit marcher sur les pieds plus souvent qu'à son tour.

– C'est la première fois que je vois une fête où il est plus difficile de sortir que d'entrer, fit Maya.

Peter se retint de répliquer qu'elle n'avait pas été à beaucoup de fêtes, lui-même n'ayant que rarement été invité, passé les goûters d'anniversaire de la primaire.

À moins que ce ne soit ce qu'elle faisait lorsqu'elle disparaissait ?

Il écarta l'idée avec un reniflement amusé – c'était trop ridicule pour qu'il pose seulement la question.

Il entreprit de contourner une brune assez encombrante, marmonnant des « pardon ! » de plus en plus forts sans résultat, puis elle s'écarta, révélant ce qui se trouvait derrière elle.

Movaisogur.

– Oh ! souffla Maya.

Elle recula et se cacha derrière Peter. Mais la grande silhouette dissimulée par la cape noire ne leur prêtait pas attention, soulevant une lanterne pour mieux éclairer le sablier qu'elle tenait d'une main pâle.

Elle n'avait pas de visage.

D'un coup, la musique s'arrêta et quelqu'un cria :

– Barrez-vous, les profs arrivent !

Immédiatement, les élèves abandonnèrent la piste de danse et se précipitèrent vers les issues, se poussant et trébuchant. Peter, qui s'était instinctivement retourné vers celui qui avait parlé, ne trouva plus que du vide là où s'était tenue l'apparition. Maya resta où elle était, la crainte évidente sur son visage.

– Passe par-derrière, il y a une autre porte, dit-elle soudain.

Peter acquiesça et lutta contre le courant des fuyards qui espéraient se fondre dans l'obscurité et regagner leur chambre sans se faire repérer – dans la panique générale, certains y parviendraient sans doute. Il atteignit enfin une porte donnant dans une serre, garnie de tréteaux et d'étagères métalliques qu'il distinguait mal dans le noir.

Maya désigna une porte vitrée.

– Là-bas !

Peter trébucha jusqu'à elle et se prit les pieds dans une bâche en plastique transparent qui brillait sinistrement à la lumière de la lune. Il appuya sur la poignée, priant pour que le bâtiment ne soit pas fermé à clef, et étouffa une exclamation de triomphe quand celle-ci s'ouvrit.

– Et maintenant ? demanda-t-il.

– Tu ne peux pas retourner à l'intérieur par l'entrée principale. Pour le moment, elle est surveillée, et ils la verrouilleront quand tout le monde ira se coucher, dit Maya.

Peter savait qu'il s'était lui-même mis dans cette situation et que Maya n'y était pour rien. Et pourtant, il était en colère – n'aurait-elle pas pu le prévenir avant qu'il ne soit trop tard ?

– Tu suggères quoi ? Que je grimpe dans un arbre jusqu'au toit pour me laisser glisser dans une cheminée ? Aucun problème ! Ensuite, il ne me restera plus qu'à rester en vie pendant la descente et à retourner dans ma chambre en balayant la suie derrière moi.

– Ne sois pas idiot, répliqua Maya d'un ton cassant. C'est un grand manoir et il y a des dizaines d'entrées.

La gardienne passerait des heures à en faire le tour si elle fermait tout hermétiquement avant d'éteindre les lumières, non ?

Peter haussa les épaules, peu convaincu, même s'il espérait de tout cœur qu'elle avait raison : le vent était glacial, il était tard et il avait cours le lendemain matin. Autant dire que l'idée de passer la nuit dans le parc n'était pas spécialement plaisante.

– Peter, vite, cache-toi ! s'exclama Maya.

Il s'exécuta sans réfléchir, plongeant dans l'ombre d'un buisson à l'instant où apparaissait la lumière d'une torche. Il pria pour que ce ne soit pas un professeur à la recherche d'élèves. Pour autant qu'il puisse en juger, il était le seul à être parti de ce côté, cependant il n'aurait aucune chance d'échapper à une fouille méthodique des lieux.

Il y eut des bruissements à gauche de l'inconnu, probablement la simple manifestation du vent dans les feuilles mortes de cette semaine d'hiver sans neige. L'inconnu braqua la lumière dans leur direction. Il illumina la paroi de la serre, puis promena le faisceau de la lampe tout autour de lui avant de le baisser vers ses pieds pour éclairer son chemin. Mais Peter l'avait distinctement vu.

Edward Matheson.

Maya se recroquevilla derrière lui, ce qui n'avait aucun sens parce qu'elle ne risquait rien. Contrairement à lui.

– Maya ? souffla-t-il.

– T'as vu ? L'état dans lequel il est…

Peter ouvrit la bouche pour répondre par la négative, puis la referma, comprenant d'un coup ce qu'il venait d'apercevoir. Pas seulement la silhouette de Matheson, mais le rouge dégoulinant de son arcade sourcilière gauche, la chair qui tournait au violet autour d'un œil qu'il gardait difficilement ouvert et sa lèvre inférieure fendue déjà gonflée. Aussi ses vêtements en lambeaux et éclaboussés de sang qui lui donnaient l'air de sortir d'un de ces films fantastiques que Maya tenait absolument à voir tard le soir quand ils habitaient encore à la maison.

Matheson lui tournait à présent le dos. Quoi qu'il soit allé faire au beau milieu de la nuit, il regrettait sûrement de ne pas être resté dans sa chambre. Il poursuivit son chemin vers l'aile est du bâtiment principal, loin de l'entrée éclairée d'où parvenaient les protestations des élèves pris en essayant de se glisser à l'intérieur.

– Je crois qu'on devrait le suivre, suggéra Maya. D'après ce qu'on raconte sur lui, il devrait connaître un moyen d'entrer sans se faire repérer.

Peter avala sa salive et rampa à la suite de l'adolescent, prenant garde de ne pas faire de bruit et de ne pas quitter l'ombre des massifs qui parsemaient le parc. Il se sentait incroyablement ridicule à filer Matheson tel un agent secret, achevant au passage de détruire ses vêtements contre le sol humide qui y laisserait sans nul doute des traces brunes et vertes. Maya était plus ridicule encore, rampant à ses côtés comme si elle allait se faire *repérer.* Peter était fatigué, il avait froid et peur. Au bout de quelques mètres, il dut se mordre la lèvre pour s'empêcher de lui crier de se relever parce que – merde ! –, avec tout ce qu'elle geignait que personne ne la voyait, elle aurait au moins pu profiter des avantages, non ?

Matheson progressait avec circonspection. Néanmoins, son pas assuré suggérait que le chemin lui était familier. Il boitait et Peter l'imagina roué de coups de pied ou frappé avec une batte de base-ball dans une ruelle sombre, tels ces adolescents qui remplissaient les colonnes des faits divers. Après deux ou trois interminables minutes, Matheson se faufila derrière un groupe d'arbustes et disparut derrière l'angle sud-est du manoir. Peter, voyant arriver la fin des massifs, chuchota à Maya de le suivre. Celle-ci s'exécuta de mauvaise grâce, si lentement qu'il avait envie de la houspiller. Il n'osa pas, craignant d'être vu tout autant par un professeur que par cet élève bizarre que tout le monde semblait redouter un peu et détester beaucoup, à part lorsqu'il organisait une de ces réunions dont on ne parlait qu'à mots couverts. Ce garçon qu'on surnommait Dracula quand il n'était pas là pour l'entendre et dont on disait qu'il n'adressait la parole à son propre frère que pour l'insulter.

– Ça y est, tu peux y aller !

La voix de Maya tira Peter de ses pensées et, toujours à quatre pattes, il se tordit le cou pour apercevoir son visage.

– Tu peux te relever aussi, continua-t-elle avec un sourire moqueur.

Peter grinça des dents et se remit debout.

– Viens ! Par ici ! l'appela Maya.

Il ne s'était jamais aventuré de ce côté du manoir et il espérait que Maya savait ce qu'elle faisait : la propriété était grande et il aurait tôt fait de se perdre. Elle lui indiqua un arbre au tronc épais dont il distinguait à peine les contours. La lumière de l'entrée ne filtrait plus à cet endroit, et seule la lune aux trois quarts pleine l'éclairait.

– Tu te fous de moi, marmonna Peter.

– Non, regarde ! Cette branche atteint presque la fenêtre. Matheson a dû la laisser ouverte quand il est sorti, et avec un peu de chance…

Peter avait envie de s'arracher les cheveux de frustration. Il se concentra sur son souffle et s'efforça de ne pas s'énerver.

– Maya, tu connais ma note de gym, pas vrai ?

Maya hocha la tête. Elle se tenait très près de lui et elle semblait scintiller sous la lumière lunaire : elle était si *pâle*. Soudain, elle avait vraiment l'air d'un fantôme et cette vision fit courir des frissons désagréables le long de son dos.

Ou peut-être n'était-ce que le froid.

– Tu *sais* que je suis incapable de grimper jusque-là ! Non mais, tu as vu le saut qu'il faut faire entre la branche et la fenêtre ? C'est qui ce Matheson, un écureuil ? Moi, je vais m'écraser par terre comme un sac de briques, c'est sûr !

Une expression de compréhension passa sur le visage de Maya et Peter se sentit un peu offensé qu'elle n'essaye pas de le rassurer sur ses capacités physiques.

– Désolée, Peter, je ne vois pas d'autre moyen. À moins que tu ne préfères passer par l'entrée principale en gardant tes mains au-dessus de la tête…

Quelque chose s'abattit sur l'épaule de Peter. Il poussa un hurlement perçant, immédiatement étouffé par une main sur ses lèvres. Maya ouvrit la bouche sans proférer un son, les yeux ronds.

– Du calme, M. Klast.

L'inconnu le fit se retourner et il fut aveuglé par une lumière blanche. Il ne criait plus, cependant il respirait vite et fort, entendant son sang battre à ses oreilles. La main qui agrippait son épaule se resserra et le secoua.

– M. Klast ! Calmez-vous, c'est le professeur McKief !

Peter se détendit. Le professeur le retint encore un instant, puis le lâcha et réorienta le faisceau de la lampe de façon à ce qu'il puisse voir son visage. Peter regarda en silence dans les yeux vert pâle de son professeur de littérature.

Oh non. Non, non, non ! Tout sauf ça !

– Est-ce que ça va ? s'enquit McKief. Pendant une seconde, vous aviez l'air…

Hystérique ? Dérangé ? Coupable ?

Peter fit signe que oui et humecta ses lèvres sèches.

– Je suis foutu, pas vrai ? croassa-t-il finalement.

– Foutu ?

Le professeur McKief lui adressa un sourire teinté de curiosité. Du coin de l'œil, Peter remarqua que Maya s'était placée dans la zone éclairée et il se souvint vaguement l'avoir déjà vue faire ça. Il baissa la tête.

– Je vais être renvoyé, marmonna-t-il. Je veux dire… vous avez vu mon dossier. Vous m'avez même demandé de ne pas m'approcher de Matheson. Alors, vous savez qu'il suffirait de pas grand-chose pour que je me fasse virer…

L'expression sereine de McKief donnait envie à Peter de l'étrangler. Il aurait préféré qu'il se mette à crier plutôt qu'il l'observe calmement, comme s'il était normal de trouver un élève dans le parc à une heure du matin.

– Oh, non, répondit McKief. Vous m'avez mal compris, je vous ai conseillé de ne pas vous associer avec Edward Matheson pour vous éviter des ennuis, pas le contraire. Quelqu'un vous a vu ? questionna-t-il après une pause.

– Hein ?

– Est-ce que quelqu'un vous a vu sortir de la fête ? répéta McKief, lentement.

– Oh. Non. J'ai vu Matheson – Edward Matheson –, mais il ne m'a pas remarqué. Je ne crois même pas qu'il venait de la fête, dit Peter, très vite.

– Peter ! s'exclama Maya.

– Vraiment ? dit McKief, l'air intrigué.

– Ouais. Il avait l'air de venir… d'ailleurs. Je sais pas d'où, reprit Peter, ayant l'impression de s'enfoncer davantage à chaque mot.

Par bonheur, McKief n'insista pas, se contentant d'acquiescer. Il mit sa main libre dans sa poche, produisant un cliquetis métallique, et se dirigea vers la porte en bois vitrée sur sa partie supérieure qui conduisait apparemment aux cuisines. Il grogna, fouillant toujours la poche de son manteau. Peter se retourna vers Maya, qui dévisageait McKief d'un air inquiet.

– Tenez-moi ça un instant, ordonna McKief, fourrant sa lampe sous le nez de Peter.

Il la prit et McKief se protégea hâtivement les yeux, faisant de grands signes impatients pour que Peter l'abaisse. Rougissant, il marmonna des excuses et braqua le faisceau sur les genoux du professeur. Ce dernier tâta sa poche droite, puis replongea sa main dans l'autre poche, écartant les deux pans du tissu au maximum pour améliorer sa visibilité.

– Ah ! s'exclama-t-il en sortant un trousseau de clefs.

– Professeur ? Qu'est-ce que vous faites ?

McKief passa les clefs en revue sans répondre. Il en coinça une entre son pouce et son index et l'enfonça dans la serrure située au niveau de son visage.

– J'ouvre la porte, évidemment. À moins que vous ne préfériez être… « foutu » ?

Peter remua la tête en signe de dénégation avec tant d'enthousiasme qu'il aveugla encore McKief. Le professeur lui prit la lampe des mains et ouvrit le verrou. Il introduisit ensuite la clef dans une seconde serrure située sous la poignée. Le battant s'ouvrit avec un grincement et McKief entra. Peter resta sur le seuil, les bras ballants.

– Suis-le, idiot ! Il est en train de sauver ta peau ! siffla Maya.

Peter trébucha dans les cuisines comme si elle l'avait poussé. Il distinguait de grandes formes – des meubles, pensa-t-il – et des machines impossibles à identifier dans le noir. Il se rapprocha de McKief.

– Cette fête était remarquablement bien organisée, observa McKief à mi-voix en traversant la pièce déserte. Le lieu, le vol des clefs, les élèves cachés dans la serre avant la fermeture des grilles… Si M. Bentham n'avait pas vu le couple arrêté sous l'une de ses fenêtres par un élan d'affection en fermant ses rideaux, nous n'en aurions jamais rien su. Je me demande comment ils comptaient vous faire regagner vos chambres, cependant…

Peter osa un coup d'œil vers le visage songeur et pourtant amusé de McKief.

Le professeur de littérature s'arrêta devant une

nouvelle porte et dégagea une autre clef du trousseau pour la déverrouiller.

– Cette porte donne sur le réfectoire, annonça-t-il. Vous savez retourner à votre chambre d'ici.

Ce n'était pas une question. Peter acquiesça tout de même.

– Ils doivent être encore dans le hall, en train de relever le nom des élèves, reprit-il. Je vous conseille d'attendre que les lumières soient éteintes pour vous y risquer. Ça ne devrait plus être très long, tout le monde est fatigué, et M. Bentham préférera sûrement remettre les réprimandes à demain matin.

Il poussa le battant et encouragea d'un geste Peter à s'engager dans le réfectoire.

– M'sieur ?

– Oui, M. Klast ? répondit McKief avec une note d'impatience dans la voix.

– Pourquoi vous faites ça ?

– Excellente question, marmonna Maya.

– Ah ! j'ai été élève avant vous, M. Klast, et je pense que tout le monde a droit à une seconde chance. Pas vous ?

– Je... Merci, professeur.

Peter crut discerner un sourire amer sur le visage de McKief. Mais ça pouvait tout aussi bien être une ombre dans la quasi-obscurité.

– Oui, oui. Oubliez ça et soyez discret. Et s'ils vous trouvent...

– Je ne vous ai pas vu, compléta Peter.

– Exactement. Maintenant, allez-y, que je referme derrière vous.

Peter était si grisé par l'idée d'être sorti d'affaire, et sans une heure de colle avec ça, qu'il aurait pu serrer le professeur dans ses bras. Il pénétra dans le réfectoire et se retourna vers lui.

– Je rendrai tous mes devoirs à l'heure, promit-il avec solennité.

McKief étouffa un éclat de rire en simulant une quinte de toux.

– J'en suis sûr, M. Klast. J'en suis sûr.

Peter entendit le léger grincement du bois, puis la clef dans la serrure. Il s'avança à tâtons derrière le comptoir où se tenaient habituellement les femmes aux cheveux couverts d'un filet qui remplissaient les cuves en aluminium de denrées plus ou moins ragoûtantes. Il le contourna et évolua au milieu des tables, les yeux fixés sur la lumière émanant de l'entrée. McKief avait raison : le nom des élèves était noté par un homme dont Peter ne parvenait pas à identifier la voix grave, qui les envoyait ensuite auprès de leur professeur principal pour qu'il les ramène dans leur chambre. La distribution des punitions se ferait plus tard.

Peter espérait que Simon avait échappé aux professeurs – Peter dormait sur la mezzanine, mais il serait perdu si l'accompagnateur décidait de vérifier qu'il se trouvait dans son lit.

Il entendit la voix de McKief s'excuser du temps

qu'il avait mis à inspecter le parc et il se souvint que c'était lui, le professeur responsable de son étage.

Soulagé, il s'installa sous l'une des tables du réfectoire au cas où quelqu'un aurait la désastreuse idée de s'y aventurer. Maya s'agenouilla pour être à sa hauteur. Elle l'observa avec attention, comme pour s'assurer qu'il allait bien – ce qui était idiot, car elle ne l'avait pas quitté depuis des heures. Puis elle se releva brusquement et s'éloigna vers le hall, criant par-dessus son épaule qu'elle le préviendrait lorsque les adultes seraient tous partis se coucher.

Maya arpentait nerveusement la chambre, guettant la lumière grise de l'aube. Cela faisait plusieurs jours qu'elle n'avait pas vu le croque-mitaine et elle se sentait plus oppressée encore que lorsqu'*il* rôdait autour d'elle. Quand elle ne *le* percevait pas, elle s'imaginait sans cesse qu'*il* était là, caché, à l'affût du moment où elle baisserait sa garde pour bondir et l'avaler. Ne pas être sûre de ce qu'*il* était, n'avoir aucune idée de son apparence exacte derrière la fascinante lueur, c'était peut-être le plus effrayant. Elle *l'*avait aperçu et *l'*avait désigné du nom le plus terrible que ses six ans connaissaient parce qu'elle savait ce que la menace silencieuse voulait, et qu'elle refusait de le *lui* donner.

Elle avait fermé les yeux dans un simulacre de sommeil et avait attendu. Chaque nuit depuis qu'*il* était apparu.

Elle s'arrêta pour observer Peter. Les rideaux étaient mal tirés et la lumière de la lune éclairait son lit. En temps normal, il se serait levé pour les réajuster. Mais l'heure tardive et la peur l'avaient épuisé : Maya aurait juré qu'il s'était endormi dès que sa tête avait touché l'oreiller. Elle s'assit près de lui, ainsi qu'il lui arrivait de le faire pendant les premières semaines de sa mort. Pour ne pas rester seule. Avant le croque-mitaine et l'effroyable ennui qui n'avait fait que s'aggraver avec le temps.

Vingt-quatre heures pouvaient se révéler interminables.

Peter avait l'air si jeune quand il dormait que Maya se sentait millénaire. Ce n'était pas juste, d'avoir perdu jeunesse et innocence à six ans. Elle ne l'avait pas mérité.

Et son don était en train de vieillir son frère, de lui faire perdre tout ce qu'elle lui enviait tant. Un don, c'était ainsi qu'ils appelaient ça, ces gens qui lisaient l'avenir dans des cartes et écrivaient des livres. Maya en aurait sans doute été jalouse si elle avait été en vie. Elle n'aurait jamais su à quel point elle aurait eu tort.

Peter trembla dans son sommeil. Maya se releva, soupçonnant qu'elle était la cause de ce froid soudain. Elle avait vraiment espéré qu'il aurait un nouveau départ à St-Gabriel. McKief avait raison sur ce point : tout le monde devrait avoir droit à une seconde chance. Excepté que Peter ne s'était pas vu accorder la première.

Elle pensa avec perplexité à la façon dont le professeur était venu au secours de Peter. Elle n'avait rien découvert de particulier à son sujet depuis la nuit dans les cachots. Ce n'était qu'un professeur assez réservé, même vis-à-vis de ses collègues, et qui avait apparemment peu d'amitié pour Eckhart, ce qu'elle trouvait compréhensible. Néanmoins la façon dont il avait aidé Peter à éviter une colle n'était pas logique. Pourquoi s'intéresserait-il à lui plutôt qu'à un autre ? Espérait-il lui aussi lui arracher le secret de son dossier vide ?

Maya fronça les sourcils. Tout bien considéré, la soirée en elle-même avait été assez étrange. À commencer par la présence de Movaisogur. Est-ce que quelqu'un était mort ?

Il était apparu une fois dans le réfectoire, entre les professeurs et la bande de Tyler Matheson, une fois dans le couloir, et à présent au milieu d'une fête.

La personne désignée pouvait être n'importe qui.

Maya ne l'avait aperçu qu'un bref instant lors de la fête. Toutefois, elle avait remarqué ce qui semblait avoir échappé à Peter : il ne portait pas de faux. Non, rien qu'un sablier complètement vide. Cela devait avoir une signification. Le sablier, c'était le temps. Mais vide… Est-ce que ça voulait dire qu'ils avaient encore le temps d'agir ou qu'il était déjà trop tard ? Et pour faire quoi ? Personne ne pouvait lutter contre la mort !

Frustrée, Maya passa la main sur son visage. De

toute façon, Peter n'était pas disposé à tenir compte du message, quel qu'il soit.

Elle soupira et laissa ses pensées retourner vers Edward Matheson, se glissant sans bruit dans le pensionnat. Il avait eu l'air de s'être fait piétiner par un troupeau de sangliers. Et qu'était-il allé faire dehors s'il n'était pas à la fête ?

Il y avait quelque chose chez ce garçon... Maya n'aurait pas su dire quoi. Il était spécial. Juste *différent*. Elle frémissait autant d'impatience que de peur en pensant à ce soir-là, dans les cachots. La tentation d'essayer de s'introduire dans ses rêves était lancinante depuis qu'elle avait lu ce livre sur l'oniromancie. Toutefois, elle finissait toujours par se dissuader de tenter quoi que ce soit. C'était trop risqué et elle n'en possédait pas la technique – était-ce, comme pour passer sous une porte ou tourner les pages d'un livre, une question de temps et de pratique ? Y avait-il un mode d'emploi tels ces gros ouvrages dans lesquels on expliquait comment se mettre en état de transe pour communiquer avec les esprits des morts ?

La peur était trop forte. Pourtant, l'idée de percer l'énigme qu'elle devinait chez Matheson, de parler avec lui, était envoûtante et étouffait son bon sens et ses scrupules.

Elle était morte, si on y réfléchissait. Qu'avait-elle à perdre ?

Elle résolut de ne rien faire avant les vacances de

Noël. Elle avait besoin de temps pour y réfléchir, à ça et à McKief, qu'à coup sûr Peter refuserait dorénavant de considérer autrement que comme le type génial qui l'avait secouru.

Maya songeait, quant à elle, que sa complaisance n'expliquait pas pourquoi il inspectait encore le parc alors que tous les autres adultes étaient déjà retournés à l'intérieur.

14

Si quelqu'un avait annoncé à Peter qu'il serait un jour impatient de retourner chez lui, il aurait ricané. Longuement. Ensuite, il aurait parlé de la façon dont la mâchoire de son père se contractait quand il voyait son fils unique entrer dans une pièce. Pourtant, cinq jours avant le début des vacances de Noël, il comptait les heures.

– Peter ?

Gardant son visage soigneusement tourné vers l'intérieur de son casier, il fit signe à Maya qu'il écoutait.

– Il y a une vieille femme en chemise de nuit qui réajuste son châle devant la fenêtre au niveau de la salle de physique.

Il inclina discrètement la tête et sortit les livres et cahiers nécessaires aux trois prochaines heures de classe. Il les fourra dans son sac avant de refermer son casier. Après le soir de la fête, les esprits avaient paru se multiplier. C'en était venu au point où Maya restait à ses côtés en permanence pour lui éviter de se trahir en public.

Évidemment, il y avait aussi les rêves, et ça, Maya n'y pouvait rien.

– Il y a un petit garçon à quatre pattes à ta droite, indiqua-t-elle, coupant court à ses réflexions.

Peter lança un regard à l'enfant, juste suffisant pour l'éviter, lui et le jouet ressemblant à un gros os avec lequel il s'amusait. Il aurait pu passer au travers, l'esprit n'aurait même pas frémi, mais malgré les années qu'il avait passées entouré par les spectres, il lui répugnait de les « toucher ».

Surtout les enfants.

– Il va falloir qu'on en parle, à un moment.

Peter essaya de faire taire Maya, ce qui était très difficile sans parler ni la regarder.

– La situation devient incontrôlable, Peter. Tu ne vas pas pouvoir passer l'année à zigzaguer entre les fantômes et les apparitions en faisant semblant de ne pas les voir. Et c'est un miracle que tes cauchemars ne réveillent pas Simon. Oui, je suis revenue dans la chambre hier soir et je t'ai entendu, continua-t-elle.

Peter se serait émerveillé de la faculté qu'avait développée Maya de tenir une conversation toute seule s'il n'avait pas été si occupé à contenir la colère qui empourprait son visage.

– Je ne sais pas ce qu'ils veulent. Ce que je *sais*, c'est que tant que tu n'auras pas obéi, ils continueront de venir. Il y a un des types de Matheson – Tyler, je veux dire – juste derrière toi. Laisse-le te dépasser avant qu'il essaye un truc. Enfin, ce n'est pas comme s'ils avaient autre chose à faire que venir te hanter, reprit-elle, brusquement.

Peter ralentit et laissa le garçon le devancer de plusieurs mètres. Celui-ci portait un bandana rouge qui flirtait avec le non-réglementaire. Jusqu'ici, tout se passait plutôt bien. Peter se sentait un peu coupable d'obliger Maya à jouer les gardes du corps – ou plutôt les GPS, se corrigea-t-il, amusé –, mais en continuant ainsi, il devrait tenir jusqu'aux vacances.

Ensuite, il ne lui restait plus qu'à prier pour que les esprits se lassent de l'attendre ou alors que ce sur quoi ils tentaient d'attirer son attention ne soit plus d'actualité.

Maya le devançait de quelques pas et Peter se détendit en apercevant l'entrée de sa salle de classe : encore un trajet parcouru sans encombre. Maya revint à ses côtés.

– Il y a un type juste devant la porte. Il va falloir que tu le traverses, la prof est là.

Peter serra les poings. Il fit de son mieux pour garder une expression neutre et marcha droit sur l'homme gras aux cheveux gris qui fixait le mur d'un air hébété. Remontant son sac sur son épaule d'un geste saccadé, il dissimula le frisson glacial qui le secoua et ravala sa nausée. Le fantôme avait déjà disparu quand Maya entra à son tour dans la salle, visiblement soulagée de ne pas avoir à l'approcher. Elle évitait de se trouver près des autres spectres. Ceux-ci semblaient toujours avoir perdu l'esprit en même temps que leur corps et Peter supposait que, pour Maya, rester avec eux s'apparentait à être enfermée dans un asile d'aliénés.

Il laissa tomber son sac au pied de son bureau avant de s'asseoir.

Une sensation humide et tiède trempa son pantalon et il se releva d'un bond, renversant sa chaise au passage. Des ricanements s'élevèrent de toutes parts alors que Mme Trenshaw exigeait des explications d'une voix courroucée.

– Ah, et il y avait aussi du porridge sur ta chaise, dit Maya, souriant piteusement.

Peter enfouit son visage dans ses mains.

Plus que cinq jours.

Dans cinq jours, tu pourras partir d'ici.

Leur retour à la maison se déroula exactement comme Peter l'avait imaginé. Leur mère l'accueillit à la gare avec un sourire larmoyant. Elle le poussa pratiquement dans la voiture et mit sa valise dans le coffre, profitant d'être hors de sa vue pour essuyer ses yeux et se moucher.

La bouche de Maya prit un pli amer. Peter savait que sa mère pleurait : s'il était peu observateur, il n'était pas aveugle. Il continua pourtant de fixer la route des yeux sans rien dire, pendant que leur mère s'installait à la place du conducteur et mettait le contact.

– Alors, ce lycée ? s'enquit-elle avec un entrain qui sonnait faux.

Peter ne répondit pas, contemplant le bitume anthracite à travers le pare-brise. La situation n'était pas inhabituelle, – la gêne, le silence et la culpabilité qui rendait l'air étouffant –, mais Peter n'était jamais resté aussi longtemps loin de la maison. L'expression de désespoir qui passa sur le visage de leur mère brisa le cœur de Maya.

– Peter, parle-lui, le réprimanda-t-elle.

Il resta impassible. Quelques années auparavant, ce manque de réaction provoquait d'incontrôlables crises de panique chez Maya. Elle avait l'impression qu'il avait lui aussi cessé de la percevoir, qu'elle était finalement condamnée à un monde où elle n'existerait plus que pour l'horrible créature nocturne. Maintenant, elle savait reconnaître qu'il l'ignorait délibérément à la façon dont le coin de ses lèvres s'affaissait et dont ses ongles courts et rongés raclaient ses paumes.

– Peter, arrête de jouer les enfants gâtés. Tu ne peux pas lui faire ça !

Les poings de Peter blanchissaient à vue d'œil et l'expression de son visage était obstinée.

– Tes cheveux ont poussé, il faudra aller chez le coiffeur. Tu t'es fait de nouveaux amis ? demanda sa mère, faisant comme si elle n'avait pas remarqué son mutisme.

Son masque de bonne humeur se craquelait déjà et un sentiment d'impuissance envahit Maya.

– Peter, je sais que tu lui en veux, mais elle ne supporterait pas de te perdre, tu dois faire un effort. S'il te plaît, je t'en prie.

– Ça va, dit finalement Peter sans la regarder. Le type qui partage ma chambre est sympa, ajouta-t-il après un instant, comme si cette précision transformait deux phrases en une conversation suffisante pour clore le sujet.

C'était le cas. Sa mère voulait seulement s'assurer qu'il était toujours là – elle n'avait aucune envie d'entendre ce qui se passait au lycée, parce qu'elle savait d'expérience que lorsqu'il y avait quelque chose à en dire, ce n'était pas plaisant.

La maison apparut devant eux, briques rouges et ardoises grises. Peter descendit de la voiture dès qu'elle fut arrêtée. Il alla ouvrir le coffre pour sortir sa valise. Sa mère la lui prit des mains avec un sourire.

– Je vais m'occuper de ça. Tu dois être fatigué après le voyage et… ton père t'attend dans son bureau, annonça-t-elle, aussi enthousiaste que s'il s'agissait d'une grande nouvelle.

D'ailleurs, c'en était une.

Peter croisa les bras contre sa poitrine et Maya grimaça en reconnaissant la raideur défensive de sa posture.

– Combien de temps il t'a fallu pour le convaincre de me voir ? demanda-t-il en découvrant les dents dans un rictus peu seyant.

– Quoi ? Qu'est-ce que tu racontes ?

Sa mère était le portrait même de la confusion. Pourtant, d'un coup, son sourire trop large faisait saillir ses pommettes sur son visage légèrement émacié. On aurait dit que toute vie venait d'en être aspirée, ne laissant derrière elle que ces traits tirés par le mensonge et les nuits blanches.

Des années à faire semblant que tout allait pour le mieux. Maya était partagée entre la pitié et le dégoût à l'idée que ses parents avaient laissé le chagrin les dévorer sans considération pour Peter.

Sans parler du soupçon de satisfaction qu'éveillait en elle la certitude qu'elle n'avait pas été oubliée. Qu'elle était *toujours* si importante qu'ils ne pouvaient sourire sans se noyer dans leur douleur en pensant qu'elle ne sourirait plus.

– Je ne suis pas idiot, maman : je vois bien qu'il m'évite autant que possible depuis que Maya…

– Ton père est un homme très occupé, le coupa sa mère.

Elle s'était crispée, sur la défensive.

– Va lui dire bonjour, ça fait trois mois, reprit-elle d'un ton plus conciliant.

Peter ouvrit la bouche. Maya secoua la tête dans l'espoir de le dissuader de discuter. Soupirant bruyamment, il enfonça les mains dans ses poches et carra les épaules avec la défiance que Maya aurait juré avoir vue à chaque fois que Peter se trouvait dans la même pièce que leur père. Autrefois, peut-être… Quand elle passait ses après-midi installée dans le grand fauteuil du salon, Peter faisant avancer une armée de soldats plastifiés à ses pieds, et que leur père s'arrêtait dans l'embrasure de la porte pour les observer avec inquiétude et fierté… Mais ces jours étaient loin, à présent, et ils ressemblaient de plus en plus à un rêve au fur et à mesure que les années passaient.

Peter gravit les marches du perron, laissant sa mère s'occuper de la lourde valise.

Il ne s'arrêta pas quand le bruit précipité des chaussures à talons résonna derrière lui. Sa mère le rattrapa devant la porte et le serra dans ses bras, si fort que Peter émit un son étranglé.

– Tu m'as tellement manqué, souffla-t-elle. Tellement, tellement manqué.

Soudain, elle pleurait, et Peter contemplait son reflet dans les vitres immaculées de la porte blanche sans plus oser bouger. Maya détourna les yeux, laissant une vague de brûlante jalousie envahir sa poitrine.

Après quelques instants, elle relâcha son fils. Elle renifla et essuya délicatement le coin de ses yeux avec un mouchoir pour ne pas faire couler son mascara.

– Tout ça est très difficile pour toi, dit-elle d'une voix qui craquait un peu. Mais nous t'aimons, ton père et moi, même s'il n'arrive pas toujours à le montrer.

Peter se plongea brièvement dans ses yeux bruns. Puis il entra dans la maison. De belles paroles ne rachetaient pas des années de ressentiment.

Maya résista à l'envie de se mettre à crier, furieuse de le voir rejeter si facilement ce qu'elle aurait tant voulu pouvoir accepter.

Leur mère redescendit l'escalier et ramassa la valise qu'elle avait lâchée pour rattraper Peter.

– On vous aime aussi, affirma Maya. Seulement, aucun de nous deux n'est capable de vous le dire.

Elle tourna les talons et rejoignit Peter au premier étage, arrêté devant la porte fermée du bureau de leur père. Il s'en détourna pour aller dans sa chambre, et jeta son manteau sur son lit. Celui-ci glissa jusqu'à se retrouver à moitié sur le sol. Maya ravala une remarque désobligeante.

– Donc… le bureau, dit-elle, embarrassée.

– Ouais. J'imagine que tu ne veux pas venir ?

Maya s'agita nerveusement. Elle n'était pas entrée dans ce bureau depuis *cette fois*, peut-être un an ou deux après sa mort.

– Il est encore là, hein ? demanda-t-elle.

– J'en sais rien. Il était là il y a trois mois en tout cas, répondit Peter, feignant la désinvolture.

– Alors, non. Je suis désolée, je préfère ne pas venir.

Il grinça des dents. Elle lui offrit un sourire d'excuse : elle avait beau le plaindre, rien ne lui ferait affronter celui qui hantait le bureau.

– Ce n'est qu'un fantôme, insista Peter d'un ton faussement détaché. En plus, tu es déjà morte. Qu'est-ce qui peut t'arriver ?

Maya se hérissa. C'était un coup bas, même si elle se montrait lâche.

– Dis bonjour à M. Je-vais-tous-vous-tuer de ma part.

Et la terreur qui passa sur le visage de son frère fut presque suffisante pour la faire changer d'avis.

Presque.

15

Peter n'avait jamais compris pourquoi son père avait besoin d'un bureau alors qu'il passait si peu de temps à la maison. Peut-être qu'il l'utilisait vraiment, maintenant qu'il avait réussi à envoyer son fils le plus loin possible. Évitant la poignée, il effleura le bois de la porte blanche derrière laquelle son père devait l'attendre en se rongeant les ongles.

Sa mère disait qu'il avait pris cette habitude lorsqu'elle était enceinte. Parce qu'il s'inquiétait tout le temps et qu'il avait besoin d'exprimer sa nervosité.

Il était ironique que l'accident qu'il avait tant redouté soit arrivé six ans plus tard, quand il avait cessé de s'en faire pour se plonger dans d'obscures transactions avec l'étranger.

Peter essuya les paumes de ses mains sur son pantalon et entra sans frapper. Son père était assis dans un fauteuil en cuir rouge un peu affaissé acheté aux enchères des affaires d'un lord décédé. Il fumait, tirant impatiemment sur sa pipe, ce qui n'était pas bon signe.

– Peter, salua-t-il.

– Papa.

Peter jeta un coup d'œil à l'homme immobile de l'autre côté de la pièce.

M. Je-vais-tous-vous-tuer.

Il n'en voulait pas réellement à Maya de ne pas être venue avec lui : M. Je-vais-tous-vous-tuer envoyait des étincelles de terreur le long de sa colonne vertébrale par sa seule présence et, avec tous les fantômes que Peter avait vus, c'était en soi un petit exploit.

C'était Maya qui l'avait appelé ainsi. Elle avait trouvé ce nom juste après qu'ils se soient tous les deux enfuis en hurlant du bureau où ils étaient allés fouiller dans l'espoir de trouver les cadeaux de Noël. Le nom pouvait paraître puéril maintenant qu'ils avaient quatorze ans, pourtant, aujourd'hui encore, c'était ce que Peter lisait sur le visage faussement ordinaire de l'homme.

Je vais tous vous tuer.

Il était de stature peu imposante, avec une ombre de moustache et des cheveux châtains soigneusement partagés par une raie sur le côté. Rien de différent en somme de n'importe quel autre esprit.

Ce qui le rendait si terrifiant était quasi imperceptible. C'était la façon dont ses yeux bougeaient lentement dans leurs orbites ; la façon dont ses lèvres s'étiraient en découvrant des dents jaunies quand son regard tombait sur Peter, et la façon dont il étendait les mains devant lui en les contractant. Comme s'il attendait que quelqu'un passe assez près de lui pour l'attraper.

La façon dont il était toujours, toujours, derrière Peter.

Aucun fantôme ne faisait attention aux vivants. Aucun ne se positionnait par rapport à eux. Pourtant, M. Je-vais-tous-vous-tuer était là, dans son dos, avec son sourire inquiétant.

Peter commençait à se sentir malade. Il était impensable de continuer à se tordre pour observer quelque chose qui n'était pas là pour son père.

Après tout, ça faisait des années qu'il attendait l'occasion de le faire interner.

Son père se racla la gorge et Peter reporta son attention sur lui.

– Comment était… l'école ?

Peter leva les yeux au ciel. L'école ? Il n'était plus en maternelle…

– OK, répondit-il évasivement.

Son père hocha la tête et scruta les motifs du tapis. Il évitait de regarder le visage de son fils depuis que Maya était morte. Peut-être parce qu'il lui rappelait ce qu'il avait fait ou peut-être à cause de la grande ressemblance entre eux, Peter n'en était pas sûr.

Il lui arrivait de se demander si ses parents auraient aimé savoir qu'elle lui ressemblait de moins en moins en grandissant. Que ses cheveux avaient gardé leurs boucles d'un blond que leur mère appelait doré, au lieu de foncer comme les siens, aujourd'hui à peine souples ; et que ses yeux tenaient plus du fauve que de l'ambre, au point qu'on s'attendait à voir briller son regard de félin dans le noir.

– Nous avons reçu ton bulletin, dit son père.

Peter ne se donna pas la peine de répondre. Il y avait longtemps que son père ne l'écoutait plus, de toute façon.

– Tu as eu des heures de retenue.

Peter tourna la tête pour vérifier la position de M. Je-vais-tous-vous-tuer, et réprima l'instinct qui lui hurlait de sortir de la pièce en courant. De mettre le maximum d'espace entre lui et l'horrible esprit tant que c'était encore possible.

– Pourquoi ?

Peter serra les poings.

– Ah, je vois. Pas de bavardage inutile, de : « Comment tu vas ? » ou « Comment c'était d'être viré de la maison pendant trois mois ? »

– Peter, la retenue, insista son père.

– C'est pour ça que tu voulais me voir, hein ? Tu avais la trouille que j'aie encore fait un truc bizarre en public !

Peter fit un pas de côté sans plus se préoccuper du fantôme, tremblant sous les vagues de colère qui noyaient son bon sens.

Son père ne répondit rien.

Peter mordit l'intérieur de sa joue et ferma brièvement

les paupières pour ne pas céder au désir de briser tout ce qui se trouvait à sa portée dans ce bureau trop propre. Avec sa chance, son père le déclarerait hystérique et il se retrouverait avec une camisole et une aiguille dans le bras avant d'avoir pu dire « ectoplasme ».

– Rassure-toi, cracha-t-il. J'ai seulement triché à un contrôle de maths. J'imagine que je peux aller dans ma chambre maintenant. Et félicite maman de ma part pour sa super idée : si tu continues de me convoquer dans ton bureau chaque début de vacances, je serai sûr de te voir au moins six fois par an pendant les trois prochaines années !

Son père continua de scruter le tapis. Peter entendit un son qui ressemblait au sifflement d'un chat en colère sortir de ses propres lèvres. Il quitta la pièce, le pas lourd, et claqua la porte dans un vacarme satisfaisant.

Derrière lui, M. Je-vais-tous-vous-tuer souriait.

Maya s'arrêta devant la chambre de Peter, se préparant à entrer. Les vacances de Noël en étaient déjà à leur deuxième semaine et Peter refusait de parler de St-Gabriel. Elle avait tout d'abord accepté son silence, sachant qu'il était difficile pour lui de cohabiter avec leurs parents. Ils ne lui avaient pas pardonner ses heures de retenue. Leur mère le regardait constamment avec cette expression déçue et trahie qui vous donnait envie de vous jeter à genoux pour implorer son pardon.

Noël était l'un des pires moments de l'année. Si Maya l'avait pu, elle aurait pleuré de voir la place vide qui se trouvait année après année au pied du sapin. Comme s'ils attendaient qu'elle revienne pour y placer ses cadeaux.

Elle écarta vivement ces pensées, refusant de se laisser distraire. Il fallait qu'elle oblige Peter à parler de St-Gabriel : cette discussion était remise à plus tard depuis trop longtemps. Elle pénétra dans la chambre, se glissant sous la porte constamment fermée à clef. Peter était affalé sur son lit et lisait une bande dessinée, un casque sur les oreilles. Elle s'approcha de lui avec détermination et agita la main devant son visage, consciente qu'il était inutile d'essayer de rivaliser avec la musique.

Il fronça les sourcils et éteignit son baladeur.

– Qu'est-ce qu'il y a ? demanda-t-il sans cacher sa contrariété d'avoir été dérangé.

– Les cours reprennent lundi, Peter.

Peter se renfrogna encore davantage et posa le casque sur la table de nuit. Maya lui intima le silence d'un geste et se percha sur la commode. Elle aurait pu rester debout une dizaine d'années sans ressentir aucune gêne, mais s'asseoir prouvait qu'ils commençaient une véritable conversation.

Et qu'elle ne partirait pas avant de l'avoir terminée.

– Je sais que tu espères que tout sera redevenu normal à notre retour. Moi aussi. Mais ça n'a quasiment aucune chance d'arriver. Ce manoir a été construit il y a des siècles et des tas de gens sont morts là-bas. Il y a des cachots, pour l'amour de…

Elle laissa sa phrase en suspens. Elle n'osait plus terminer ce genre d'expression depuis qu'elle était morte. À qui se référait-on quand on était décédé et que personne n'était venu vous chercher ?

– Ces esprits sont partis… là où vont tous les esprits. Les cachots n'ont propablement pas servi depuis des centaines d'années, contra Peter.

Ça ne changeait rien. Il le savait aussi bien qu'elle : si ces fantômes-là s'étaient évaporés, d'autres étaient venus les remplacer. Après tout, les vivants n'arrêtaient jamais de mourir…

– J'ai lu dans les archives qu'un élève était mort récemment, dit-elle d'un ton qu'elle espérait désinvolte.

Cela eut le mérite d'attirer son attention. Il se redressa d'un coup.

– Ah oui ? Qui ça ? Quand ? Quelqu'un l'a assassiné ? Et de quelles archives tu parles ?

– Mmm, qui, je ne me souviens plus, dit Maya. Il avait un nom étranger, comme Gonzales ou Marquez… Il y a trois ou quatre ans, je crois. Et, désolée de te décevoir, mais il est tombé dans l'escalier – il n'y avait pas beaucoup de détails et le journaliste laissait entendre qu'il n'était pas complètement sobre. Il paraît que c'est pour ça que les tours sont interdites d'accès maintenant.

Peter se souvenait que Ian lui avait raconté une histoire semblable. Sur le coup, il avait cru que l'adolescent essayait de lui faire peur.

Comme si un mort pouvait encore l'effrayer.

– Et j'ai lu tout ça dans les archives de presse de la bibliothèque de Merywether, termina Maya.

– La bibliothèque ?

Elle réajusta un nœud parfait dans ses boucles blondes.

– Il faut bien que je m'occupe pendant que tu joues aux cartes avec les trois idiots.

Elle s'interrompit.

– Mais tout ça n'a aucun rapport avec ce dont je suis venue te parler. Il y a des fantômes et il y en aura toujours, meurtre ou pas.

– Je ne veux pas parler de *lui*, Maya. Ça ne changera rien : si Movaisogur doit venir pour quelqu'un, je ne peux pas l'empêcher.

Elle détourna les yeux, décidée à ne pas se laisser fléchir.

– En fait, je voudrais qu'on discute de Matheson.

Peter sembla perplexe. Maya réalisa que pour lui le lien entre Edward Matheson et Movaisogur était probablement moins évident que pour elle. Après tout, elle y avait beaucoup réfléchi. Plus qu'elle ne l'aurait dû, sans doute.

Deux jours avant le départ pour les fêtes de Noël, Stevens avait quitté sa chambre au beau milieu de la nuit en annonçant qu'il avait été convoqué par Matheson. Après une longue hésitation, née principalement de la cruelle absence de lumière dans les couloirs, Maya était à son tour sortie dans le couloir. Il avait alors déjà disparu dans le manoir. Elle était descendue dans les cachots et les avait trouvés déserts. Elle n'avait pas réussi à déterminer si Matheson déplaçait régulièrement le lieu de rassemblement ou si McKief avait été repéré lors de la précédente réunion, ce qui aurait poussé les adolescents à changer d'endroit.

À moins, bien sûr, que McKief ne soit l'un des leurs : il faisait si sombre dans cette cellule, et il y avait cette silhouette que Matheson regardait sans cesse pendant la réunion… Maya écarta ces hypothèses : cette conversation était assez compliquée sans y mêler McKief.

– Matheson ? Pourquoi, tu veux m'aider à le balancer du haut de la tour sud-ouest en rentrant ? demanda Peter.

Il n'avait l'air de plaisanter qu'à moitié. Maya leva un sourcil.

– Non, Edward Matheson. Tu as vu l'état dans lequel il était le soir de la fête.

Peter réajusta l'oreiller sur lequel il était appuyé.

– Et alors ? Il est plutôt louche, McKief m'avait prévenu.

– On dirait qu'il fait des choses dangereuses – il est possible qu'il soit en danger, insista Maya. Quand on y pense, il avait encore du mal à marcher au moment de partir en vacances.

Peter l'observa. Une expression soupçonneuse apparut sur son visage.

– Où tu veux en venir ? questionna-t-il.

Maya eut un sourire tendu. C'était le moment de se jeter à l'eau et de prier pour que Peter ne le prenne pas trop mal. Il était incroyablement buté par moments.

– Movaisogur, dit-elle. Il est apparu trois fois, non ?

Peter inclina la tête, ne cachant pas sa répugnance à aborder le sujet.

– Dans le réfectoire, dans un couloir et à la fête, énuméra-t-elle en comptant sur ses doigts. À chaque fois, Matheson était présent, non ? Enfin, disons dans les parages ?

Peter eut un geste d'ignorance. Maya elle-même n'était pas geste pour le couloir, mais tout collait trop bien pour être une coïncidence.

– Et la troisième fois, il venait visiblement d'avoir de sérieux ennuis, poursuivit-elle avec précaution.

– Tu comptes en venir au fait aujourd'hui ou…

– Bon, d'accord. Je crois que les esprits veulent que tu aides Matheson. Le vase inférieur du sablier est vide et je suis sûre que, depuis le temps que Movaisogur t'apparaît, si quelqu'un était mort, on serait au courant.

– Ouais, ouais, encore ta grande théorie sur le sablier.

Agacée, Maya se redressa de tout son mètre soixante-quatre.

– Je pense qu'il te donne un avertissement, il n'annonce pas une mort.

– Et si tu te trompes ? Peut-être que c'est ce type mort dans l'escalier qui regrette d'avoir traité son père de vieux débris pendant leur dernière conversation et qui veut que j'aille m'excuser à sa place.

Maya eut un reniflement hautain. Elle comprenait qu'après ce qui s'était passé avec Christie Miller il n'ait pas envie de renouveler l'expérience. Néanmoins, croire qu'il se débarrasserait du problème en jouant les autruches était vraiment immature.

– Réfléchis, tu as tiré l'Arcane sans nom quand tu devais entrer dans la bande de Matheson.

– Donc, des forces occultes ont achevé ma vie sociale pour m'envoyer un message ?

– Ce n'est pas la question. Il faut que tu essayes de comprendre ce qui cloche chez Matheson.

– Maya, je ne ferais rien, même si Movaisogur agitait le manuel *Comment sauver ma prochaine victime pas à pas* sous mon nez. Il n'y a aucune, et je dis bien aucune, chance pour que je m'approche d'un Matheson à moins d'y être obligé pour une question de vie ou de mort – la mienne, bien sûr. Même là, il faudrait qu'il s'agisse d'une mort lente et douloureuse.

– Peter, il a besoin d'aide !

– Et moi, est-ce que quelqu'un m'aide ?

Maya retint une réplique cinglante. Ce n'était pas la peine d'insister. Elle espérait seulement que les esprits qui hantaient St-Gabriel parviendraient à lui faire changer d'avis avant qu'il ne soit trop tard. Parce que, pour une raison ou pour une autre, elle se sentait vaguement responsable de ce qui pourrait arriver à Edward Matheson.

Elle descendit de la commode d'un bond et croisa les bras.

– Et tes cauchemars ?

– Rien du tout.

Maya fit de son mieux pour avoir l'air intimidant.

– Je m'en souviens pas, d'accord ? Rien, le noir total.

Elle le dévisagea un instant avant d'acquiescer. Malgré un entraînement régulier, Peter mentait toujours aussi mal. Elle quitta la pièce sans un mot. S'il refusait d'approcher Matheson, elle n'allait pas le forcer.

Pour l'instant.

16

Peter avait suivi le plan à la lettre. C'était si simple qu'il ne comprenait pas pourquoi il n'y avait pas pensé plus tôt. Il s'était agi de se comporter comme s'il ne voyait rien d'anormal, d'occulter consciencieusement chacun des cauchemars confus qui ponctuaient son sommeil agité et de faire la sourde oreille à tout ce que Maya disait. Ensuite étaient venues les vacances de Noël, lui permettant de quitter le pensionnat aux soudaines allures de manoir hanté de parc d'attractions. Puis, après quinze jours de sérénité très relative passés dans la maison familiale, il ne lui restait plus qu'à retourner à St-Gabriel. À ce stade, les spectres étaient censés comprendre la futilité de leur entreprise et, lassés d'attendre le fuyant médium, retourner garder des tombes profanées ou quelque chose comme ça.

Le plan était infaillible.

À part que, au retour des vacances, les esprits étaient toujours là.

Pire encore, les rêves étaient devenus terriblement

clairs et si fréquents qu'on pouvait déterminer son nombre d'heures de sommeil à la taille des cernes violacés qui s'étalaient sous ses yeux.

Du moins, c'était ce que Maya prétendait.

Maya.

Peter se massa violemment les tempes, sentant poindre la frustration qui accompagnait la moindre apparition de sa sœur ces jours-ci. Maya et son incompréhensible obsession au sujet de Matheson, qu'elle ne manquait pas d'amener dans la conversation à chaque occasion. Pour une raison qu'il n'arrivait pas à comprendre, elle tenait absolument à ce qu'il vole au secours de ce parfait inconnu. Quel que soit son problème.

C'était à devenir fou, et si elle n'avait pas été morte depuis près de neuf ans, Peter aurait pensé qu'elle avait un faible pour ce type.

Mais c'était le dernier de ses soucis, maintenant qu'il était assis sur l'une des chaises rembourrées du bureau de Bentham en ce milieu d'après-midi. Le proviseur l'examinait avec circonspection derrière ses lunettes à monture métallique.

– Vous voulez que je voie un psy ? grinça-t-il, espérant avoir mal compris.

– Après une longue réflexion, le personnel enseignant et moi-même pensons qu'il vous serait très profitable…

– Reste calme, conseilla Maya, appuyée contre le

rebord de la fenêtre du bureau. De toute façon, il ne te demande pas ton avis, tu verras le psy que tu le veuilles ou non. Alors, ce n'est pas une bonne idée de mentionner ton expérience désastreuse avec le docteur Munch. Ça ne ferait qu'aggraver ton cas, ils appelleraient directement l'hôpital psychiatrique le plus proche.

Peter passa mentalement en revue tous les jurons de son vocabulaire, puis s'aperçut que les lèvres de Bentham avaient cessé de remuer. Il en tira la conclusion qu'on attendait une réponse de sa part.

– Est-ce que je suis obligé ? J'ai seulement un peu de mal à dormir : le stress des contrôles et tout ça…

Maya ricana.

– Bien trouvé. Il ne mordra pas. Je veux dire, tu as fait un bond de deux mètres en poussant un cri de mouette malade quand cette fille est apparue devant toi en gym. Et tu as une mine de déterré. Je t'assure que ça ne te donne pas l'air sain et équilibré.

Peter enfonça ses ongles dans les accoudoirs de son siège et se lança dans un exercice de respiration qu'il avait vu à la télévision. C'était censé lui permettre de retrouver son *ki*, quoi que cela puisse être. Bentham continuait de disserter sur les avantages d'avoir « quelqu'un à qui exprimer ses angoisses » en agitant les mains avec raideur.

Comme si c'était le problème. Faire taire Maya, ça, ç'aurait été une amélioration.

– Bah, ne t'en fais pas ! Un psychologue scolaire n'est toujours qu'un étudiant paresseux qui a choisi le cursus qui comptait le moins d'heures à l'université, dit-elle avec une moue dédaigneuse.

Peter aurait aimé être aussi confiant qu'elle. Il sourit faiblement à Bentham.

– Si vous croyez que c'est mieux, s'entendit-il marmonner.

– Excellent, excellent ! Je vais tout de suite voir quand le docteur Luang est disponible, s'exclama Bentham, visiblement très soulagé de décharger son fardeau sur quelqu'un d'autre.

L'empressement avec lequel il lui cherchait un rendez-vous inquiétait Peter. Combien de professeurs exactement avaient insisté pour qu'il voie ce psy ?

Il essaya de paraître confiant, calculant le temps qu'il lui restait avant de devoir remplir des formulaires de transfert d'établissement.

Maya était consciente qu'elle ne pouvait pas continuer à se précipiter sous une table quand Edward Matheson croisait son chemin. Peter finirait par s'en rendre compte et elle n'avait aucune envie d'avoir avec lui la conversation qui s'ensuivrait inévitablement.

Mais de là à surgir devant lui pour voir s'il réagirait…

Non, vraiment, les années passées à n'être perçue que par Peter l'avaient rendue si timide qu'elle se savait à la limite de l'animal sauvage. Elle serait incapable de faire quoi que ce soit d'aussi téméraire.

C'est pourquoi elle avait beaucoup de mal à s'expliquer comment elle s'était retrouvée embusquée derrière un large buis censé représenter un chevreuil.

Ou une vache.

Là n'était pas la question : l'entraînement de tennis s'achèverait dans quelques minutes et elle était déterminée à se précipiter hors de sa cachette pour obliger Edward Matheson à reconnaître qu'il était médium.

Elle n'avait pas encore décidé ce qu'elle ferait ensuite, mais elle était certaine qu'une idée appropriée lui viendrait à l'esprit.

Il était heureux que Peter soit coincé dans la salle de bains, occupé à dégager un chewing-gum de ses cheveux, parce que s'il l'avait surprise accroupie derrière un quadrupède non identifié, prête à bondir devant un vivant, il se serait moqué d'elle jusqu'au jour de sa mort.

Une sonnerie indiqua la fin de l'heure et des cris fusèrent à l'intérieur du court. Maya n'osa pas bouger de l'endroit où elle s'était accroupie. D'un coup, elle commençait à douter que cette confrontation soit la meilleure solution.

Les élèves du club de tennis sortirent à grand bruit. Matheson partirait en dernier, et seul. D'après ce qu'elle avait pu observer, en dehors de ses réunions nocturnes, ses relations avec les autres étaient limitées.

C'était pour cette raison qu'elle avait choisi de l'approcher à ce moment-là – elle doutait de s'en faire un allié en lui apparaissant à l'improviste devant ses camarades de classe. Dans le parc, personne ne le remarquerait s'il hurlait ou gesticulait bizarrement.

Du moins, si elle réussissait à le calmer rapidement. Mais elle était confiante.

Elle regarda les élèves traverser le parc en petits groupes turbulents pour regagner l'allée de gravillons qui menait à l'entrée principale. Comme prévu, Matheson resta en arrière, émergeant des vestiaires plusieurs minutes après les autres, sa raquette à la main et le visage renfrogné.

Elle ne se souvenait pas l'avoir déjà vu sourire, et cette pensée la fit elle-même froncer les sourcils. Comment un garçon de quinze ans qui n'était pas Peter pouvait-il dégager une telle impression de mal-être ? Pour ce qu'elle en savait, Matheson jouissait d'un physique agréable, d'une belle fortune ainsi que d'un cerveau en état de marche. Il était certes isolé, cependant c'était clairement volontaire de sa part.

Alors, qu'est-ce qui n'allait pas chez lui ?

Il arrivait et Maya n'avait plus le temps d'hésiter. Elle jeta un coup d'œil circulaire pour s'assurer qu'il n'y avait personne à proximité et surgit d'un coup de derrière l'arbuste. Elle se planta devant Matheson et ouvrit la bouche.

– Euh… Salut ?

Elle résista à l'envie de se frapper le front du plat de la main.

Salut ? Quelle entrée en matière était-ce là ?

Matheson ne répondit pas. Maya remarqua qu'il avait gardé du soir de la fête une fine cicatrice près de l'œil gauche. L'appréhension qu'elle éprouvait à l'idée qu'il la percevait se transforma en un tout autre effroi.

Et si elle s'était trompée dans les cachots ? Si elle avait imaginé ce regard sur elle et...

L'adolescent la dépassa, la frôla même, et Maya vit son bras se couvrir de chair de poule. Pas un instant ses yeux ne dévièrent du chemin droit devant lui. Si elle en avait été capable, Maya aurait pleuré de déception.

Edward Matheson ne la voyait pas.

Peter s'agita sur son siège, observant avec méfiance le docteur Luang à travers sa frange. Sa conversation avec Bentham avait eu lieu seulement deux jours plus tôt. Et si la rapidité avec laquelle l'affaire avait été arrangée reflétait ce que le proviseur pensait de lui, Peter ne donnait pas cher de sa place à St-Gabriel.

Le docteur Luang avait l'air fourbe, non ? Ou peut-être que c'étaient juste les lunettes, ou le fait qu'il ressemblait à un méchant de *comics*, le genre à se frotter les mains en se préparant à devenir le Maître du monde. Oui, c'était sûrement ça.

Pour l'instant, Luang arrangeait des papiers qu'il parcourait de temps à autre avec concentration. Puis il les empila sur son bureau après trois claquements de langue successifs.

Peter espérait qu'il ne s'agissait pas de son dossier.

Enfin, Luang posa une feuille blanche sur le tas bien net, sortit un stylo à bille de la poche de sa veste, qu'il plaça parallèlement à la pile, et se redressa. Il enleva ses lunettes et les frotta avec un chiffon.

Installée sur le fauteuil situé à la droite de Peter, Maya éclata de rire.

– Incroyable, ils t'ont trouvé un psy maniaque ! Tu en as de la chance.

Peter se retint d'acquiescer. Rien que de se trouver face à ce type, il se sentait déjà plus normal.

– Alors, Peter ? Je peux vous appeler Peter ?

Peter ravala un grognement. Le docteur Luang eut un sourire d'alligator.

– Parfait. Maintenant, parlez-moi un peu de vous.

Peter garda un silence buté. Il n'avait rien à avouer, du moins rien que le docteur Luang n'avait besoin d'entendre.

– Je vois, continua celui-ci, sans cesser de sourire. J'ai discuté avec certains de vos professeurs, Peter.

Il lui lança un regard qui se voulait sans doute éloquent. Peter décida de continuer à faire semblant de ne pas comprendre.

– Il veut dire qu'il a reçu la feuille sur laquelle ils ont coché des cases, commenta Maya. Ce type ne met jamais les pieds ici en dehors de ses heures de consultation.

– Vous avez des problèmes d'intégration et des troubles du sommeil – cela me paraît évident. Vous faites des cauchemars ?

– Réponds « oui », conseilla Maya.

– Euh… oui ? Tout le monde en fait, non ? hasarda Peter.

– Les raconter à quelqu'un est souvent libérateur, suggéra Luang.

Maya eut un rictus méprisant.

– C'est quoi son deuxième prénom : Subtilité ?

– Je m'en souviens pas, marmonna Peter, ignorant l'intervention de Maya. De mes rêves, précisa-t-il.

– Ah oui ? questionna Luang, soudainement intéressé. Pas du tout ?

Peter secoua la tête. Il mourrait plutôt que lui avouer qu'il rêvait d'escaliers.

D'escaliers.

Et qu'il se réveillait terrifié.

– Non. Juste… du noir. C'est tout.

– Et concernant vos relations avec vos camarades de classe ? Pouvez-vous me parler d'eux ?

Peter commença à compter les feuilles posées devant le psychologue.

Un, deux, trois…

– Vous vous intégrez avec difficulté, n'est-ce pas ? insista Luang après une pause.

– Il a un don pour remuer le couteau dans la plaie. Tu crois qu'il aide ses patients à rédiger leur lettre de suicide en fin de thérapie ? Dis que personne ne te comprend, ça fait très adolescent, conseilla Maya.

Dix.

– Oui, j'imagine, répondit Peter.

– Pourquoi ?

– Je ne sais pas. Parce qu'ils ne m'aiment pas ?

Le docteur Luang griffonna quelques mots sur la feuille blanche.

– Pourquoi ne vous aimeraient-ils pas ?

– Parce que Matheson ne m'aime pas.

La main qui tenait le stylo hésita et Peter eut l'impression que ce n'était pas la première fois que Luang entendait ça.

– D'accord. Vous avez des amis en dehors du lycée ?

Peter se concentra de toutes ses forces sur les mots indéchiffrables tracés par le psychologue avant de répondre :

– Pas vraiment.

L'admettre n'était pas plaisant, peu importait que ce ne soit pas nouveau. Le docteur Luang parut sentir qu'il ne lui arracherait rien de plus sur le sujet.

– C'est la première fois que vous êtes dans un pensionnat. En voulez-vous à vos parents de vous avoir envoyé à St-Gabriel ?

– Euh…

– Vous pouvez tout me dire Peter, tout ceci est confidentiel et je suis là pour vous aider.

Peter força un pâle sourire sur son visage.

– Non ? répondit-il. Ils avaient leurs raisons ?

Il aurait préféré que ça ne sonne pas comme une question, mais c'était trop tard. Luang caressa son menton du bout de son stylo et y étala un peu d'encre noire. Peter éprouva une sombre satisfaction à la pensée des *heures* que le psychologue passerait sans doute dehors avant de s'en apercevoir.

– Certaines personnes dorment mal en dehors de chez elles. Est-ce votre cas ?

– Je ne sais pas, répondit Peter, les yeux écarquillés.

– Vous avez beaucoup changé d'établissement depuis que vous êtes entré à l'école, alors que vous n'avez jamais déménagé. Pourquoi ?

– Mes parents pensaient que c'était mieux pour moi.

Le docteur Luang attendit. Peter continua de se taire – ce psychologue posait trop de questions et il était clair qu'il y avait longtemps que l'administration scolaire s'était fait une opinion sur son état mental.

– Vous avez déjà consulté un psychologue. À plusieurs reprises.

Peter déglutit.

– Pourquoi ?

Peter s'affaissa encore davantage sur sa chaise et enfonça les mains dans ses poches.

– Dis-lui que ta sœur est morte quand tu avais six ans, conseilla Maya depuis son fauteuil. Que tes parents ont été dévastés par cette perte et que vous n'arrivez plus à communiquer. Que tu te sens seul et que tu es en colère contre le monde entier, parce que ta famille t'a laissé tomber à cause de sa mort. Pleure, si tu peux, et remercie-le à la fin de la séance de t'avoir permis de comprendre ce que tu n'avais jamais réussi à exprimer. Il devrait se croire utile et te laisser tranquille.

Peter fit exactement ça. C'était une bonne explication et elle était très proche de la vérité.

À la fin de la séance, le docteur Luang lui serra la main et lui tapota l'épaule d'un geste réconfortant.

– N'hésitez pas à reprendre rendez-vous avec moi si vous en ressentez le besoin, dit-il.

Peter hocha solennellement la tête, se félicitant de s'en être si bien sorti.

Ce ne fut que dans le couloir qu'il s'aperçut que ses yeux étaient plus humides qu'ils n'auraient dû et que son nez coulait.

Maya ne fit aucun commentaire.

17

– Il paraît que tu échappes à la sortie culturelle ?

Peter roula hors de son lit et rampa jusqu'à l'échelle de la mezzanine pour regarder en bas, trop paresseux pour se lever. Il hocha la tête en direction de la silhouette voûtée de Connor et répondit au signe de main de Ian, se demandant vaguement s'il arrivait à ces deux-là de se déplacer l'un sans l'autre.

– Ah, ouais, t'es « malade », continua Ian en mimant de grands guillemets avec ses doigts.

– Ouais, marmonna Peter.

– Le pauvre, il va rater les merveilles de notre « grande civilisation », dit Simon, écarquillant les yeux et battant des cils dans une imitation des enthousiasmes de Mlle Ellis.

Peter devait reconnaître que le descriptif que la professeur d'histoire avait donné de la journée à venir ne l'avait pas poussé à puiser dans ce qui lui restait d'énergie pour y participer.

– Comment t'as fait pour convaincre l'infirmière ? interrogea Connor.

Peter laissa sa tête retomber contre le parquet avec lassitude. Il aurait aimé que ce ne soit qu'une excuse pour éviter le musée de l'Industrie, mais la migraine qui faisait palpiter son crâne comme si son cœur avait pris résidence derrière ses yeux et comprimait son cerveau à chaque battement n'avait rien d'imaginaire.

– Tu plaisantes ! Il pourrait jouer dans *La Nuit des morts vivants* sans maquillage. Jack l'Éventreur lui-même se serait laissé attendrir par l'état dans lequel il était au réveil, rétorqua Simon.

Ian dressa l'oreille.

– Oh, vraiment malade ? Assez pour sécher les cours d'Eckhart cette semaine ?

Peter s'obligea à sourire, même si le simple fait d'actionner les muscles de son visage était soudain très compliqué.

Il ne se souvenait plus clairement de la dernière nuit durant laquelle il avait dormi plusieurs heures d'affilée.

– Je ne crois pas que ce soit à ce point-là. Je suis juste un peu crevé.

– Ah, pas de bol, vieux, commenta Connor.

– Il faut qu'on y aille si on ne veut pas se faire engueuler, coupa Simon.

Ian acquiesça, et ils attrapèrent les sacs qui avaient été abandonnés sur le lit de Simon avant de sortir de la chambre en claquant la porte.

Peter se releva et le regretta immédiatement alors que son estomac tressautait. Il regagna son lit, espérant dormir plus aisément à la lumière du jour. Il eut tout juste le temps de se demander où était passée Maya avant de sombrer dans un sommeil sans rêve.

Maya traversa le grand hall, les yeux fixés droit devant elle. Il y avait trop d'esprits par ici, comme si tous les morts de la région s'étaient donné rendez-vous à St-Gabriel.

Et c'était en train de rendre Peter complètement fou.

Maya le soupçonnait de s'empêcher de dormir afin d'éviter les rêves qu'il prétendait avoir oubliés. Elle ne parvenait pas à déterminer s'il mentait ou s'il refusait tellement d'y penser qu'il finissait par les occulter.

Elle savait qu'il avait réussi à se faire dispenser de la sortie du jour dans l'espoir de se reposer un peu. L'infirmière de garde avait voulu le faire rester à l'infirmerie, mais il avait insisté pour retourner dans sa chambre. Elle n'avait pas vraiment pu s'y opposer : à part des cernes à faire peur et un teint grisâtre, Peter n'avait aucun symptôme inquiétant.

Maya continua de faire les cent pas dans le hall, cherchant un moyen de s'occuper. Edward Matheson et Samuel Stevens étaient en cours de chimie. Elle soupira avec exaspération : depuis quand était-elle si désespérément seule qu'elle apprenait l'emploi du temps des élèves pour les traquer ?

Et pour quoi ? Personne ne la voyait !

Elle prit finalement le chemin de Merywether – rien ne valait une bibliothèque, lorsqu'on avait devant soi des dizaines d'années de solitude future à meubler. Après un dernier regard vers les esprits qui hantaient chaque recoin du manoir, elle laissa derrière elle les murs de St-Gabriel.

Peter se réveilla une heure après s'être couché. Il sonda avec soin sa mémoire à la recherche d'un quelconque rêve, mais il ne restait rien de son bref somme. Il s'aperçut qu'il retenait son souffle et expira brutalement, s'étranglant et toussant jusqu'à en être plié en deux.

Il se laissa retomber sur le dos et fixa des yeux la peinture qui s'écaillait au-dessus de son lit. Maya avait disparu et Simon ne rentrerait pas avant la fin de la journée : Mlle Ellis avait réservé tout l'après-midi et une sortie scolaire se soldait toujours par une demi-heure de retard minimum.

Il n'était plus aussi fatigué et il ne réussirait pas à se rendormir. Il y avait aussi ce chapitre de géographie qu'il était censé lire pour compléter une carte du Japon…

Il s'extirpa des draps et s'assit au bord de son lit, passant les doigts dans ses cheveux humides contre sa peau tiède. Il avait encore l'esprit trop embrumé pour travailler convenablement. Il décida de profiter de l'absence des autres pour aller prendre une longue douche.

Il en sortit plus alerte et regagna sa chambre à pas lents, séchant distraitement ses cheveux à l'aide d'une serviette.

Le livre posé sur son bureau n'avait jamais eu l'air aussi repoussant et il savait d'avance qu'il ne trouverait guère plus à écrire sur sa copie que son nom et l'intitulé du devoir. Il posa la serviette sur la rambarde de la mezzanine et enfila ses chaussures réglementaires : peut-être que marcher lui éclaircirait les idées, et cela aurait au moins le mérite de lui faire faire de l'exercice.

Il était tôt dans l'après-midi et la plupart des élèves de St-Gabriel avaient cours. Peter erra sans but dans les couloirs, se concentrant sur le linoléum beige grisâtre, le bois, puis les pierres sous ses pieds pour ne pas voir les formes silencieuses qu'il aurait crues sorties de leur tombe juste pour le tourmenter s'il avait été plus paranoïaque.

Maya prétendait qu'il y avait des endroits très intéressants dans le manoir. Elle avait mentionné des cachots, s'il avait bonne mémoire. Il abandonna cependant rapidement l'idée de les trouver. Si les tours étaient interdites d'accès aux élèves, il supposait qu'il n'avait pas non plus le droit d'aller se promener dans les sous-sol.

Il dépassa les salles de classe et ouvrit une porte coupe-feu. Soulagé de n'avoir déclenché aucune alarme, il s'avança dans un couloir désert qui lui était inconnu. Il examina la rangée de portes à la lumière sombre de ce mois de janvier et en déduisit qu'il était dans la partie du manoir réservée aux chambres des professeurs que Maya lui avait montrée sur une carte, au début de leur séjour. Il se hâta de quitter cette zone, de peur d'être accusé de préparer un mauvais coup.

Ce genre de situation se reproduisait avec une régularité effrayante.

Il pénétra dans un couloir dont il était presque certain qu'il était au premier étage. Les petits escaliers et les passages tortueux dus à un agrandissement tardif du bâtiment, croyait-il se rappeler, avaient tendance à vous faire arriver dans les lieux les plus inattendus.

Il releva la tête et le regretta immédiatement : c'était l'étage des bureaux des professeurs, et un groupe de spectres occupait toute la largeur du couloir, lui bloquant le passage.

Peter recula, méfiant. Il fit volte-face avec la ferme intention de regagner sa chambre au plus vite : d'un coup, faire ses devoirs était une perspective beaucoup plus excitante. Il laissa échapper un glapissement en trouvant un spectacle comparable derrière lui.

Ils étaient près, bien trop près – Peter sentait déjà des frissons glacés agiter convulsivement son échine.

Il se plaça dos au mur pour surveiller les deux groupes en même temps. Il était coincé. Il n'y avait aucun autre moyen de sortir de là que de traverser les spectres ou de capituler.

Il ne délibéra pas longtemps : la simple idée de contact avec toute cette énergie morte le tétanisait. Après avoir scruté le couloir au travers des spectres pour s'assurer que personne ne risquait de le surprendre, il se tourna vers le groupe qui lui avait initialement fait face.

– D'accord ! D'accord, je laisse tomber. Vous avez gagné. Qu'est-ce que je dois faire ? souffla-t-il aussi fort qu'il osait.

Les esprits n'eurent aucune réaction. Peter n'en attendait pas : à part Maya, il n'avait jamais croisé de fantôme capable de le lui répondre.

Puis ils disparurent.

Peter cligna des yeux. Il fit un tour complet sur lui-même. Le couloir était vide – plus de femme en chemise de nuit, d'enfants en tenues démodées ou de vieil homme en costume rouge qui louchait et vous donnait envie de vous éloigner sans le lâcher des yeux.

Celui-là, il croyait l'avoir aperçu dans une des salles de lecture avant les vacances de Noël. Toutefois, il avait vu tellement de morts au cours des dernières semaines qu'il devenait difficile de les distinguer les uns des autres.

Peter avança précautionneusement. Il ne fut pas vraiment surpris quand il trouva l'homme au costume rouge sur le seuil d'une pièce restée ouverte, une vingtaine de pas plus loin.

L'homme avait de petits yeux noirs et inexpressifs

qui semblaient contempler l'intérieur de son crâne. Peut-être que c'était le cas : pour ce qu'il en savait, l'homme aurait aussi bien pu regarder le mur à travers lui. Peter ignorait tout des fantômes. De la raison de leur existence – avaient-ils une mission ? S'étaient-ils perdus en chemin quand leur corps les avait laissés partir ? Ou n'étaient-ils qu'une forme d'aberration ? Maya prétendait qu'ils étaient des empreintes, le souvenir laissé par ceux qui s'étaient tenus au milieu des énergies du monde. Cependant, Maya non plus n'y comprenait rien. Ils la dégoûtaient comme un cadavre horrifie un vivant. Elle refusait de les toucher et les évitait.

Parce que, en un sens, Maya vivait toujours, même si ce n'était qu'aux yeux de Peter.

Il entra dans la pièce. Aller voir ce que les esprits voulaient n'engageait à rien, et c'était propablement le seul moyen de les faire disparaître.

Il y avait une table à chaque bout de la pièce et l'ensemble ressemblait beaucoup au bureau du professeur McKief, en mieux rangé. Des chemises pleines à craquer étaient posées sur des étagères, et l'air était lourd et poussiéreux, au point que la température paraissait avoir monté de plusieurs degrés par rapport au couloir.

Soudain, une petite fille était assise sur la table de droite entre une règle en fer, un pot à crayons rempli de trombones et d'élastiques, et un cartable en cuir ouvert à l'aspect familier. Elle se balançait d'avant en arrière avec allégresse et Peter n'était pas certain qu'elle ait la moindre idée d'où elle se trouvait.

La table tressautait. La vibration gagna en amplitude, faisant s'entrechoquer les trombones dans un cliquetis menaçant, de ceux qui annoncent les tremblements de terre et les grandes catastrophes.

Brusquement, le cartable bascula et s'écrasa sur le sol, répandant son contenu avec un bruit de papier froissé. Ce fut à cet instant que Peter le reconnut : le cartable d'Eckhart.

Il était dans le bureau d'Eckhart et la petite peste s'était évaporée.

Il poussa un soupir, partagé entre l'envie de rire de l'ironie du sort et celle de partir en courant. Être surpris par Eckhart dans son bureau n'était pas une perspective agréable.

Mais Eckhart n'était pas là. Il devait être en cours et, d'après la montre de Peter, la sonnerie ne retentirait que dans quinze minutes. Ce qui lui laissait le temps de tout remettre à sa place avant de s'éclipser.

Il s'agenouilla et commença à ramasser des feuilles couvertes d'une écriture serrée, maudissant à mi-voix les sales gamines qui ne savaient pas rester dans leur cercueil. Il s'aplatit contre le sol, dos à la porte restée ouverte, pour attraper ce qui ressemblait à des articles de journaux découpés. Il tendit le bras le plus loin possible sous le bureau et un gros titre attira son attention :

Hailey prêt à parler : la fin pour les Guerriers ?

Peter saisit une autre feuille. Une autre coupure de journal.

L'expert appelé par la défense déclare :
« Damien Hailey est un mythomane
et un homme dangereux. »

Des chroniques judiciaires ? Peter se pencha pour lire un article du *Guardian*.

Damien Hailey :
Chronique d'une mort annoncée

– Qu'est-ce que vous faites là ?

Peter recula d'un bond et se cogna la tête contre la table. Il poussa une exclamation de peur et de douleur, songeant que c'était bien la dernière fois qu'il rendait service à des fantômes.

Vraiment, quel genre d'esprit vous envoie fouiller dans les affaires d'un professeur sans prendre la peine de monter la garde ?

18

Peter se releva et se retourna à contrecœur pour faire face à la silhouette un peu épaisse d'Eckhart.

– Que faites-vous ici, M. Klast ? siffla de nouveau le professeur.

Il embrassa d'un coup d'œil les feuilles et le cartable sur le parquet, Peter, son uniforme froissé, les toiles d'araignées récoltées sous la table collant à ses cheveux, et les articles de journaux dans sa main.

– Posez ça immédiatement ! ajouta-t-il.

Peter lâcha le tout comme s'il avait été brûlé. La colère d'Eckhart semblait enfler de minute en minute et l'esprit de Peter restait désespérément vide.

Que faisait-il là ?

Il surveilla avec appréhension les poings de son professeur, serrés si fort contre ses flancs que ses jointures étaient livides. L'homme paraissait sur le point d'exploser. Peter lui-même ancrait ses pieds dans le sol de toutes ses forces, essayant de se persuader que s'enfuir n'arrangerait rien.

Où était Maya ?

– Sortez ! aboya soudainement Eckhart. Sortez d'ici avant que je ne fasse quelque chose que je vais regretter !

Peter ne se le fit pas dire deux fois. Il se précipita hors du bureau, se cognant au chambranle de la porte en évitant Eckhart. Il ne s'arrêta pas avant d'arriver dans sa chambre. Le souffle court, il referma la porte derrière lui et s'adossa contre le battant, regrettant l'absence de verrou. Une partie de lui craignait qu'Eckhart change d'avis et se lance à sa poursuite.

Il se frotta l'épaule et avala sa salive. Eckhart n'avait jamais été très amical, mais ce n'était qu'un homme entre deux âges avec un goût immodéré pour les costumes en velours marron et les énoncés qui mettaient en scène des trains. Pourtant, dans le bureau, la colère exsudait par tous ses pores et il était soudain devenu bien plus impressionnant.

Inconsciemment, Peter s'appuya de tout son poids contre la porte. Après quelques minutes, il devint évident qu'Eckhart ne l'avait pas suivi et il regagna la mezzanine. Il se recoucha et sa panique se dissipa, le laissant avec une seule question : qu'y avait-il dans ce bureau qui puisse intéresser tous ces fantômes ?

Des éclats de voix résonnaient dans le couloir.

Pourtant, tout le monde était au dîner à cette heure-ci. Maya, elle, avait préféré rester seule pour réfléchir au calme à ce que Peter lui avait raconté de son après-midi. Il avait été complètement déboussolé par le comportement d'Eckhart. Quant à elle, à la place du professeur, si elle avait trouvé un élève, tricheur de surcroît, en train de fouiller dans ses affaires personnelles, elle aussi aurait été folle de rage. Peter croyait que cela cachait quelque chose et disait avoir été mené jusqu'aux articles de journaux par les esprits.

Maya avait objecté qu'il y avait des fantômes partout ces derniers temps. Peter en avait même trouvé un au sortir de sa douche deux jours auparavant. Il était resté caché dans la cabine jusqu'à ce que Ian, revenu de son entraînement de football, tambourine à la porte en hurlant qu'il se noyait dans sa propre sueur et qu'il tiendrait Peter pour personnellement responsable de sa mort s'il n'ouvrait pas. Cependant, elle ne pouvait nier que c'était troublant. D'abord McKief, maintenant Eckhart… Que faisaient donc les professeurs dans ce pensionnat ?

Maya s'arrêta. Les voix étaient proches à présent, et elles étaient étrangement familières.

– Oh oui, le parfait petit Eddy ne ferait jamais ça ! railla une voix. Arrête de jouer les vierges effarouchées, Edward. Je sais ce que tu trafiques. Et je ne parle pas non plus des bouteilles de vodka que tu vends dans la tour sud-est !

Edward ?

Maya marqua une pause derrière la porte entrebâillée

d'où venaient les voix, avant de pénétrer dans la salle de classe. Tyler et Edward Matheson se faisaient face au pied de l'estrade. Edward gardait un visage inexpressif tandis que Tyler était cramoisi – de rage ou de jubilation, Maya n'aurait su le dire.

– Ty...

– Papa serait si *fier* ! Surtout après l'année dernière !

Edward perdit sa calme contenance.

– La ferme, Tyler ! Si tu crois que tu peux...

– Mais je peux ! Parce que je sais exactement ce qui se passe.

Tyler eut un sourire qui découvrit ses dents. Le sourire de celui qui a toutes les cartes en main.

Maya s'écarta d'un pas. Elle crut voir Edward jeter un coup d'œil vers elle et froncer les sourcils, mais c'était sans doute son imagination. Après tout, elle avait eu des dizaines de fois la preuve indiscutable qu'il n'était pas médium.

– Je t'ai vu avec Eckhart, reprit Tyler, son sourire s'élargissant tant qu'il semblait devoir faire craquer ses zygomatiques.

– Tu ne sais pas de quoi tu parles, répliqua Edward d'un ton sévère.

Son visage avait pâli : Tyler n'avait besoin d'aucune autre confirmation.

– Je crois que si, et quand papa...

À ce moment, une cavalcade d'élèves émergeant du réfectoire fit vibrer le sol.

– On a raté le dîner, remarqua Edward. Si tu demandes gentiment, je pourrai te vendre quelques trucs venant de la cuisine, ajouta-t-il avec un rictus féroce.

Tyler réajusta son sac sur son épaule sans broncher.

– On ne va pas en rester là, Ed. Tu peux en être sûr.

– Tu n'as pas de preuve, répliqua Edward.

– J'en aurai, t'en fais pas. Et je raconterai tout à papa. Ou peut-être… Tu crois qu'il préférerait que la police lui annonce la nouvelle ?

Un grondement émergea de la gorge d'Edward. Il montra les dents.

– Vous me faites vomir, toi et la bande de débiles qui te collent comme des sangsues. Disparais de ma vue !

Tyler eut l'air de vouloir répliquer, mais l'expression de son frère l'en dissuada. Il quitta la pièce en claquant la porte. Edward demeura immobile, puis se détendit progressivement.

Maya songea qu'il était l'être le plus fascinant qu'elle ait jamais croisé.

Edward Matheson avait une horripilante tendance à tourner en rond. Il avait fait les cent pas dans sa chambre si longtemps que Maya s'attendait à voir un ovale gravé dans le plancher.

Il s'était arrêté à de nombreuses reprises au pied de son lit. Il s'y était même agenouillé une fois, la tête baissée, avant de se remettre à marcher. Maya s'était demandé s'il priait.

Matheson ne paraissait pas du genre à en appeler à Dieu pour régler ses problèmes.

Il était évident que la dispute avec son frère l'avait perturbé. C'était étonnant, si on considérait ce qu'on racontait sur leurs relations. Pourtant ce que Tyler avait dit…

Maya avait suivi Edward toute la journée. Elle était persuadée qu'il avait un lien avec la réapparition de Movaisogur. Seulement, Peter ne la croirait pas sans une solide preuve et elle était prête à chercher autant qu'il faudrait. Parce que Maya n'était pas aveugle : Peter ne dormait pas suffisamment. Il passait pourtant des heures dans sa chambre, y retournant directement après les cours et raccourcissant chaque jour davantage le temps passé dans le réfectoire. Il disait qu'il n'avait pas faim, qu'il avait assez mangé, mais Maya l'entendait sans cesse marmotter des imprécations contre les esprits. L'idiot essayait de les *éviter*. Comme s'il était possible d'échapper à des êtres immatériels qui avaient l'éternité devant eux.

Même s'il refusait de l'admettre, Peter avait besoin que tout cela s'arrête. Sans quoi, le psychologue scolaire deviendrait le dernier de ses soucis.

Mais Edward avait passé l'après-midi à tourner en rond et à fumer cigarette sur cigarette devant sa fenêtre ouverte. Son camarade de chambre était venu un peu plus tôt prendre ses affaires de sport et était ressorti sans un regard pour lui. Edward n'en avait pas paru surpris. Anormalement silencieux pour un adolescent de son âge, il était constamment drapé d'une sombre morosité. Personne d'autre que son frère et ses noctambules encapuchonnés ne semblait l'approcher.

En un sens, Edward Matheson était le vivant le plus proche d'un spectre que Maya ait vu.

Finalement, il s'assit sur son lit et extirpa un livre de son sac. Si on se fiait au sang et aux pierres tombales disséminés sur la couverture, il ne s'agissait pas d'une lecture imposée.

Soudain, des coups à la porte se firent entendre.

– Quoi ? demanda Edward sans se lever.

– C'est Ryan, répondit une voix étouffée.

Le front plissé, Edward posa son livre sur le lit avant d'aller ouvrir. Il s'écarta pour laisser entrer le blond acnéique qui avait fait passer le test des cartes à Peter environ deux mois plus tôt. Edward inspecta le couloir avant de refermer la porte. Il se retourna vers Ryan et le dévisagea d'un air peu engageant. Ryan se débarrassa de sa veste, pas intimidé pour autant. Il devait y être habitué.

– Qu'est-ce qu'il y a ? questionna Edward.

Si son ton était sec et ennuyé, il laissait filtrer la nervosité que son visage cachait si bien. Il aurait sûrement pu donner du fil à retordre à Connor au poker.

– Tout est prêt pour ce soir, annonça Ryan.

Edward garda le silence, parcourant le mur du regard comme s'il passait en revue les rangées de motifs du papier peint à fleurs.

– Pour ce soir, on devrait laisser tomber, dit-il finalement.

Les yeux de Ryan s'écarquillèrent d'une façon presque comique.

– Quoi ? T'es malade, on prévoit ça depuis des semaines ! Tout le monde est déjà au courant !

– Justement, un peu trop de gens sont au courant, rétorqua Edward d'un ton accusateur.

– Eh, du calme, vieux, c'est pas ma faute ! protesta Ryan, levant les mains devant lui en geste d'innocence. T'es sûr ?

Edward fit un signe de tête quasi oblique.

– Ouais, je crois.

– Qui ?

Edward haussa les épaules.

– Des gens. Je sais pas.

Ryan plissa les yeux jusqu'à ce qu'il ne restât que deux fentes au milieu de son visage rouge parsemé de plaques boursouflées. Maya laissa échapper un son de dégoût – honnêtement, personne n'avait jamais parlé à ce garçon de crèmes anti-acné ?

Il aurait dû s'adresser à Eckhart, qui avait apparemment trouvé le remède miracle. Si elle avait été vivante, Maya aurait été tentée de braver sa fureur pour découvrir son secret.

– C'est ton frangin, hein ? demanda Ryan.

– Ne l'appelle pas comme ça ! gronda Edward.

Il se dégageait de lui un tel ressentiment que c'en était effrayant.

– OK, répondit Ryan. Tyler. C'est Tyler, alors ?

– La sale petite fouine, grinça Edward entre ses dents.

– Tu crois qu'il va nous dénoncer ? continua Ryan, interprétant les insultes qu'Edward marmonnait toujours comme une confirmation.

– Peut-être. J'en sais rien.

– On fait quoi pour ce soir ?

– On annule. Débrouille-toi pour prévenir tout le monde, parce que moi, je ne viens pas.

Ryan mâchonna pensivement le côté de son pouce.

– Sûr ? On ne pourra plus avant des semaines…

– Sûr !

Ryan acquiesça, nettement moins enthousiaste qu'à son arrivée dans la chambre.

– OK, je comprends. Je vais voir ce que je peux faire, mais je vais avoir du mal à tous les contacter d'ici ce soir…

Après ça, il ne dit plus rien et Edward lui lança un regard lourd de sens.

– Autre chose ? questionna-t-il, affichant clairement sa frustration.

Il était en colère, humilié de s'être laissé manipuler par Tyler, et tout à coup ses yeux bleus paraissaient noirs. Ce fut à ce moment-là que Maya réalisa que leur couleur était celle de la pierre que sa mère avait encerclée de bibelots dans l'une des vitrines du salon – de la lazurite, croyait-elle se rappeler. Oui, exactement cette couleur sombre et vibrante dépourvue de la moindre chaleur.

– Non, répondit Ryan, soudain nerveux. Je vais y aller maintenant, des devoirs à faire, des gens à prévenir... Tu vois ?

Edward ouvrit la porte et la referma à la seconde où Ryan mit le pied dehors. Enlevant ensuite ses chaussures sans défaire les lacets, il se coucha tout habillé.

Maya envisagea de suivre Ryan pour découvrir quelle opération mystérieuse il devait annuler, puis y renonça.

Pour l'instant, Edward Matheson était le seul mystère qui l'intéressait.

Des heures plus tard, Edward s'était endormi sans prendre la peine d'éteindre la lumière et Maya était toujours immobile au pied de son lit. Elle-même ne comprenait pas vraiment pourquoi. La façon dont la poitrine d'Edward se soulevait et s'abaissait à chaque respiration était presque hypnotisante. Elle n'avait pas bougé, pas même quand le garçon qui partageait sa chambre était revenu et avait commencé à jouer sur son ordinateur portable, ni quand sa tête avait heurté le clavier avec un claquement sec alors qu'il s'endormait et qu'il était allé se coucher.

Le moment aurait été idéal pour entrer en communication avec Edward. D'après la façon assez répugnante dont ses yeux bougeaient sous ses paupières, il était en plein sommeil paradoxal. Il aurait suffi à Maya de se glisser dans son rêve. Du moins, c'était ce qu'elle avait retenu des ouvrages traitant de ce sujet.

Elle s'était beaucoup documentée sur le paranormal durant les années qui avaient suivi sa mort. En réalité, cela ne lui avait pas été d'une grande aide : les livres donnaient des méthodes aux vivants pour contacter les morts, pas le contraire. Pas plus qu'ils n'aidaient à éviter les spectres, ainsi qu'elle avait dû se résoudre à l'annoncer à Peter. Néanmoins, s'il y avait une once de vérité dans les textes, il ne devrait pas être si difficile d'entrer dans les rêves de quiconque était doté d'aptitude médiumnique. La simplicité du procédé en était effrayante si on songeait qu'il s'agissait de pénétrer dans la tête de quelqu'un.

Elle jeta un regard morose sur Edward. Il demeurait parfaitement immobile sous ses draps, si on exceptait le mouvement répétitif de sa main gauche, donnant l'impression qu'il chassait un insecte.

En vérité, ses scrupules avaient moins à voir avec l'éthique qu'avec l'expérience qu'elle avait tentée sur Stevens quelques jours auparavant. Cela avait été idiot de sa part, il était évident que Stevens n'avait pas le moindre don.

Elle n'avait jamais imaginé qu'il puisse exister

un endroit si complètement… noir. Ce noir était si profond qu'elle l'aurait cru tangible et Maya avait paniqué. Elle était devenue incapable de s'orienter et il lui semblait sentir les yeux du croque-mitaine sur elle – c'était impossible, elle était dans l'esprit de Stevens, dans un lieu qui n'existait pas et où rien ni personne n'était en mesure de la suivre. Mais elle ne réfléchissait pas clairement à ce moment-là.

Elle s'était alors mise à crier à s'en rendre folle et s'était recroquevillée sur elle-même, les yeux clos. Il lui avait fallu des heures avant de recouvrer suffisamment de sang-froid pour comprendre qu'elle seule pouvait se sortir de cet endroit.

Pas réellement un endroit. Du vide qui vous entourait comme s'il cherchait à vous garder prisonnier pour l'éternité.

Le silence et rien, ni personne…

Elle avait fini par s'échapper, évidemment. Cela n'avait pas été si difficile une fois qu'elle avait surmonté son affolement et réussi à se concentrer. S'extraire du rêve lui avait fait l'impression de traverser un mur de gelée tiède. Du moins, elle pensait que la gelée avait ce côté épais et gluant – en matière sensorielle, ses souvenirs dataient de plus de neuf ans et étaient probablement inexacts pour la plupart.

Le noir absolu qu'elle avait trouvé dans l'inconscient de Samuel Stevens était très net dans son esprit et elle n'était pas sûre de vouloir retenter l'expérience.

Et puis, quelles preuves avait-elle qu'Edward était plus médium que Stevens ? Non, la tentation était grande, mais la terreur que lui inspirait l'idée de rester enfermée dans le noir jusqu'à en perdre la raison l'était bien davantage.

Aussi demeurait-elle au pied du lit à attendre un courage qui ne viendrait pas. Aucune personne saine d'esprit n'aurait pris de tels risques pour le vague espoir d'être vue et d'échapper au croque-mitaine.

Elle secoua la tête. Regagner la chambre de Stevens vaudrait peut-être mieux.

Un soudain vacarme la tira de sa rêverie. Des éclats de voix et des cris indistincts venaient de l'extérieur. Un bruit strident retentit brusquement et Maya monta sur la mezzanine pour regarder par la fenêtre.

– Oh, nom de…

Elle n'avait pas le temps de s'assurer que Matheson était réveillé. Elle partit en courant vers la chambre de Peter, jurant tout du long.

19

Peter était perdu.

Il ne se rappelait plus quand il avait pris le couloir de droite, ni à quel moment il avait voulu retourner sur ses pas. Les deux rangées parallèles de portes en bois paraissaient continuer à l'infini. Les ombres s'allongeaient et les appliques s'allumèrent automatiquement. Il faisait froid. Peter croisa les bras pour lutter contre l'atmosphère humide qui transissait son torse sous l'uniforme noir trop fin.

À ce rythme-là, il mettrait des heures à rejoindre sa chambre. Et il n'avait vu personne depuis si longtemps qu'il craignait de s'être introduit dans une partie interdite du manoir.

C'était sûrement le cas. Avec sa chance, Eckhart le trouverait et le collerait jusqu'aux vacances de Pâques.

Il n'y avait maintenant plus qu'une seule personne capable de l'aider, et c'était en la cherchant qu'il s'était perdu. Il s'arrêta, regarda derrière lui et écouta pour vérifier qu'il était seul avant d'ouvrir la bouche :

– Maya, souffla-t-il. Est-ce que tu m'entends ?

Il attendit sans bouger, mais personne ne lui répondit. Il grommela à mi-voix. Il avait toujours pensé que, en tant que médium, il aurait au moins dû être capable de la faire apparaître par sa seule volonté. Pourtant, sa maudite sœur ne lui obéissait pas davantage que lorsqu'elle était en vie.

C'est-à-dire presque jamais.

– Maya ! appela-t-il plus fort, à présent si nerveux qu'il sentait des vrilles de colère envahir son estomac. Maya, je te jure que si tu n'arrives pas tout de suite…

Un bruit.

Aussitôt, la colère s'évanouit, laissant place à une terreur irraisonnée. Si un professeur le surprenait ici… Ou peut-être Matheson et ses copains, ou même l'autre Matheson, qui avait si souvent des marques sur son visage alors qu'on ne l'avait vu se battre avec personne.

Du bruit, à nouveau. Comme le raclement du métal sur la pierre.

Et l'odeur, l'horrible odeur suffocante que Peter croyait reconnaître sans parvenir à y associer un nom.

Peter dut finalement se résigner : Maya ne viendrait pas. Il déglutit. Il y avait quelque chose dans le couloir, juste quelques mètres plus loin, et il ignorait s'il devait aller voir ou s'enfuir à toutes jambes dans la direction opposée.

Ça pouvait être n'importe quoi (le grand et sombre

Movaisogur avec le sablier et la faux qui traînait contre les murs, la faisant grincer comme de la craie sur un tableau noir, avalant les vies...), et *ça* ne savait pas qu'il était là. Pas encore, du moins.

Ce n'était sans doute rien, et il était glaçant *d'imaginer* des choses. S'il ne vérifiait pas de quoi il s'agissait, il passerait la nuit les yeux grands ouverts dans son lit obsédé par ce qui arpentait les corridors – crissant, et marmonnant.

Juste un coup d'œil. S'il restait caché par les ombres à présent immenses du couloir principal, personne ne le remarquerait. Ensuite, il retrouverait son chemin jusqu'à sa chambre et raconterait ce qu'il avait vu à Simon.

Si *c*'était vivant.

Oui, il n'y avait que ça à faire. Juste un coup d'œil et retourner dans sa chambre. Peter s'approcha de la présence à pas lents, attentif à ne pas faire claquer ses chaussures cirées sur le sol et à demeurer loin des flaques de lumière jaune éparpillées par les appliques.

Une ombre.

Un costume brun dont la veste était élimée au niveau des coudes.

Eckhart ?

Le professeur de mathématiques était immobile face au mur, fixant les rangées irrégulières de pierres d'un regard vide en chuchotant des mots indistincts. Puis ses lèvres se tordirent dans un rictus féroce.

Il tourna la tête vers Peter.

Celui-ci eut un mouvement de recul involontaire. Le bruit métallique était devenu perçant et sa persistance vrillait son crâne. Peter pressa brièvement ses tempes entre ses paumes, se demandant s'il n'avait pas intérêt à fuir. Il courait sûrement plus vite que le professeur, dont l'estomac suggérait un manque d'activité sportive et trop de bacon avec ses œufs. Et que pourrait-il faire contre un élève aperçu de dos ? Peter hocha la tête avec plus d'assurance qu'il n'en ressentait et s'apprêta à se sauver.

– Peter !

Il se figea, pestant contre la curiosité qui l'avait poussé à s'approcher.

– Peter !

Depuis quand Eckhart m'appelle-t-il par mon prénom ? s'interrogea Peter.

Il frissonna sans savoir si c'était dû à la subite baisse de température ou au fait qu'Eckhart le dévisageait avec un sourire dément.

– Peter, réveille-toi ! Même le bon apôtre sera châtié pour son inconduite.

– Peter, réveille-toi, je t'en prie !

Peter se redressa d'un bond, haletant si fort que ses épaules se soulevaient spasmodiquement. Une vague de soulagement l'envahit : ce n'était qu'un rêve. Un rêve, comme ces interminables escaliers et ces murmures dans le noir qui revenaient chaque nuit. Il en aurait ri s'il n'avait immédiatement compris que quelque chose n'allait pas.

Maya était penchée au-dessus de lui, les yeux écarquillés, et ni le bruit ni l'odeur n'avaient disparu avec Eckhart.

– Maya ? marmonna Peter en luttant pour garder les yeux ouverts.

Il les frotta de ses poings et bâilla largement. Un craquement distinct, quelque part dans sa mâchoire, le fit s'interrompre.

– Qu'est-ce que tu…

Maya lui coupa la parole, gesticulant avec frénésie. Si Peter n'avait pas su la chose impossible, il aurait pensé que son apparence était moins lisse et parfaite que d'habitude. D'un coup, la poupée de porcelaine paraissait vivante. Et elle avait peur.

– Pas le temps, il faut sortir tout de suite ! ordonna-t-elle.

Peter émit un borborygme, prêt à se tourner vers le mur et à se rendormir. Les mains de Maya se contractèrent dans le vide et, malgré son cerveau embrumé, il comprit qu'elle cherchait à l'attraper par le col de son pyjama pour le secouer. Il ravala une moquerie – elle était bien trop agitée pour réussir à attraper quoi que ce soit.

– Il y a le feu, s'exclama-t-elle d'une voix soudain hystérique. Tout le monde est déjà sorti. Tu n'entends pas l'alarme ? Où est Henlich ?

L'odeur et le bruit : la fumée et la sonnerie.

Peter se redressa, les vapeurs du sommeil désertant son corps tiède. Il essaya sans succès d'allumer la lumière, puis y renonça et attrapa à tâtons les chaussures rangées au pied de son lit. Il fouilla ensuite dans le tiroir de sa table de nuit pour en retirer la lampe de poche qu'il gardait là pour aller aux toilettes sans réveiller Simon. Il pressa le bouton « *on* » et se sentit soulagé à un point absurde quand un rond de lumière crue apparut sur ses draps.

Il hésita à prendre son devoir de littérature. Les consignes de sécurité vissées au mur sous une plaque en Plexiglas précisaient qu'il ne fallait rien emporter en cas d'incendie, mais il avait passé un temps indécent sur ce devoir…

– Peter, dépêche-toi !

Il descendit l'échelle en deux bonds, saisissant au passage le devoir resté sur son bureau et le coinçant dans l'élastique de son pantalon afin de garder les mains libres. Attrapant son manteau, il sortit de la chambre au pas de course. Ici, l'odeur de la fumée était beaucoup plus forte – l'air épais lui irritait la gorge et lui piquait les yeux. Cependant, il n'y avait pas trace du feu. Ce n'était guère surprenant : le manoir était immense et le foyer de l'incendie pouvait se trouver n'importe où.

– Et Henlich ? questionna de nouveau Maya. Il ne t'a pas réveillé ?

Peter ravala son irritation face à l'accusation sous-entendue.

– Il ne dormait pas dans la chambre, ce soir, expliqua-t-il, étonné d'entendre sa voix rauque et entrecoupée.

Il descendit les marches de l'escalier principal quatre à quatre. Galvanisé par la terreur, il arriva rapidement au rez-de-chaussée. Comment avait-il pu dormir au milieu de l'alarme, des sirènes et des cris ? Par la fenêtre, il vit les pompiers aboyer des ordres en déroulant de longs tuyaux noirs tandis que les professeurs essayaient sans succès de maintenir le calme parmi les élèves. Son estomac se contracta devant les rectangles jaunes et verts d'une ambulance garée un peu à l'écart – est-ce que cela voulait dire que des gens étaient blessés ou… morts ?

Il laissa son regard errer parmi les silhouettes en uniforme vert, mais les ambulanciers restaient les bras croisés. Ils avaient l'air de s'ennuyer.

Pas de morts, alors.

Peter se colla davantage contre la fenêtre et se tordit le cou pour apercevoir des voitures de police. Il baissa le faisceau de la lampe vers ses pieds. Il avait vraiment espéré terminer sa scolarité sans avoir affaire à des hommes en uniforme.

– Attends ! s'écria Maya.

– Quoi ? demanda Peter, stoppant net.

– Tu es en retard. Les autres sont dehors depuis un moment.

– Et alors ?

Il s'était arrêté derrière le mur pour observer les pompiers qui se précipitaient vers l'aile est en hurlant des instructions. Apparemment, c'était là que le feu avait pris.

– Tu ne peux pas arriver après tout le monde sans une bonne raison. Si l'incendie est d'origine criminelle, ça va paraître suspect, expliqua Maya d'un seul trait.

Peter oublia momentanément de respirer.

– Mais, bredouilla-t-il. Je dormais et je n'ai… Je n'ai rien fait !

– Je sais, Peter. Seulement, avec ton dossier et le reste…

Peter était soudain en colère. Contre Maya, qui osait lui rappeler à quel point le monde était injuste, contre Simon, qui n'était pas venu le réveiller, et contre lui-même, qui n'avait même pas été capable d'entendre une alarme sonner.

– Je pourrais passer par une autre sortie et faire croire que j'étais là depuis le début ? suggéra-t-il avec espoir.

Maya secoua la tête.

– Ils commencent toujours par faire l'appel. Ils sont dans le parc depuis plus d'une dizaine de minutes. Les professeurs ont dû terminer de recenser leurs élèves.

Elle fronça les sourcils.

– En fait, je suis même étonnée que personne ne soit…

Des bruits de pas précipités l'interrompirent. Le professeur McKief déboula dans l'escalier, complètement échevelé. Sa chemise noircie collait à son torse et la sueur avait plaqué ses cheveux sur son crâne en un casque poisseux. Il sembla un instant décontenancé en remarquant Peter, puis son visage rougi s'éclaira.

– M. Klast ! Que faites-vous encore à l'intérieur ? Tout le monde vous cherche ! Vous n'étiez pas dans votre chambre et…

Il passa la main dans sa chevelure, faisant partir les mèches dans toutes les directions. Peter enfonça les mains dans ses poches et se voûta, comme si se faire plus petit le rendait moins vulnérable aux imminentes réprimandes. Malgré lui, il s'émerveilla de l'état dans lequel sa disparition avait mis McKief. Il y avait des années que personne, autre que Maya, ne s'était sincèrement préoccupé de son sort.

– Enfin, ce n'est pas le moment. Sortons, nous en reparlerons en discutant de votre retenue.

– De ma quoi ? s'exclama Peter, tandis que McKief l'entraînait vers la sortie en le tenant fermement par le bras.

– Votre retenue, répéta McKief.

Il slaloma avec habileté entre pompiers et tuyaux en descendant les marches du perron.

– Le règlement indique clairement que, en cas d'incendie, les élèves doivent quitter le bâtiment dans le calme et se rassembler devant le portail pour l'appel.

– Je n'ai pas entendu l'alarme. Je dormais ! protesta Peter.

McKief parut peu convaincu. Maya dévisageait le professeur d'un air vindicatif – Peter ne comprenait pas pourquoi. Après tout, McKief était un fantastique professeur, prêt à retourner dans un manoir en feu pour secourir l'un de ses élèves…

Peter n'avait pas autant adulé un enseignant depuis la maternelle.

Un pompier les bouscula, leur criant de ne pas rester dans le passage. La scène avait des allures d'apocalypse, avec les tuyaux, le sinistre tapage émanant de formes aux ombres étranges dans la lumière des spots et les casques jaunes striés de noir qui semblaient trop colorés dans cette atmosphère de catastrophe. McKief entraîna Peter parmi les massifs pour rejoindre les élèves regroupés près du portail de l'entrée principale. Malgré la fumée qui le faisait pleurer et enveloppait les silhouettes d'un halo grisâtre, Peter les distinguait déjà, piquant du nez et frissonnant dans la bruine en pyjama. Il ravala un grognement en apercevant des policiers parmi eux.

– John ! Où étiez-vous passé ? J'ai été obligé de m'occuper de votre classe ! s'exclama le proviseur Bentham, les remarquant à son tour.

McKief indiqua Peter d'un geste penaud.

– Je l'ai trouvé à l'intérieur, expliqua-t-il. Apparemment, il n'aurait pas entendu l'alarme.

Si une telle chose était possible, Bentham et la

femme en uniforme avec qui il parlait eurent l'air encore plus incrédules que McKief.

– Votre nom ? l'interrogea la femme.

– Peter Klast, répondit immédiatement Bentham. Il faut prévenir les pompiers qu'on l'a retrouvé, ajouta-t-il. Je crois qu'ils sont toujours en train de le chercher.

La femme observa longuement Peter, au point qu'il se sentit rougir. Elle griffonna dans un calepin et le referma avec un claquement sec. Après un dernier coup d'œil en direction de Peter, elle coinça le carnet dans sa ceinture et s'éloigna.

Il fit comme s'il n'avait pas remarqué la méfiance dans son regard et continua d'observer les lueurs orangées qui s'échappaient de l'aile est. De là où il se trouvait, les pompiers gesticulant au milieu des camions présentaient une frappante similitude avec les occupants d'une fourmilière géante.

– Nous discuterons de votre retard plus tard, menaça Bentham avant de tourner les talons.

Peter eut l'impression qu'il ne s'adressait pas seulement à lui. McKief pinça les lèvres, puis tourna la tête en tous sens, comme s'il cherchait quelque chose.

– M'sieur ?

Peter tira sur la veste de McKief à la façon d'un petit enfant s'efforçant d'attirer l'attention.

– M. Klast ?

– Est-ce que… Pourquoi la police est là ? demanda-t-il avec appréhension.

– Oh, c'est la procédure standard. Les policiers nous aident à assurer votre sécurité, ainsi qu'à parer un éventuel danger. Et il faut déterminer les causes de l'incendie, au cas où… ce ne serait pas un accident.

Maya plissa le nez.

– Il a l'air d'en connaître un rayon, non ?

Peter lui lança un regard d'avertissement. Il n'avait aucune envie d'entendre les soupçons infondés de Maya : il était trop fatigué pour suivre deux conversations simultanées.

– Mais c'en est un, dit-il. C'est un problème électrique ou un truc dans le genre qui a mis le feu, non ?

Il humecta ses lèvres sèches. La question n'aurait même pas dû se poser. C'était ridicule ! Qui aurait voulu faire brûler un pensionnat de garçons situé au milieu de nulle part ?

– Je l'ignore, répondit McKief.

Il contempla l'épaisse fumée noire qui s'élevait à présent du bâtiment et frotta pensivement son menton.

– L'incendie sera bientôt maîtrisé. Vous devriez tous pouvoir retourner dans vos chambres d'ici peu, et la police fera son enquête, ajouta-t-il d'un ton apaisant. Maintenant, rejoignez votre classe et faites-vous marquer « présent » – je crois que Mlle Zera tient le registre.

Peter n'était pas rassuré par ces affirmations. La police s'acharnait contre des innocents tous les jours et Maya avait raison : avec ses antécédents, il était le coupable idéal. Il repéra les cheveux platine de Simon et s'en rapprocha pour avoir l'air d'être « avec son groupe ». La professeur de biologie le réprimanda pour ne pas avoir suivi les consignes de sécurité et traça une croix en face de son nom sur sa liste.

– Tu as vu la façon dont Bentham l'a regardé ? continua Maya. Je te parie qu'il n'est pas sorti avec les autres – il s'est servi de toi comme prétexte pour expliquer son retard. Ne fais pas cette tête, tu sais que j'ai toujours… Oh, non !

Peter se tint parfaitement immobile. Cette exclamation ne présageait rien de bon.

– Surtout, ne te retourne pas, reprit Maya, détachant chaque syllabe. Continue à avancer.

Peter s'exécuta le plus calmement possible. Qu'avait-elle vu ? Movaisogur ? Non, autre chose…

Il prit une profonde respiration et fut plié en deux par une violente toux. Le vent apportait tant de cendres et de fumée dans leur direction que l'air paraissait solide. Il baissa la tête, laissant retomber des mèches de cheveux devant son visage.

– Qu'est-ce qu'il y a ? souffla-t-il.

Sa voix était rauque et il s'éclaircit la gorge, ce qui provoqua une nouvelle quinte de toux.

– J'ai cru voir… Mais c'est impossible.

Peter se redressa, sentant la panique former une boule au fond de son estomac.

– Quoi ? Qu'est-ce que tu…

– Où est Howard ?

Peter et Maya se retournèrent simultanément vers la voix qui les avait interrompus. Le coach Davis gesticulait avec panique devant un pompier.

– Howard Eckhart ! Il est toujours à l'intérieur !

20

– Eckhart ! Bordel de…

Le juron se perdit dans un murmure incompréhensible alors que McKief se précipitait vers Davis. Celui-ci ouvrait de grands yeux effrayés dont le blanc contrastait presque surnaturellement avec sa peau noire.

– Vous devez aller le chercher ! reprit Davis d'une voix mal assurée.

– Pas de panique, monsieur, dit le pompier dont il agrippait l'uniforme. Vous en êtes sûr ? Le feu a été circonscrit à une zone très réduite du bâtiment, continua-t-il dans un effort pour apaiser le coach.

– Justement ! Le feu a démarré dans l'aile est, où se trouve la chambre d'Howard. Peut-être qu'il est pris au piège à l'intérieur. Peut-être même qu'il ne s'est pas réveillé. Certains d'entre nous prennent des somnifères – peut-être…

Sa voix haut perchée attira l'attention de la plupart des élèves et un silence gêné s'installa. Les yeux du coach Davis brillaient d'une façon suspecte à la lumière terne des lampes d'extérieur.

– Est-ce qu'il *pleure* ? souffla Peter, horrifié.

Maya ne répondit pas, gardant son regard fixé sur Davis.

– Monsieur, mes collègues sont déjà là-bas et je ne peux pas aller me renseigner tant que vous me retenez, dit le pompier. Davis le relâcha et fit un pas en arrière. Le pompier partit en courant et informa ses collègues de la possible présence d'Eckhart près de la source du brasier.

– Où est passé McKief ? remarqua soudain Maya.

Peter se tourna vers l'endroit où McKief se tenait quelques instants auparavant. Il avait disparu.

Peter scruta la foule pour l'apercevoir. Il abandonna finalement, reportant son attention sur les professeurs, qui interrogeaient chaque élève.

– Toi, tu es sorti en dernier. Tu as vu le professeur Eckhart ? demanda Davis en arrivant au niveau de Peter.

Mal à l'aise, Peter secoua négativement la tête. Le visage du coach s'assombrit et il passa à quelqu'un d'autre, la mâchoire crispée.

– Franchement, ce n'est pas comme s'ils l'aimaient bien d'habitude, chuchota Peter à l'intention de Maya.

Mais quand il releva les yeux, Maya était partie. Sûrement à la recherche de McKief – il l'obsédait depuis le soir de la fête.

Peter soupira. Il aurait voulu savoir ce qu'elle avait

vu derrière lui avant que Davis les interrompe. Il jeta un regard circulaire. De toute façon s'il y avait eu un réel risque, Maya ne l'aurait pas laissé seul.

N'est-ce pas ?

Une soudaine pensée le glaça.

Movaisogur.

Il y avait un incendie et ni Eckhart ni McKief n'étaient là. Ils avaient été présents chaque fois que l'apparition s'était manifestée.

Non. Non, c'était absurde.

Quelqu'un allait mourir et il ne pouvait rien faire pour l'empêcher. Rien du tout. Juste attendre qu'on vienne annoncer la nouvelle en sachant qu'il aurait pu intervenir et qu'il était trop tard.

Les jambes flageolantes, Peter se fraya un chemin vers les abords du parc. Simon était assis dos à la grille, près de Ian et de Connor. Peter s'approcha. Il avait besoin de compagnie, et avec l'agitation ambiante, personne ne ferait attention à qui lui adressait la parole. Les trois garçons semblèrent penser comme lui, puisqu'ils le laissèrent s'installer à côté d'eux sans protester. Connor lui offrit même l'une des bouteilles d'eau distribuées aux élèves en son absence. Peter ricana à l'idée qu'en cas d'échec des pompiers ils pourraient toujours tenter de fuir en s'aspergeant d'eau minérale.

Ce qu'il adviendrait d'Eckhart et de McKief n'était pas son problème.

– Désolé, vieux, dit Simon en s'appuyant davantage contre les barreaux.

Peter suivit son exemple et pressa son dos contre le métal froid, ignorant de s'il s'excusait de ne pas être venu le réveiller ou pour tout le reste.

Maya s'enfonça dans la foule compacte sans prendre garde à ceux qu'elle frôlait en chemin. À présent, tout le monde était conscient de la disparition d'Eckhart et même les professeurs s'agitaient tels des chevaux nerveux un soir d'orage. Mlle Ellis, très pâle, avait abandonné tout semblant de surveillance et observait avec horreur la fumée qui s'élevait en panache noir au-dessus de l'aile est.

Elle aurait dû fouiller les alentours pour vérifier que ce qu'elle avait cru apercevoir plus tôt était une illusion. Parce que c'était impensable qu'il soit là, ç'aurait été trop cruel, et que c'était exactement le genre de chose qui arrivait sans arrêt à Peter. Pourtant, elle se surprit à scruter la foule bruyante à la recherche d'une silhouette devenue familière.

Là.

Elle s'approcha d'Edward, adossé contre un pilier de pierre en retrait, le visage éclairé par le bout rougeoyant de sa cigarette. Elle eut un reniflement amusé : qui d'autre aurait osé fumer devant ses professeurs à deux pas d'un incendie ? Il releva la tête et Maya ferma les yeux, se répétant à mi-voix qu'il ne la voyait pas.

Les rouvrant, elle s'aperçut que l'adolescent observait en réalité le ciel. Elle suivit son exemple, regardant la pluie tomber. On ne voyait pas les étoiles. L'averse redoubla d'un coup, comme encouragée par leur attention. Professeurs et élèves furent rapidement trempés jusqu'aux os. La plupart d'entre eux étaient en pyjama et peu avaient eu le réflexe de prendre leur manteau avec eux. Cela attirait encore davantage l'attention sur Edward, complètement habillé. Quelle était la probabilité pour qu'il se soit couché sans se changer justement le jour où tout le monde terminait la nuit dehors ?

Edward jeta sa cigarette et l'écrasa sous son talon avant de cracher une dernière bouffée de fumée vers les nuages.

– Que Dieu bénisse l'Angleterre, dit-il d'une voix monocorde, laissant dégouliner des mèches de cheveux qui semblaient à présent noirs sur son visage.

Après quelques minutes, élèves et professeurs grelottaient tant qu'ils n'auraient sans doute pas été si mécontents de s'approcher de l'incendie. Les policiers commencèrent à distribuer des couvertures et des vestes d'uniforme, sans cacher leur mauvaise humeur.

Ni Eckhart ni McKief n'avaient reparu.

Maya songea à retourner dans le bâtiment pour localiser Eckhart, puis y renonça. La concentration qu'il lui fallait pour actionner une poignée de porte était à peine croyable, alors sauver quelqu'un… Et bien qu'Eckhart ne méritât sans doute pas le titre du plus chic type d'Angleterre, Maya n'aurait pas supporté de le regarder mourir carbonisé par les flammes ou étouffé par la fumée.

Quant à McKief, il s'était tout simplement évaporé. Nul n'aurait pu sortir de la propriété avec la police et les grilles fermées. Alors où était-il ? Imaginer qu'il était retourné à l'intérieur restait absurde. Pour quoi faire ? Chercher Eckhart, qu'il ne saluait même pas lorsqu'ils se croisaient dans un couloir ?

Maya soupira et jeta un dernier coup d'œil à Edward, décidée à aller espionner les pompiers pour savoir comment la situation progressait. Il était trempé, mais n'avait pas l'air disposé à prendre une couverture.

Maya se glissa près d'un camion-citerne.

Il avait dit à Ryan d'annuler l'opération prévue pour cette nuit, n'est-ce pas ?

Je vais avoir du mal à contacter tout le monde d'ici ce soir.

Peter but une gorgée d'eau. Affalés sur l'herbe mouillée, la majorité des élèves ne parlaient plus, se contentant de fixer le manoir fumant d'un œil rendu vague par la fatigue. Maintenant que le feu était presque éteint, l'angoisse et l'excitation s'évaporaient, laissant place à l'épuisement.

– Ah, merde ! marmonna Connor en consultant sa

montre. Je peux pas croire qu'on commence les cours dans quatre heures et demie.

– Ça m'étonnerait, une partie des salles de classe se trouve près de l'aile est, remarqua Simon. À mon avis, on n'aura pas classe demain, enfin, aujourd'hui.

– Amen. Que Bentham t'entende ! s'exclama Ian. En plus, on dirait qu'il va falloir que je finisse mes devoirs.

Il répondit aux regards interrogateurs d'un geste du menton. Peter se tourna vers le bâtiment principal juste à temps pour voir McKief en émerger théâtralement, soutenant Eckhart. Entourés de pompiers, ils furent immédiatement guidés vers l'ambulance. Un brouhaha assourdissant s'éleva dans le parc et Peter crut *voir* la cote de popularité de McKief s'élever de plusieurs points en l'espace d'une poignée de secondes.

Ils allaient bien.

Ils allaient bien et personne n'était mort. Peter eut l'impression de respirer de nouveau.

De toutes parts, on entendit bientôt des grognements de déception exagérée : les élèves se plaignaient de la bonne santé d'Eckhart, comme s'ils tentaient de rattraper le sentimentalisme exprimé par mégarde. Peter se réjouit du retour à la normale du niveau d'inimitié et de méfiance dans les rapports entre élèves et professeurs. Tout était exactement comme avant – l'incendie n'avait rien changé et Movaisogur n'avait pas frappé.

Un groupe d'adolescents se déplaça, révélant Tyler Matheson. Simon se redressa à sa droite. Peter avait froid, sommeil, et la pluie trempait ses vêtements, mais sa léthargie ne valait pas la peine de risquer les seuls amis qu'il s'était faits en trois ans. Il se leva donc avec un soupir et s'écarta. Juste au cas où Tyler aurait la désastreuse idée de regarder de ce côté. Le mouvement lui fit prendre conscience du devoir toujours coincé dans l'élastique de son pantalon. Il n'eut pas le courage de vérifier dans quelle mesure l'encre avait coulé sous ses vêtements mouillés. Il rit doucement parce que cela ressemblait à une punition divine pour ne pas avoir respecté le règlement.

Il décida d'oublier son devoir pour l'instant et avança prudemment dans la direction opposée de Matheson, dans l'espoir de localiser Maya. Imaginer ce qu'elle avait cru voir plus tôt le rendait nerveux.

Peter s'arrêta d'un coup. Le distinct sentiment d'être observé se répandit dans son organisme comme une mauvaise eau-de-vie.

Il se retourna.

Interroger Maya était devenu inutile.

– Mince ! Et moi qui espérais qu'il emporterait mon dernier contrôle dans la tombe… dit quelqu'un, un peu trop fort.

Maya s'approcha de l'ambulance vers laquelle Eckhart et McKief étaient conduits. Il était vraiment allé sauver son collègue. Une telle abnégation était troublante : elle commençait à soupçonner McKief d'avoir le complexe du héros. Après tout, il venait des chambres des élèves quand il avait trouvé Peter, alors qu'il ignorait que quelqu'un manquait à l'appel. Il se serait donc précipité là-bas dès qu'il avait su qu'il y avait le feu. Maya ne l'aurait pas cru s'il n'était pas stupidement retourné chercher Eckhart au lieu de laisser faire les pompiers.

Elle secoua la tête. Aucun des deux professeurs n'avait l'air blessé, si on exceptait une légère claudication d'Eckhart, mais les ambulanciers présents se pressaient déjà autour d'eux pour les examiner et leur faire respirer de l'oxygène.

Le proviseur Bentham les rejoignit, tandis que la nouvelle de la réapparition d'Eckhart et de McKief se répandait parmi les élèves. Maya se rapprocha du petit groupe rassemblé devant les deux rescapés. Un pompier réprimandait McKief, parsemant son monologue de demi-louanges pour son courage et de vous-ne-vous-rendez-pas-compte-de-ce-qui-aurait-pu-arriver.

À l'expression de McKief, Maya aurait parié qu'il en était parfaitement conscient. Il interrompit le pompier d'une quinte de toux caverneuse qui remplit de larmes ses yeux verts rougis par la fumée. Eckhart lui fit écho. Peut-être que les devoirs seraient ramassés, mais les élèves n'auraient pas à s'inquiéter de se faire crier dessus pendant une bonne semaine.

– Où on en est ? demanda Bentham, tandis qu'un pompier au visage noir de suie s'approchait.

– Ça y est, répondit-il.

Il se tourna vers le pompier qui devait être son supérieur.

– C'est éteint. C'est terminé.

Bentham laissa ses épaules retomber, soudain vidé de toute tension.

– Par contre, personne ne peut retourner dans l'aile est pour le moment. Même les chambres peu touchées ont été complètement inondées, reprit le pompier.

Bentham acquiesça, trop soulagé que le danger soit passé pour s'en alarmer.

– Comment vous vous êtes fait ça ?

La conversation s'interrompit. Bentham et les deux pompiers se retournèrent avec curiosité vers le professeur Eckhart. Une ambulancière tenait délicatement sa main ensanglantée, évaluant les dégâts. Maya observa la scène avec une fascination morbide alors que Bentham reculait précipitamment, annonçant qu'il devait s'occuper des élèves.

– Oh, souffla Eckhart entre ses dents.

Maya ignorait si c'était de la douleur ou un simple étonnement face à ce dont il semblait avoir oublié jusqu'à l'existence.

– Je suis tombé dans l'escalier. Comme je l'ai dit, l'eau m'a empêché d'entendre l'alarme avant que l'incendie ne se soit propagé. Le temps que je sorte de ma chambre, l'accès principal était bloqué et faire le tour n'a pas vraiment été une promenade de santé. Si John ne m'avait pas trouvé, j'aurais terminé asphyxié par cette foutue fumée.

McKief hocha la tête en confirmation et l'ambulancière eut une moue sceptique. Maya partageait son sentiment : les mains d'Eckhart avaient plus ou moins l'air d'avoir été passées au mixeur, et la thèse de l'escalier était difficile à avaler. À moins d'être très malchanceux. Pour avoir vécu avec Peter depuis sa naissance, Maya savait que c'était une possibilité.

Elle regrettait de ne pas être arrivée plus tôt pour entendre toute l'histoire. Eckhart prétendait que l'eau avait masqué le bruit de la sonnerie… Quelle eau ? Elle le considéra un moment avant de décider qu'il était trop trempé pour que ce soit uniquement l'œuvre de la pluie. Il devait être sous la douche – ça expliquait sans peine le temps qu'il avait mis à percevoir l'alarme, puis à sortir de sa chambre.

Mais pas la raison pour laquelle il prenait une douche à plus de trois heures du matin.

Une fois les mains d'Eckhart débarrassées du sang qui séchait en croûtes brunâtres, et de la pâte noire que Maya supposa être un mélange de suie, de sueur et de pus ou autre fluide également répugnant, il s'avéra que ses plaies étaient bénignes. Rien qui ne disparaîtrait en quelques semaines, affirmait la femme qui désinfectait les plaies, ignorant les grimaces de son patient.

Même l'héroïque McKief regardait ailleurs, nota Maya avec une sombre satisfaction.

Pas elle. Non, Maya, elle, supporta sans ciller la vue de la peau arrachée, des ampoules éclatées et de la longue coupure sur la paume droite d'Eckhart. Elle examina avec attention la façon dont ses muscles se contractaient pendant que l'ambulancière s'occupait de l'ongle arraché de son majeur droit, là où la chair rosâtre découverte prenait déjà une teinte malsaine.

Peter était souvent horrifié par l'attraction qu'exerçaient ces choses sur elle. Il n'avait jamais fait de commentaire à ce sujet, pourtant c'était évident à la façon dont il se crispait quand il la surprenait à se laisser hypnotiser par les réactions des vivants – le plaisir, la douleur, la chaleur…

Presque des mystères pour elle, qui ne ressentait plus que le froid du croque-mitaine.

Maya réarrangea machinalement sa tenue, pourtant toujours parfaite, et s'éloigna. Elle devait trouver Peter. Elle n'apprendrait rien de plus ce soir, et elle était préoccupée par ce qu'elle avait cru voir plus tôt.

Elle traversa la pelouse ruinée par les bottes des pompiers, les camions et l'eau échappée des tuyaux, déplorant que le vent ne fasse plus voler ses longs cheveux comme lorsqu'elle vivait. À l'époque, elle détestait ça. Maintenant, que ne donnerait-elle pas pour… Ses pensées s'arrêtèrent brusquement.

Nom de…

Il était vraiment là.

Peter observa avec nervosité la silhouette qui le rejoignait à grands pas.

– Ça pour une surprise ! dit-elle.

Peter entendit les professeurs annoncer que le feu avait été maîtrisé et appeler les élèves classe par classe pour les raccompagner dans leurs chambres.

Il fut tenté de se pincer, parce que la silhouette menaçante ne pouvait être que le fruit de son imagination.

Il jeta un coup d'œil vers Simon, Ian et Connor, et s'aperçut que ceux-ci s'étaient déjà mêlés au groupe de la classe 1B.

Il fit alors la seule chose qui lui venait à l'esprit : il courut en direction de Bentham et répondit en ahanant bruyamment lorsqu'il fut appelé.

Ils n'avaient rien contre lui, n'est-ce pas ?

« La dernière fois non plus », lui souffla une terrifiante petite voix au fond de son esprit.

La dernière fois non plus.

21

Maya se glissa en silence à côté de Peter, qui lisait un recueil poussiéreux dans un coin de la bibliothèque. Il était assis sous une table et Maya doutait qu'il arrivât réellement à déchiffrer les petits caractères à l'encre pâlie avec le peu de lumière qui parvenait jusqu'à lui. Peter ne lisait quasiment jamais pour le plaisir, encore moins du Charlotte Brontë. Elle s'approcha de lui autant que possible sans le toucher. Il s'écarta d'une secousse, les yeux fixés sur son livre.

Cela faisait deux jours que Peter ne lui avait pas adressé la parole. Deux jours depuis le moment où il était retourné dans sa chambre, accompagné par Bentham qui, d'une voix plus forte que nécessaire, certifiait à un groupe d'élèves inquiets que tout était rentré dans l'ordre et que ce genre d'*accident* ne se reproduirait pas tant qu'il serait proviseur de St-Gabriel.

Ensuite, les rumeurs avaient débuté. Le lendemain, tout le monde savait qu'une enquête était en cours.

Ce n'était pas un accident.

À bien y réfléchir, après ce soir-là, Peter n'avait rien fait d'autre que hocher la tête quand on lui adressait la parole et se recroqueviller dans les recoins isolés, comme s'il espérait disparaître. Maya détestait le voir ainsi, aussi vulnérable et effrayé. Elle avait l'impression de retourner deux ans en arrière. De le regarder de nouveau tomber en morceaux, incapable de l'empêcher.

Mais elle ne le laisserait pas recommencer. Elle se tourna résolument vers Peter.

– Il faut qu'on discute. Tu ne peux pas continuer à te cacher en priant pour que ça s'arrange. Le sergent Caldwell est ici et je sais que tu as été convoqué par Bentham, dit-elle.

Peter ne répondit pas, contemplant une page qu'elle ne l'avait pas vu tourner en plus de cinq minutes.

– Peter ! Ça ne se réglera pas tout seul. On doit établir un plan d'action. Ils cherchent un coupable et pour le moment…

Elle résista à l'envie de taper du pied, alors que Peter continuait de l'ignorer. Son frère n'était pas vraiment un battant, mais jamais elle ne l'avait vu baisser les bras si vite. Il attendait que le terrible monde le punisse pour quelque chose qu'il n'avait pas fait, sans avoir la moindre intention d'y remédier. Elle était furieuse et terrifiée par son comportement.

Personne ne se battrait pour lui, personne d'autre qu'elle. Et elle n'existait pas.

– Peter John Patrick Klast, siffla-t-elle dangereusement. Tu n'es pas en train de lire, tes yeux ne bougent même pas. Pour l'amour de... Argh ! Écoute, je ne te laisserai pas rester les bras ballants à attendre que le train t'écrase !

Peter remua, levant et abaissant son livre plusieurs fois de suite, feignant l'indécision quant à la position à adopter.

– Ils n'ont aucune preuve contre toi, continua Maya, se radoucissant. Tu sais parfaitement que Caldwell va essayer de tout te mettre sur le dos et il faudra te défendre parce que je ne crois pas que Bentham volera à ton secours.

– C'est juste des questions de routine, murmura d'un coup Peter. Il les a posées à tout le monde.

Il s'était tourné vers elle, et ses grands yeux, dont la couleur avait tourné sirop d'érable dans la pénombre, la suppliaient de le croire. Sa voix était un peu rauque et Maya réalisa qu'il n'avait vraiment pas parlé *du tout* en deux jours.

– C'est un mensonge, dit-elle avec fermeté. Tu as le profil du coupable idéal et, pour le moment, ils n'ont pas d'autre suspect.

Elle détestait détruire l'espoir insensé qui lui permettait de dormir la nuit, mais c'était nécessaire : il n'agirait pas tant qu'il aurait l'impression que la situation n'était pas désespérée.

– Je sais, chuchota Peter.

Être surpris à parler tout seul sous l'une des tables de la bibliothèque n'arrangerait pas son cas.

Il y eut un long silence.

– McKief s'est pris un savon, dit Maya.

Peter se déplaça pour lui faire face. Maya se détendit, heureuse qu'il réagisse enfin.

– Apparemment, il a paniqué quand il a entendu l'alarme et il est descendu en oubliant de faire le tour des chambres dont il est responsable. Quand il s'en est rendu compte, il est remonté. C'est pour ça qu'il a traîné à l'intérieur.

Peter réfléchit un instant, frottant machinalement la couverture du livre du bout des doigts.

– Pourquoi on ne l'a pas croisé dans le couloir ?

Maya s'était posé la même question.

– Je n'ai pas fait très attention et tu dormais debout, répondit-elle pourtant. Il devait être dans une des chambres et on n'a pas remarqué la porte ouverte.

– Oui, sûrement, répondit-il.

– Bentham l'a gardé dans son bureau pendant une demi-heure à vociférer sur les consignes de sécurité et le respect du règlement. Il a menacé de lui enlever ses privilèges de professeur principal et de nommer Eckhart à la place.

– Oh, non ! Il va pas faire ça, hein ? demanda Peter.

Avoir Eckhart trois jours par semaine était déjà assez éprouvant sans qu'il devienne en plus responsable de sa classe. Le site Internet de St-Gabriel prétendait que les professeurs principaux tenaient lieu de parents aux élèves durant l'année scolaire. Maya comprenait que Peter ne soit pas enchanté d'avoir le professeur de mathématiques comme père de substitution.

– Je crois que c'est possible, répondit-elle. Mais ça pourrait être pire.

– Ah oui, comment ?

– Ils pourraient décider que tu es pyromane et t'envoyer dans un centre pour jeunes délinquants.

La bouche de Peter se tordit, découvrant ses dents.

– Merci, Maya. Je me sens vraiment mieux.

Maya baissa les paupières, jouant avec l'ourlet de sa robe blanche.

– Qu'est-ce qu'il y a ? questionna Peter. Maya, qu'est-ce qu'il y a ? répéta-t-il alors qu'elle gardait le silence.

– Il est possible que ce soit Matheson, répondit-elle d'une voix à peine audible.

Peter pâlit soudainement. Le livre qui reposait sur ses genoux tomba à terre dans un bruit sourd.

– Matheson ? Il a fait ça pour me coincer ? J'aurais dû le voir venir ! Je suis presque sûr qu'on m'a volé ma montre – et tout le monde saura que c'était ma montre si on la trouve. Je veux dire, sur le nombre de gens que je croise, il y en aura au moins un qui s'en souviendra et…

– Peter.

– J'aurais dû signaler qu'on me l'avait prise. Maintenant, je n'ai pas de preuve et…

– Peter, arrête ! coupa Maya. Je parlais d'Edward et tu as mis ta montre dans la poche avant de ton sac quand tu es allé en natation.

Peter ramassa le livre.

– Oh, reprit-il après une pause. Pourquoi Edward Matheson ?

– Le jour de l'incendie, Edward s'est disputé avec son frère. Tyler lui a dit qu'il était au courant de ce qu'il préparait et après, Edward a demandé à Ryan – tu sais, le boutonneux qui t'a fait tirer des cartes de tarot ?

Peter acquiesça, même si la concentration lui faisait plisser le front.

– Eh bien, il lui a demandé d'annuler l'opération pour ce soir-là, et Ryan a dit qu'il n'était pas sûr de réussir à prévenir tout le monde. Et ensuite, Edward s'est couché sans se changer.

Peter la dévisagea, la bouche entrouverte. Elle s'apprêtait à poursuivre, mais il la coupa :

– Tu regardes souvent les garçons de mon lycée se *changer* ? interrogea-t-il, horrifié.

– Honnêtement, Peter, il n'y a que toi pour s'intéresser à ça dans un moment pareil, se plaignit Maya.

Il la considéra avec hésitation.

– Est-ce que ça veut dire « oui » ?

Elle grogna. Peter lui adressa un faible sourire. Maya décida que c'était bon signe et y répondit avec enthousiasme.

– Tu as peur ? Pour l'interrogatoire ? ajouta-t-elle,

comme si elle ignorait qu'il y pensait constamment depuis que Bentham le lui avait annoncé.

– Juste des questions de routine, rappela Peter, sans conviction.

– Oui, souffla Maya.

Elle était impuissante. Complètement impuissante.

– Pour Matheson… commença-t-elle, hésitante.

– Qu'est-ce que tu veux que je fasse ? l'interrompit Peter. J'ai pas de preuves. Et comment j'irais expliquer que je l'ai entendu pendant qu'il était dans sa chambre ?

– Tu aurais pu passer devant sa porte par hasard, faire tomber tes affaires à ce moment précis et avoir l'ouïe particulièrement fine ?

– Sa chambre est un étage au-dessus de la mienne.

Maya leva les yeux au ciel.

– De toute façon, j'allais te demander de ne pas le dénoncer !

– Ah non ? s'indigna Peter, malgré les propos qu'il venait de tenir. Qu'est-ce que tu veux ? Que je prenne à sa place pour qu'il puisse redoubler une seconde fois pendant que je purgerai sa peine en prison ?

Maya se renfrogna.

– Je ne suis même pas sûre que ce soit lui. Il faut que tu ailles lui parler. Malgré ses virées nocturnes, il a l'air très seul. Alors si tu te rapprochais de lui, il parlerait peut-être. Si ce n'est pas lui, tu auras toujours gagné un ami aux parents très influents dans le monde de l'administration scolaire, ajouta-t-elle de son ton le plus persuasif.

– Non, répondit Peter.

– Peter, geignit-elle. Je crois qu'il m'a vue une fois…

Peter émit un ricanement moqueur de mauvais augure côté coopération.

– Alors, c'est pour ça que tu es aussi obsédée par ce type ? Maya, tu *sais* que personne d'autre que moi ne peut te voir. Si c'était possible, ce serait déjà arrivé, depuis le temps.

Maya ravala les mots amers qui lui montaient aux lèvres. Peter soupira et ébouriffa ses cheveux, plus cendrés que blonds dans la lumière grise, signe indiscutable qu'il était embarrassé.

– Écoute, je ne veux pas dire que ça n'arrivera pas, mais *Matheson* ?

Maya eut un sourire forcé.

– Oui, tu as raison, j'ai dû me tromper. De toute façon, il faisait noir et il n'a pas eu l'air de me voir depuis. C'est juste que j'espérais…

– Je comprends. Je passerai plus de temps avec toi, promit-il.

Elle tut sa rancœur, consciente que c'était le mieux qu'il puisse faire.

– Ton interrogatoire est à quelle heure ?

– Deux heures et demie. Au moins, j'ai une excuse pour sécher l'endurance.

C'était une réelle consolation. Davis s'obstinait à

imposer à ses élèves leurs deux heures d'endurance hebdomadaire quel que soit le temps. Et aujourd'hui, une pluie torrentielle s'abattait sur le parc.

– Tu veux que je vienne avec toi ?

Peter s'étouffa avec sa réponse et finit par hocher la tête.

– Ouais.

Maya regretta d'être incapable de poser une main rassurante sur son épaule. Parce qu'il n'y avait personne d'autre pour le faire, et que, après tout, Peter n'était encore qu'un enfant que personne ne croyait jamais.

22

Peter détendit ses muscles un à un, s'appliquant à inspirer par le nez et à souffler par la bouche, ainsi que l'un de ses professeurs de sport le lui avait appris. Il frappa deux coups contre la porte entrebâillée.

La voix de la secrétaire l'invita à entrer. Il pénétra dans la pièce et se tint avec embarras devant son bureau sans se voir accorder un regard.

– Peter Klast ?

Peter sourit nerveusement malgré le flagrant désintérêt de la secrétaire pour sa personne.

– Oui. Oui, c'est ça.

– M. Bentham vous attend. Un instant.

Elle appuya sur un bouton encastré dans un appareil en plastique de la taille d'une télécommande, posé entre le téléphone et l'ordinateur. Une sonnerie se déclencha de l'autre côté de la porte située à sa droite. Il y eut un silence et Peter prit conscience des voix qui avaient jusqu'alors résonné dans l'autre pièce sans qu'il l'ait remarqué.

– Oui ?

Peter reconnut la voix masculine et un peu sèche qu'il en était venu à associer aux raies sur le côté et aux costumes bordeaux du proviseur de St-Gabriel.

– M. Klast est arrivé, monsieur. Dois-je le faire entrer ?

Il y eut une légère pause, comme si Bentham réfléchissait.

Ou qu'il attendait l'autorisation de quelqu'un.

L'estomac de Peter se noua. Il se doutait qu'il s'agissait de la seconde hypothèse. Bien sûr, l'agent Caldwell serait là : d'après Simon, il avait été présent à tous les interrogatoires. Malgré lui, Peter avait espéré que le sien serait différent.

– Qu'il entre, dit finalement Bentham.

Peter imaginait Caldwell approuvant d'un signe de tête.

Sa nausée s'amplifia et une main invisible entreprit de lui broyer les intestins. Mlle Steel lui indiqua la porte du bureau de Bentham.

Sans relever les yeux.

– Allez-y, dit-elle.

Peter déglutit. Sa salive était soudain épaisse, avec un arrière-goût déplaisant, paraissant avoir stagné dans sa bouche trop longtemps.

Respire profondément.

Tout va bien, ils n'ont rien contre toi. Tu n'as rien fait.

Rien fait du tout. Exactement comme la dernière fois.

Cette pensée l'arrêta net. Maya se rapprocha et son bras droit se couvrit de chair de poule.

– Ça va aller, dit-elle. Tu vas y arriver.

Il acquiesça avec davantage de fermeté et frappa quelques coups décidés sur la porte du bureau avant d'entrer.

– C'est très bien, Peter. Il ne reste plus qu'à répondre aux questions et ce sera terminé. Ce ne sera pas long, l'encouragea Maya.

Parfois, Peter ne savait pas s'il devait être reconnaissant ou effrayé de la façon dont elle avait pris la place de sa mère pour presque tout. Il la regarda s'installer à la fenêtre, dans le dos des trois hommes assis derrière le bureau en bois, et décida d'être reconnaissant. Car sa mère était au courant de ce qui lui arrivait. Pas par Peter lui-même, évidemment, mais un appel avait été passé à chaque famille après l'incendie afin que l'information ne se diffuse pas de façon inopportune.

Elle *savait* et elle lui avait envoyé un e-mail de cinq lignes, disant qu'elle espérait qu'il n'avait rien à y voir.

Il n'avait pas répondu.

Bentham toussa, et Peter s'aperçut qu'il était toujours debout, devant les lunettes rutilantes du proviseur, le nez bizarrement tordu et les cheveux grisonnants du sergent Caldwell, et le sourire faussement apaisant du docteur Luang. Ce fut lorsqu'il remarqua ce dernier que la panique s'installa : aucun autre élève n'avait mentionné la présence du psychologue scolaire, et un traitement particulier n'était pas une bonne nouvelle.

– Asseyez-vous, M. Klast.

Le ton de Bentham était engageant. Néanmoins, il s'agissait indubitablement d'un ordre. Peter se laissa tomber sur la chaise indiquée et tripota son sac avant de le poser à ses pieds.

– J'imagine que vous savez pourquoi vous êtes ici ? interrogea Bentham.

– Oui.

La voix de Peter était faible et éraillée. Ennuyé, il s'éclaircit la gorge.

– Vous connaissez le docteur Luang.

Peter fit un signe affirmatif, même s'il était évident que ce n'était pas non plus une question.

– Il va nous aider à… réfléchir un peu à tout ça.

– Je ne vois pas de seringue de tranquillisant, alors il est sûrement là pour « décrypter tes réactions », remarqua Maya, mimant les guillemets. Eh ! Peut-être qu'à ton troisième crime tu auras droit à un vrai *profiler* !

Peter lui lança un coup d'œil, espérant qu'elle comprendrait qu'il valait mieux qu'elle se taise. Dans ces circonstances, suivre deux conversations en même temps était le parfait moyen de laisser échapper ce qu'il ne fallait pas. Et la situation était déjà assez mauvaise.

Bentham indiqua ensuite l'homme assis au bord de son siège à sa droite.

– Et voici…

– Oh, nous nous connaissons ! coupa celui-ci. On ne s'est pas parlé depuis l'affaire Christie Miller et tu pourrais m'avoir oublié. Mais vu la façon dont tu as détalé l'autre soir, je vais supposer que non, continua-t-il avec un sourire de requin.

– Le sergent Caldwell, continua Peter, estimant qu'il était inutile de simuler une soudaine amnésie.

– C'est *l'inspecteur* Caldwell, maintenant, corrigea celui-ci.

Voilà au moins qui expliquait sa présence lors des interrogatoires. Peter croisa et décroisa nerveusement les jambes. Il avait l'intuition que sa promotion donnerait à Caldwell l'occasion de lui créer encore plus d'ennuis qu'avant. Une expression anxieuse passa sur le visage de Maya, Peter préférait ignorer ce qu'elle pensait.

Bentham toussa pour ramener l'attention sur lui.

– Ainsi que vous l'avez compris, nous sommes là pour parler de… l'incident de mardi dernier.

Peter le dévisagea sans rien dire et le silence s'installa. Caldwell paraissait pressé de commencer, mais il se retenait – Peter se souvenait qu'il était très doué pour faire monter la pression.

– L'inspecteur Caldwell va vous poser des questions, reprit Bentham. Si ce qu'on vous demande n'est pas clair, n'hésitez pas à le dire, et si vous avez des éléments à ajouter, quels qu'ils soient, nous sommes prêts à vous écouter.

Il s'arrêta pour essuyer ses lunettes avant de les remettre.

– Voilà, je crois que vous pouvez y aller, inspecteur.

Caldwell acquiesça et mit en route un petit magnétophone.

– Raconte-nous ton mardi après-midi, ordonna-t-il sans formalités.

Peter retint son souffle. Mardi après-midi, il avait été sans autorisation dans le bureau d'Eckhart, où il avait ramassé le contenu d'une mallette renversée par un fantôme.

Il doutait que ça milite en sa faveur. Surtout quand on considérait que le foyer de l'incendie se trouvait à quelques dizaines de mètres. Eckhart faisait partie des professeurs qui vivaient à St-Gabriel pendant l'année sans être responsables d'une classe, et Peter avait appris la veille que la pièce adjacente à son bureau était sa chambre. Là où il avait failli être pris au piège et brûlé vif.

Neil Jordan, de quatrième année, racontait à qui voulait l'entendre que le feu était l'œuvre d'un professeur espérant éliminer Eckhart pour récupérer une chambre particulièrement grande. Peter, lui, voyait mal qui aurait été assez idiot pour incendier le couloir dans ce but.

– Réponds, dit Maya. Plus tu attends et plus tu as l'air coupable. De toute façon, tu as passé l'après-midi à dormir, mardi. N'est-ce pas ?

Peter hésita. Si Eckhart en avait parlé à qui que ce soit, mentir équivaudrait à des aveux.

– J'ai déjeuné, dit-il.

– Quel service ? interrompit Caldwell.

– Le deuxième. Ensuite, je suis allé en cours d'informatique.

– Il y avait une sortie, ce jour-là, coupa Caldwell, examinant une feuille de très près. Et il est marqué ici que tu es le seul à ne pas y être allé.

– J'étais malade, marmonna Peter.

– Quoi ? demanda Caldwell, se penchant vers lui comme s'il ne l'avait pas entendu.

– J'étais malade, répéta Peter, plus fort.

– Donc, tu étais à l'infirmerie ?

À la façon dont le sourire de Caldwell découvrait à présent ses canines, il était évident qu'il connaissait la réponse.

– Non.

– Ah, pourquoi ?

Bentham s'agita dans son siège et jeta un regard en coin à Caldwell.

– L'infirmière scolaire a dit que j'avais le droit de rester dans ma chambre, que c'était surtout de la fatigue. Vous n'avez qu'à lui poser la question !

– Je le ferai. Donc, où tu étais, pendant la sortie ?

– Je me suis couché et j'ai dormi.

– Tout le temps ?

Peter réarrangea ses mains sur ses avant-bras.

Prétendre qu'il était resté dans sa chambre après les cours était trop risqué. N'importe qui avait pu le remarquer dans les couloirs.

– Non. J'ai dormi à peu près une heure et ensuite, je suis allé marcher.

– Marcher où ?

– N'importe où. Je suis allé dans le parc et je suis revenu par la petite porte. Vers l'escalier avec la Vierge Marie, ajouta-t-il.

– L'entrée F, précisa Bentham.

– Oui, c'est ça. Et puis je suis retourné faire mes devoirs dans ma chambre.

– À quelle heure ? interrogea Caldwell.

Peter consulta sa montre par réflexe.

– Je ne sais pas. Seize heures ?

Il regrettait de ne pas avoir regardé l'heure.

Médium et incapable de prévoir quand soigner son alibi, pensa-t-il, découragé.

– Ensuite ?

– Je suis resté là jusqu'au dîner. J'ai mangé au premier service, j'ai pris une douche et je me suis couché. Quand l'alarme m'a réveillé, je suis directement parti rejoindre les autres et le professeur McKief m'a trouvé dans les escaliers.

– Est-ce que quelqu'un peut confirmer tout ça ? Votre camarade de chambre, peut-être ? questionna Bentham.

– Bien sûr que non ! cracha Maya. Le suspect est toujours seul devant la télé le soir du meurtre...

– Non, répondit calmement Peter. Il était à la sortie et ensuite, je crois qu'il avait entraînement de basket.

– Et le soir ? Il a bien fallu qu'il vienne se coucher. Comment se fait-il qu'il soit sorti à temps et que toi, tu aies eu près d'un quart d'heure de retard ?

– Il ne dormait pas là. Il a passé la nuit dans la chambre d'à côté, avec Connor et Ian. Il est juste venu chercher ses affaires après le dîner – je ne me rappelle pas à quelle heure.

Bentham prit des notes dans un calepin et Peter regretta d'avoir révélé l'entorse faite au règlement par les trois garçons. Les amis n'étaient pas censés se dénoncer.

D'un autre côté, souffla une voix qui ressemblait étrangement à celle de Maya, les amis étaient censés se soutenir en toutes circonstances, Tyler Matheson ou pas.

– Alors, ton camarade de chambre préfère risquer une colle plutôt que de rester avec toi ?

Peter grinça des dents et coinça ses mains entre ses genoux. Maya se leva et son expression reflétait clairement son désir de mettre son poing dans la figure de l'inspecteur. Elle se colla contre la chaise de Caldwell et il frissonna violemment. Il boutonna sa veste jusqu'en haut et se retourna pour s'assurer que la fenêtre était bien fermée.

– Il ne s'est pas remis de la dernière fois, on dirait, dit Maya.

– Toujours amer de ne pas avoir réussi à me faire coffrer ? lâcha Peter, en dépit de l'instinct qui lui criait que provoquer Caldwell était une très mauvaise idée. Vous ne devriez pas passer votre frustration sur des mineurs, vous savez ?

– Réponds à la question, rétorqua Caldwell, lui lançant un regard venimeux.

– Depuis quand c'est illégal de ne pas être populaire ? gronda Maya.

– J'ai le droit de ne pas avoir d'amis, non ? répliqua Peter, s'autorisant un sourire.

Oh, et la fureur sur le visage de Caldwell valait tous les ennuis. De toute façon, il le croyait déjà coupable. Pourquoi continuer à être sage et obéissant ? Peter savait qu'il était plus intelligent que ce que la plupart des gens pensaient. Pas autant que Maya, mais s'il n'aimait pas attirer l'attention, ça ne faisait pas de lui un idiot pour autant. Et si Caldwell voulait vraiment jouer à ça…

– Comment tu expliques que tu sois le seul à ne pas avoir été immédiatement réveillé par l'alarme ?

– Le professeur Eckhart ne l'a pas entendue non plus, contra Peter.

– Il se lavait les cheveux, intervint Bentham, frottant nerveusement son menton. Le bruit de l'eau l'a couverte.

– Alors ? pressa Caldwell.

Peter eut un signe d'impuissance. Il n'était pas près de leur avouer qu'il faisait des rêves bizarres impliquant la Mort avec un sablier, des escaliers et des membres du personnel enseignant. Des rêves qui le rendaient sourd au reste du monde.

– J'imagine que j'ai le sommeil lourd. Ma mère jure que je serais capable de dormir au milieu d'un tremblement de terre.

Ce n'était pas tout à fait exact. Cependant, Peter doutait qu'ils aillent vérifier.

Du moins, il l'espérait.

Le docteur Luang n'avait jusqu'ici pas prononcé un mot, intrus au milieu de ce conflit auquel il ne comprenait rien malgré les diplômes affichés sur les murs de son bureau.

– Peter, nous avons déjà discuté de ce que tu ressens, tu te souviens ? Nous avions découvert que tu n'as pas tellement d'amis et que tu as l'impression que tes parents ont été injustes en t'envoyant aussi loin de chez eux.

– Si vous me demandez si je déteste cet endroit au point d'avoir envie de le détruire, la réponse est « non », coupa Peter. Et c'est beaucoup mieux ici que dans mon ancien lycée, marmonna-t-il, rougissant sans trop savoir pourquoi.

– Renvoyé au bout d'un mois ! Tu as tué qui, ce coup-ci ? interrogea Caldwell.

L'expression de Luang resta neutre. Bentham, lui, semblait avoir mordu à pleines dents dans un citron particulièrement acide.

Avec les antécédents entre Peter et Caldwell, il pouvait dire adieu à l'enquête propre et rapide, et le pauvre homme venait seulement de s'en rendre compte.

De cela et du fait que l'un de ses élèves avait été suspecté de meurtre moins de deux ans auparavant.

– Qui a dit que j'avais été renvoyé ? L'enseignement ne me convenait pas, répliqua Peter.

Caldwell aurait été en peine de prouver le contraire – cela n'apparaissait nulle part, le père de Peter s'en était assuré. D'ailleurs, il n'avait pas été renvoyé à proprement parler : le proviseur avait juste suggéré que Peter se porterait mieux loin de son établissement. De façon insistante et répétée. Peter n'avait rien à se reprocher. Ce n'était pas sa faute si cet homme se trouvait justement être un ami proche du proviseur Miller, qui était à ce jour toujours convaincu que Peter avait assassiné sa fille.

Caldwell eut un reniflement de scepticisme.

– Et le feu ? interrogea Luang.

Peter posa sur lui un regard vide.

– Que pensez-vous du feu en général ? Il vous attire ?

Maya éclata de rire. Si Caldwell et Bentham n'avaient pas observé ses moindres mouvements, Peter se serait sans doute joint à elle.

– Et quelqu'un a donné un diplôme à ce type ? commenta Maya, affligée. Franchement, c'est possible d'être encore moins subtil ?

Peter aurait aimé lancer une réplique spirituelle et

impertinente, mais, même s'il détestait l'admettre, il avait atteint les limites de sa témérité : il craignait trop Caldwell. L'inspecteur n'attendait qu'un prétexte pour le mettre en garde à vue.

– Le feu ne m'intéresse pas vraiment, répondit-il de son ton le plus indifférent.

– Donc, tu n'as rien à voir avec l'incendie ? demanda Caldwell.

– À quoi est-ce qu'il s'attend ? Il pense que tu vas te jeter à ses genoux et te confesser ? dit Maya, incrédule.

– Non, répondit fermement Peter.

– Si tu mens, je le saurai. Et ce sera pire. Si tu avoues tout de suite, je pourrai plaider ta cause et faire alléger ta peine. Tu es encore mineur et il suffira que tu aies l'air désolé, les juges ne sont pas des monstres... encouragea Caldwell.

Peter croisa les bras.

– C'est sympa, mais non, merci, je suis toujours innocent.

Caldwell haussa les épaules. Il s'y attendait, lui et Peter avaient déjà eu ce genre de conversation auparavant.

Bentham observa alternativement Peter et Caldwell, désarçonné.

– Avez-vous quelque chose à nous dire ? Une idée de l'identité du coupable ? interrogea-t-il.

– Ne parle pas d'Edward, ordonna Maya dans un sifflement de cobra en colère.

Il fallut à Peter tout son sang-froid pour ne pas sursauter. L'attitude protectrice de sa sœur envers Matheson le laissait perplexe et il préférait ne pas s'en mêler. Maya était souvent incompréhensible, néanmoins elle avait rarement tort.

– Non, répondit-il. Aucune idée.

– Alors, tu ne me donnes pas la solution ? intervint Caldwell.

Il écarquilla les yeux, feignant la stupéfaction.

– Rien, pas le moindre « pressentiment » ? Si je me souviens bien, tu en avais pourtant beaucoup, concernant Christie Miller.

Peter se redressa. Il serra les poings jusqu'à sentir ses ongles percer la chair et se tourna délibérément vers Bentham.

– Est-ce que je peux aller en cours, maintenant ?

Bentham regarda Caldwell, n'osant visiblement pas prendre la décision seul.

– Ce sera tout pour aujourd'hui, dit l'inspecteur sans quitter Peter des yeux.

– Très bien, très bien. Dans ce cas, allez-y.

Bentham agrémenta sa réponse d'un geste en direction de la porte. Peter se leva et ramassa son sac, tâchant de ne pas paraître trop pressé de sortir. Dans son dos, les trois hommes s'entretenaient en murmures indistincts.

La main sur la poignée, il hésita à les saluer, puis y renonça dans une puérile vengeance pour la façon dont ils l'avaient congédié. Comme s'il avait disparu à la seconde où ils n'avaient plus eu besoin de lui.

– Ça ne s'est pas si mal passé, remarqua Maya d'un ton réconfortant.

– Oh, Peter ? appela Caldwell dans son dos.

Peter se figea.

– Ce n'est pas terminé. Il est possible que tu sois rappelé pour un interrogatoire plus approfondi.

Cette information sonnait comme une promesse. Peter n'attendit pas de savoir s'il y avait d'autres mauvaises nouvelles et referma vivement la porte derrière lui.

Pas si mal, hein ?

– Ça peut toujours empirer, répondit-il à voix basse.

Il prit le bulletin d'absence que la secrétaire lui tendait.

– C'est vrai, admit Maya.

Pour une fois, Peter aurait aimé qu'elle le contredise. Et qu'elle ait raison.

23

Le couloir était désert. Il faisait anormalement chaud.

Peter s'essuya le front du revers de la manche. La sueur dégoulinait le long de son échine, trempant son uniforme et refroidissant avant d'avoir atteint le bas de son dos.

Il enleva sa veste, la gardant sur son bras en avançant au milieu des ombres menaçantes.

La scène était familière sans qu'il parvienne à se souvenir pourquoi.

Il remonta le long de la rangée de portes noires sur lesquelles des plaques en cuivre brillaient d'un éclat mat. Il lut à mi-voix les noms qui y étaient inscrits : « Bentham, Caldwell, Eckhart, Hailey, Rowland, Luang, McKief… », jusqu'à arriver à un couloir perpendiculaire. Il y avait ce bruit, ce crissement rappelant des ongles sur un tableau noir.

Peter s'engagea dans le nouveau couloir, scrutant les ténèbres. Il n'aurait généralement pas osé appeler à voix haute, de peur qu'il ne s'agisse d'une apparition et que quelqu'un de bien vivant ne l'entende. Mais il n'y avait personne. D'ailleurs, s'il n'avait pas de montre, Peter était certain que l'heure du couvre-feu était passée. Il faisait si *sombre.*

– Il y a quelqu'un ? questionna-t-il avec appréhension.

Là. Face au mur, en pyjama et trempé jusqu'aux os malgré la veste en velours brun élimée enfilée par-dessus.

Eckhart ?

Oh oui, Peter se souvenait ! Il était déjà venu ici, avait vu cette même scène.

Il était en train de rêver.

C'était évident, à présent. Qu'aurait-il fait hors de sa chambre en pleine nuit ?

– Professeur Eckhart ?

L'homme ne réagit pas. Il était trop absorbé par le mur qu'il frottait obstinément, produisant l'horrible son. Peter s'avança. Puisque c'était un rêve, il ne risquait rien, et des années d'expérience médiumnique lui avaient appris qu'il ne s'en débarrasserait pas tant qu'il ne l'aurait pas compris.

Le plus tôt serait le mieux. Tout ce qui avait trait à *Eckhart* était d'office qualifié de cauchemar.

– Professeur Eckhart ? répéta Peter, s'approchant plus près. Qu'est-ce que vous faites ?

Eckhart ne répondit pas, continuant de gratter le mur avec frénésie. La chaleur était encore pire dans ce couloir et Peter avait du mal à respirer. Sa gorge le brûlait et ses poumons lui paraissaient remplis de poix. Eckhart ne semblait pas incommodé par la température. Il demeurait concentré sur sa tâche, insensible à la sueur qui suintait sur son visage et disparaissait sous son col depuis ses cheveux noirs luisants.

Avançant à un pas de l'homme, Peter s'aperçut que celui-ci parlait. Sa voix était si basse que ce n'était guère plus qu'un souffle sous le crissement.

L'adolescent se tourna lui aussi vers le mur. Sur la pierre étaient tracés trois caractères à la peinture cramoisie : *I*, *1* et *7*. Une bonne partie de l'inscription était brouillée et la peinture avait largement coulé.

Peter examina ensuite l'objet avec lequel Eckhart raclait le mur. Le spectacle qui s'offrit à lui lui donna la nausée. Il pressa par réflexe la main contre sa bouche et se détourna. Maya aurait dit qu'il se comportait comme une fille, mais la vision était trop difficile à supporter.

Il n'y avait pas d'objet, Eckhart s'acharnait sur la peinture avec ses ongles. Et le crissement...

Il réalisa soudain que le rouge qui teintait la pierre au point qu'elle semblait en exsuder par endroits n'était pas de la peinture.

– Professeur ! appela-t-il à mi-voix. Professeur, s'il vous plaît...

Eckhart n'écoutait pas, grattant toujours la pierre de ses doigts en charpie avec une expression de dément.

Derrière lui. Une ombre.

Peter recula d'un pas face à l'esprit au manteau trop noir – *Movaisogur.* Il était là et le sablier était rouge, éclaboussé par le sang d'Eckhart.

– Arrêtez ! s'écria Peter, horrifié.

Il ne réfléchissait plus. Il avait oublié que c'était un rêve et que Movaisogur n'emportait pas les vivants. Il n'était plus obnubilé que par l'idée d'arrêter Eckhart avant que les os de ses doigts n'apparaissent. Surmontant son dégoût, il saisit la manche du professeur pour l'immobiliser.

– Arrêtez, s'il vous plaît, professeur !

Ce ne fut qu'à ce moment-là qu'il comprit ce que celui-ci murmurait :

– Disparais, disparais, disparais. Il doit disparaître.

Maya pénétra sans un bruit dans la chambre que Peter partageait avec Simon. Faire du bruit lui manquait – elle aurait parfois aimé pouvoir rentrer dans les murs et faire claquer ses semelles sur le parquet.

Mais vu la concentration nécessaire pour manipuler le moindre objet sans qu'il traverse son être ectoplasmique, elle n'était pas près d'y parvenir.

Elle se pencha au-dessus du lit de Peter et le regarda se débattre dans les draps qui s'étaient enroulés autour de ses membres durant son sommeil. Il marmonnait inintelligiblement. Probablement encore un de ces cauchemars qui tordaient si souvent les traits de son visage dans un masque d'effroi, ces derniers temps.

Il était sept heures moins le quart, à une dizaine de minutes de la stridente sonnerie du réveil, et la plupart des pensionnaires étaient déjà levés. Maya avait une nouvelle fois passé la nuit dans la chambre de Stevens et Turner. Elle évitait celle de Matheson depuis le soir de l'incendie. Regarder Matheson dormir était comme être assis devant une immense boîte de chocolats à la mort-aux-rats : la tentation était telle qu'avec le temps on finissait par oublier combien c'était dangereux.

Pour ne rien arranger, il ne laissait pas la lumière allumée, seulement son ordinateur, et bouger sans cesse la souris pour l'empêcher de se mettre en veille devenait rapidement fastidieux.

Peter fit un mouvement violent et s'écrasa au pied de son lit avec un cri rauque. Il se releva d'un bond. Sous la mezzanine, Simon grogna et se redressa avec effort. Il s'avachit aussitôt et se frotta les yeux. Il passa les mains dans ses cheveux platine pour les aplatir.

– Peter, on aurait pu dormir encore dix minutes, dit-il d'un ton geignard.

Peter se hissa dans son lit sans se relever complètement.

– Désolé. Je suis tombé, expliqua-t-il inutilement.

– Dix minutes ! répéta Simon avec davantage d'animosité, maintenant que les vapeurs du sommeil se dissipaient.

– Désolé, répéta Peter.

Il cacha sa tête sous les couvertures pendant que Simon rassemblait ses affaires et sortait prendre une douche.

Peter jeta un coup d'œil par-dessus ses draps, les cheveux qu'il aurait dû faire couper il y a des mois étalés sur l'oreiller. Il ne tarderait pas à être envoyé chez le coiffeur qui transformait les chevelures récalcitrantes en crânes de soldats et que les élèves avaient surnommé « La Tondeuse ».

– Il est parti ? murmura-t-il.

– Oui. Encore un de ces rêves ?

– Mmm, acquiesça-t-il. J'ai dit des trucs tout haut ?

Maya s'assit en tailleur sur le sol.

– Rien de compréhensible. Mais je viens d'arriver, alors peut-être…

Peter s'appuya contre la tête du lit et bâilla largement, remontant les couvertures jusqu'à son menton.

– Je ne comprendrai jamais comment tu t'occupes toute la nuit sans mourir d'ennui…

Il parut d'un coup s'apercevoir de son impair et ferma la bouche. Maya ignora sa remarque. Elle n'avait pas envie de mettre sur la table l'existence du croque-mitaine, alors que Peter avait déjà une tête à s'être relevé de son cercueil. Les esprits étaient moins nombreux depuis l'incendie, comme s'ils estimaient que le problème était suffisamment flagrant pour qu'ils n'aient plus besoin d'attirer l'attention. Cependant, les cauchemars l'épuisaient.

Maya s'efforça de ne pas penser à ce qu'elle s'apprêtait à faire. Elle étira ses lèvres dans un sourire si large qu'elle en plissait les yeux.

– Bon anniversaire, Peter !

Peter frotta son épaule du plat de la main, surpris.

– Oh, bon anniversaire, répéta-t-il.

– Tu avais oublié ?

Maya sentit son sourire vaciller. Ces dernières semaines avaient été chaotiques, entre les esprits et les policiers qui apparaissaient dans les couloirs aux moments les plus inattendus, les rêves, les attaques continuelles de Tyler Matheson et tous les professeurs qui observaient Peter, semblant s'attendre à ce qu'il sorte un briquet de sa poche en admettant être pyromane. Pourtant, il en fallait beaucoup pour oublier son quinzième anniversaire. Peter adorait son anniversaire, autrefois.

– Je me demandais pourquoi maman avait dit qu'elle m'appellerait aujourd'hui, avoua-t-il.

– Tu sais ce qu'elle t'a acheté ? interrogea Maya, dans une tentative pour égayer l'atmosphère.

– Non, répondit-il avec morosité. Par contre je crois savoir ce qu'elle a pris pour toi.

Maya contempla le parquet. Peter eut un reniflement méprisant qui ne parvenait pas à couvrir l'amertume apparue sur son visage.

– Je suis au courant, dit-il. Je suis tombé sur le placard il y a trois ans. Je cherchais la maquette que j'avais demandée pour Noël et j'ai vu…

– Les robes, termina Maya.

– Ouais. Ça.

Elle enfouit son visage dans le creux de ses bras et la sonnerie du réveil les fit tous les deux sursauter. Maya avait découvert le placard après avoir vu sa mère sortir d'un sac une robe bien trop petite pour elle. Un vêtement d'enfant.

Chaque Noël, chaque anniversaire, une nouvelle robe venait s'ajouter dans le placard aujourd'hui pratiquement plein. Et Maya ne savait si elle devait être touchée ou horrifiée de voir sa mère continuer de lui acheter des vêtements, suivant une courbe de taille imaginaire.

– Tu crois qu'elle finira par arrêter ? demanda Maya.

– Non, dit Peter après une pause. Je ne crois pas.

Derrière cette simple acceptation se cachait ce dont ils ne parleraient jamais : leurs parents ne redeviendraient pas tels qu'ils avaient été avant. Et c'était à cause d'elle.

– Alors, qu'est-ce que tu veux, cette année ? dit-il finalement.

Maya accueillit le changement de sujet avec gratitude.

Peter et elle ne pouvaient rien s'offrir de matériel, mais, quand il avait vu dans quel état elle s'était mise la première fois qu'elle avait réalisé qu'elle n'aurait plus de cadeau d'anniversaire, il avait proposé de s'échanger des services. L'année dernière, Maya s'était chargée de terroriser l'un des persécuteurs de Peter chez lui pendant la nuit.

Elle n'avait pas menti quand elle avait affirmé que tout le plaisir avait été pour elle.

Maya fit mine de réfléchir, sachant d'avance que sa demande ne plairait pas à Peter. Les services étaient non négociables, c'était une règle absolue.

– Je veux que tu deviennes ami avec Edward Matheson, annonça-t-elle.

Peter ne protesta pas, fidèle à leur tradition. Cependant, son expression était éloquente.

– Je suis désolée, Peter. Il cache des choses et c'est le seul moyen de réussir à comprendre. Il est possible qu'il soit derrière l'incendie ou même que l'esprit soit là pour lui, et tant qu'on n'en sera pas certains, rien ne redeviendra normal, insista-t-elle.

– Normal ?

Peter releva son oreiller et s'assit plus confortablement.

– Quand est-ce que ma vie a été normale ?

– Tu sais ce que je veux dire ! s'emporta Maya.

– Oui. Mais c'est toi le fantôme. Si tu veux découvrir tous les secrets de Matheson, pourquoi tu ne le suis pas toi-même ?

Maya réprima un grognement de frustration.

– Il n'a pas d'amis – il ne parle quasiment pas. Le suivre est inutile.

– Honnêtement, tu penses sincèrement qu'un type

pareil va se confier à *moi* ? C'est à peine s'il me regarde quand il me pousse dans un couloir, alors lui faire avouer un crime !

– Je ne prétends pas que ce sera facile, répliqua Maya. Je te demande juste d'essayer…

Une fois exprimée, son idée paraissait déjà beaucoup moins bonne. Néanmoins, il était trop tard pour reculer. Et il arrivait à Peter de se montrer étonnamment subtil quand il était acculé.

– Et toi, qu'est-ce que tu veux ? questionna-t-elle.

– Je veux que tu suives Eckhart.

Maya leva un sourcil.

– Le professeur Eckhart ? Pourquoi ?

– Je rêve de lui. Souvent.

– Eugh, je n'avais pas besoin de savoir ça, se moqua Maya en grimaçant.

– Pas ce genre de *rêve,* imbécile ! s'exclama Peter avec un soupir exaspéré.

– OK, OK. Continue, je t'écoute, dit-elle.

– Je ne me souviens pas de tout. La plupart du temps, il est devant un mur dans l'aile est.

– Et c'est ça qui te fait te retourner toute la nuit ? J'ignorais que tu étais aussi sensible…

– Le jour de l'incendie, il marmonnait quelque chose sur un apôtre puni.

Il ramena ses jambes contre son torse.

– Aujourd'hui, il grattait une inscription sur un mur.

– Qui disait… ?

– Mmm. Ce n'était pas très clair. Je crois que c'était un « i », un « un » et un « sept ».

– « I dix-sept » ? Qu'est-ce que ça signifie ?

Visiblement, Peter n'avait pas réfléchi à la question.

– Qu'est-ce que j'en sais ? Ça pourrait être n'importe quoi. Ça a peut-être un rapport avec l'incendie. Dans ce rêve, il faisait très chaud.

– Eckhart ? Je ne le voyais pas dans le genre professeur de maths le jour et pyromane la nuit, dit Maya, dubitative. Et je croyais que les rêves étaient censés prédire l'avenir, pas répéter le passé.

– Écoute, je veux que tu vérifies, c'est tout. Il grattait la peinture avec ses ongles et ses mains saignaient et…

Peter s'interrompit, comme s'il lui coûtait de poursuivre.

– Il me fout vraiment les jetons. Alors, ce serait génial si tu surveillais un peu. S'il te plaît.

Maya soupira. Comment aurait-elle pu refuser ? Rien ne prouvait qu'il avait tort.

– Est-ce que tu as une seule raison valable de le soupçonner ? À part, bien sûr, ta malsaine obsession à son sujet, hasarda-t-elle.

Peter lui lança un regard noir.

– Quand je l'ai vu dans son bureau, tu te souviens ?

– Oh, le fait qu'il ne t'ait pas accueilli avec des fleurs et une boîte de chocolats quand il t'a pris à fouiller dans ses affaires ? En quoi ça l'incrimine ?

Peter sembla y réfléchir sérieusement pour la première fois.

– Je ne suis pas sûr. C'était plutôt son attitude générale qu'un truc précis. Il avait l'air louche. Et il y avait tous ces articles dans son sac, sur un type mort… Bradley ou je sais pas quoi.

– Tante Betty collectionne les articles sur les tueurs en série, – surtout ce type qui garde les corps dans son réfrigérateur pour les manger –, et ça ne fait pas d'elle une criminelle, rétorqua Maya.

– Le soir de l'incendie, Eckhart est arrivé dehors après tout le monde et il dort dans l'aile est, argumenta Peter.

Là, Maya devait admettre qu'il soulevait un problème intéressant. Sans parler de cette histoire abracadabrante de douche en plein milieu de la nuit et de chute dans l'escalier qui…

– Il grattait de la peinture ? demanda-t-elle brusquement.

– Quoi ? Oh, oui, dans mon rêve. Pourquoi ?

– Quand McKief l'a ramené, il avait les mains en sang. Il s'était même arraché un ongle, ajouta-t-elle. Après, il a raconté que des trucs lui étaient tombés dessus dans les escaliers et qu'il avait dû se dégager à mains nues, mais ça m'a paru bizarre.

– Alors, tu crois que j'ai rêvé de ce qui s'est passé ?

Maya hésita.

– La police aurait trouvé des traces, non ? « I dix-sept », c'est ça ?

– Oui. Tu vas le suivre ? questionna Peter avec un espoir non dissimulé.

Il n'y avait pas besoin d'être devin pour comprendre que Peter considérait d'ores et déjà Eckhart comme sa carte « sortez de prison ».

Maya espérait seulement qu'il ne se faisait pas trop d'illusions.

– Oui, évidemment. Après tout, on n'a quinze ans qu'une fois.

24

Maya espérait que Peter appréciait son cadeau à sa juste valeur. Suivre Eckhart était la chose la plus ennuyeuse qu'elle ait jamais faite, et ce n'était pas peu dire. Elle en venait presque à plaindre Caldwell et ses hommes, qui passaient leurs journées à errer dans St-Gabriel en observant les élèves. Apparemment, ils espéraient que des indices ou une soudaine confession leur tomberaient dessus au détour d'un couloir. Sauf Caldwell, que Maya soupçonnait de ne se déplacer que dans le but de surgir à l'improviste devant Peter. Plus son frère était blême, plus Caldwell paraissait heureux. Le policier ne s'était de toute évidence pas remis de ne pas avoir réussi à l'incriminer dans l'affaire Christie Miller. Maya le comprenait, en un sens : il avait été si *sûr* que Peter était le meurtrier, ou du moins un complice. Qui aurait accordé crédit aux histoires de fantômes et de pressentiments vomies par un adolescent paniqué de treize ans ?

Eckhart termina enfin de corriger la pile de copies

ramassées la veille et reposa son stylo rouge dans le pot à crayons en métal. Il rangea son bureau jusqu'à ce qu'il semblât sortir d'un de ces catalogues où les meubles sont photographiés « en situation », couverts d'objets arrangés avec tant de netteté que la scène en paraît sinistre.

Il ne s'agissait pourtant pas de son bureau habituel. Celui-ci était situé très près du foyer de l'incendie et ressemblait désormais à l'intérieur d'une mine de charbon. Il partageait donc temporairement celui de Daniel Jeffries, qui occupait étrangement à la fois le poste de conseiller d'orientation et celui de professeur d'éducation religieuse.

Eckhart s'arrêta devant le miroir, vérifiant ses cheveux mèche par mèche, comme s'il en cherchait des blancs. Le temps qu'il passait à se regarder était assez inattendu, songeait Maya. S'il n'était pas laid à proprement parler, il avait un physique très quelconque. Ce n'était qu'un quadragénaire avec des cheveux noirs ternes très secs, des yeux marron et des chemises pastel. Chemises qui laissaient entrevoir sa peau pâle entre les boutons quand il faisait des mouvements trop amples. En résumé, ce n'était pas le genre d'homme qu'on imaginait se contempler dans la glace pendant des heures, surtout quand il n'avait pas pris la peine de se procurer des chemises à la bonne taille.

Une fois satisfait de son apparence, Eckhart boutonna sa veste jusqu'en haut et quitta son bureau pour aller donner son dernier cours de la journée. Il referma la porte à clef et s'engagea à pas mesurés dans le couloir.

Maya le suivit, envisageant la possibilité de littéralement mourir d'ennui. Si cela n'avait pas été pour Peter, elle aurait abandonné cette filature inutile depuis longtemps. Eckhart n'était qu'un petit professeur de mathématiques qui aimait prendre des douches à trois heures du matin et détestait les tricheurs. Rien d'autre.

D'un coup, la démarche d'Eckhart se ralentit. Levant les yeux des espaces entre les lames du parquet sur lesquels Maya se contraignait à marcher pour se distraire, elle se vit traversée par le regard vert d'eau du professeur McKief. Un paquet de photocopies sous le bras, il arrivait au niveau d'Eckhart et lui adressa un sourire.

– Bonjour, Howard, dit-il.

Les lèvres d'Eckhart se retroussèrent. Il continua de s'approcher de McKief sans répondre jusqu'à se trouver à quelques centimètres de lui. Le professeur de littérature s'immobilisa, décontenancé.

– John, salua enfin Eckhart.

McKief fit un pas de côté, cherchant visiblement une façon polie de mettre un terme à l'inconfortable proximité d'Eckhart. Il réarrangea ses photocopies, les plaçant entre eux telle une sorte de bouclier.

– Je sais que vous étiez dans mon bureau la nuit de l'incendie, souffla Eckhart, se penchant vers lui.

McKief recula, une expression choquée se faisant jour sur son visage anguleux.

– Q-quoi ? Non, je… Je n'ai jamais…

Eckhart retira quelque chose de sa poche et le lui présenta, faisant taire ses balbutiements. Maya s'approcha suffisamment pour provoquer un frisson chez McKief. Eckhart se détendit, le prenant à tort pour une manifestation de la terreur qu'il lui inspirait. Il remit l'objet dans sa veste et Maya eut juste le temps d'apercevoir un stylo métallique au corps noirci partiellement fondu. McKief ne bougea pas, les yeux fixés sur la poche d'Eckhart comme s'il s'agissait d'une bombe prête à lui exploser au visage.

– Oui, en effet. J'avais oublié que j'étais passé, répondit McKief, semblant recouvrer ses esprits. Votre bureau était ouvert et j'avais cru vous voir y entrer. Vous n'y étiez pas. Mon stylo a dû tomber, expliqua-t-il.

Eckhart le considéra en silence.

– Attendez ! Vous ne suggérez pas que j'aurais…

Eckhart posa la main sur l'épaule de son collègue et McKief tressaillit.

– Inutile de mentir, John. Après tout, nous sommes pratiquement amis, maintenant que vous m'avez sauvé la vie, dit-il d'un ton doucereux.

Puis il s'écarta. Les mains de McKief, soudain incapables de préhension, lachèrent les photocopies qui s'éparpillèrent sur le sol. Eckhart sourit et pencha la tête de côté.

– Je vous aiderais volontiers, mais je dois y aller. Je vais être en retard à mon cours.

McKief acquiesça sans un mot et Maya s'aperçut qu'il retenait son souffle. Il attendit qu'Eckhart ait disparu au détour du couloir pour recommencer à respirer normalement et rassembler les photocopies. Il s'arrêta brusquement, regardant derrière Maya. Se retournant à son tour, elle ne vit qu'un couloir vide.

– Inutile de vous cacher, je sais que vous êtes là, lança McKief avec lassitude.

Il n'y eut pas un bruit. Maya secoua la tête et grogna. Peut-être qu'elle pouvait laisser Eckhart une heure et demie ? Il était en classe, il ne se passerait rien, et si elle devait endurer le cours sur les ensembles mathématiques une quatrième fois, elle se mettrait à hanter les couloirs en agitant des chaînes.

– M. Stevens, montrez-vous.

Après un instant, un petit rire résonna et une silhouette apparut. Stevens, car c'était bien lui, rejoignit McKief, décoiffant ses boucles sombres d'un air penaud. Il avait dû se dissimuler dans un bureau ouvert pendant qu'elle regardait ailleurs : Samuel Stevens ne manquait pas de ressources.

– Encore ? Que faites-vous là ? questionna McKief.

Malgré son ton léger, il était évident qu'il était embarrassé par la scène à laquelle Stevens venait certainement d'assister. Son expression suffisante laissait peu de doutes à ce sujet.

– Comment m'avez-vous reconnu, professeur ? demanda Stevens. Vous donnez dans Shakespeare *et* la vision infrarouge ?

Les lèvres de McKief s'étirèrent en une ligne qui creusait son visage et lui donnait d'un coup l'air bien plus âgé.

– Étant donné que les élèves n'ont rien à faire seuls dans cette partie de l'établissement et que vous portez un uniforme, vous ne pouviez être que Matheson ou Stevens…

Il haussa les épaules et retourna à ses photocopies.

– J'ai eu de la chance, c'est tout.

Stevens s'accroupit près de lui.

– Si je vous aide, vous me laisserez filer ? questionna-t-il.

McKief leva un regard surpris, puis se mit à rire.

– Je dois reconnaître que vous ne manquez pas de culot, répondit-il. Qu'est-ce que vous faites là ? Venu chercher le sujet d'un prochain contrôle ou corriger un carnet de notes, peut-être ?

– Le contrôle « surprise » de biologie, répondit Stevens. Au moins, ce n'était pas votre matière…

McKief émit un son sans signification.

– Le bureau du professeur Carter est de l'autre côté, n'est-ce pas ?

– Oui, pourquoi ? dit Stevens.

– Techniquement, vous n'avez pas encore triché… Et rien dans le règlement n'interdit de se promener dans le couloir. Alors, je vais être contraint de vous laisser filer sans punition. Je ne suis pas sûr qu'il en soit de même pour le professeur dont vous séchez le cours en ce moment, cependant.

Stevens lui tendit un paquet de feuilles et se releva souplement.

– Cours de sport, j'ai une dispense, se justifia Stevens.

– Vraiment ?

McKief le considéra sans dissimuler son scepticisme.

– À cause de mes chevilles trop faibles, expliqua Stevens.

– Je vois. Allez donc faire vos devoirs avant que quelqu'un d'autre ne vous surprenne ici.

Stevens fit un signe affirmatif et esquissa un salut militaire avant de tourner les talons.

– Oh ! Professeur ?

McKief cessa de chercher la clef de son bureau dans ses poches décidément trop pleines.

– Vous bilez pas pour Eckhart. Je pense pas qu'il vous fera d'ennuis – la curiosité est pas un crime, hein ?

McKief ouvrit la bouche, sans doute pour protester de son innocence, mais Stevens s'éloignait déjà, faisant claquer les talons de ses chaussures vernies sur le plancher.

– Matheson, attends !

Le dos d'Edward Matheson se raidit. Il ne s'arrêta pas. Peter pressa le pas, se répétant qu'il s'agissait du cadeau d'anniversaire de Maya et que, avec tout le temps qu'elle passait sur Eckhart et ses devoirs de science, il lui devait bien ça.

Évidemment, il aurait été encore plus reconnaissant si tous ces efforts s'étaient révélés utiles, parce que, pour l'instant, la vie d'Eckhart était aussi palpitante qu'un documentaire sur les dépôts sédimentaires. Sans parler du symbolisme onirique… Maya répétait que l'inscription sur le mur était la clef du problème, mais il n'y avait pas besoin d'être prix Nobel pour comprendre que « i », « 1 » et « 7 » ne les mèneraient nulle part.

– Salut ! dit Peter de son ton le plus enjoué en arrivant à la hauteur de Matheson.

– Qu'est-ce que tu veux *encore* ? aboya l'adolescent, accélérant l'allure.

Peter dut se rendre à l'évidence : Matheson le détestait davantage à chacune de ses tentatives d'approche. Maya insistait pour qu'il continue, pourtant ce n'était pas faute de lui avoir rappelé la faiblesse de ses aptitudes sociales.

– Juste… discuter ? hasarda Peter. Eckhart est un sale type, pas vrai ?

Matheson eut un reniflement méprisant.

– Écoute, Larry.

– Peter, corrigea-t-il en grinçant des dents.

– Ouais, pareil, répondit Matheson. Je ne sais pas ce que tu cherches, mais c'est pas la peine de te fatiguer.

Peter faillit rire tout haut en prenant conscience qu'il s'agissait là de la plus longue conversation qu'il avait jamais eue avec Matheson.

Malheureusement, il ne pensait pas qu'il s'agisse d'un réel progrès. Il fit de son mieux pour suivre Matheson qui pressait le pas, un rictus menaçant aux lèvres.

Maya aurait su le convaincre, elle – elle aurait trouvé un prétexte logique et irréfutable pour l'approcher et le pousser à se confier. Peter n'était pas Maya. Il avait ses raisons de s'adresser à Matheson, mais il pouvait difficilement lui avouer qu'il espérait devenir assez proche de lui pour le soûler et lui arracher la confession qui le mettrait hors de cause. Sans parler de l'anniversaire de sa sœur décédée.

– Je comprends pas pourquoi tu m'évites. Tu m'avais même invité dans ton groupe ! s'exclama Peter, un peu désespéré.

Matheson découvrit les dents.

– C'était avant que je sache que les flics avaient pratiquement une unité rien que pour toi.

– N'importe q…

– Je suis pas aveugle ! J'ai vu la façon dont l'inspecteur machin-chose te surveille. Qu'est-ce que tu fais ? Tu trafiques des reins de bébés au marché noir pendant ton temps libre ou quoi ?

Peter tiqua. Ce genre d'humour ressemblait trop à celui de Maya à son goût.

Ils étaient presque arrivés au réfectoire. Il devait trouver une solution rapidement. Matheson ne lui adresserait jamais la parole là-bas. Deux élèves qui marchaient côte à côte dans un couloir, cela pouvait aisément passer pour un hasard, mais pas s'asseoir ensemble pour dîner. Surtout que Matheson mangeait souvent à l'écart – la présence de Peter serait tout de suite remarquée, avec ce que cela entraînerait de déplaisant.

Oui, il devait être persuasif. Et vite. Il essaya de passer en revue tout ce que Maya lui avait dit de Matheson. Elle parlait *tout le temps* de lui, quand elle ne poussait pas Peter à faire des recherches sur les esprits ou à se défendre face à la bande de Tyler.

Peter s'arrêta abruptement. Oui, c'était ça ! Les frères Matheson se détestaient.

Il rejoignit Matheson en quelques enjambées et attrapa son bras avant qu'il entre dans le réfectoire. Matheson regarda la main qui agrippait la chemise largement déboutonnée de son uniforme. Il ne portait pas de veste et sa cravate était si desserrée que le nœud pendait au milieu de sa poitrine. Ian avait une fois fait observer qu'Edward Matheson était la seule personne de sa connaissance qui réussissait à rendre son uniforme contraire au règlement sans rien y ajouter.

– J'ai un compte à régler avec Tyler et je pensais que tu me donnerais peut-être un coup de main, dit Peter, lâchant la chemise.

C'était sorti plus vite qu'il ne l'aurait voulu et il n'était pas sûr que tous les mots étaient compréhensibles, mais le changement d'expression de Matheson lui assura que le message était passé.

Il avait l'air *intéressé,* et Peter eut le sentiment qu'il venait de faire une terrible erreur.

– Vraiment ? Et qu'est-ce qui te fait penser ça ?

Peter enfonça les mains dans ses poches. Était-il censé rire d'un air décontracté et prendre une pause cool en s'adossant contre le mur ? Il y renonça, conscient qu'il n'avait pas la carrure et risquait d'être complètement ridicule.

Si Maya avait été là, elle aurait levé les yeux au ciel en lui disant que, pour l'amour du ciel, *Peter,* il essayait de se faire un allié, pas d'impressionner une fille !

– Tout le monde est au courant que toi et ton frère ne pouvez pas vous sacquer, expliqua-t-il. Et il fait de ma vie un enfer depuis que je suis arrivé.

– Oh, et qu'est-ce que tu as en tête ?

Ça marchait ! Peter en aurait sauté de joie s'il n'avait pas été certain que ç'aurait fait changer Matheson d'avis. Se félicitant mentalement, il ouvrit la bouche pour proposer une plaisanterie humiliante qui lui aurait permis à la fois de se rapprocher de Matheson et de goûter une vengeance bien méritée.

Des dizaines de scénarios se pressaient déjà dans son esprit. Coupé dans son élan, il n'eut cependant jamais l'occasion de les suggérer.

– Peter Klast et Edward Matheson. Si je m'attendais… dit une voix d'une suavité presque écœurante.

Peter avait un très mauvais pressentiment au sujet de cette voix. Il se retourna lentement et fit de son mieux pour ne pas grimacer.

– Inspecteur Caldwell. Évidemment, ajouta-t-il à mi-voix.

– Tu trouves toujours le moyen de m'étonner, Peter, dit Caldwell, aussi décontracté que s'il commentait la météo.

Peter cligna des yeux, pris au dépourvu.

– Il y a à peine deux semaines, tu criais ton innocence, et maintenant tu traînes avec des petits voyous dans les couloirs. D'ailleurs, si je n'étais pas convaincu que tu es coupable, Edward serait sans doute tout en haut de ma liste…

Peter voulu jeter un coup d'œil à Matheson, déconcerté par la façon dont l'inspecteur parlait de lui en sa présence et du manque de réaction de l'adolescent.

– Oh, il n'est plus là. Il a filé dès qu'il a pu. Un malin, ce gamin. D'un autre côté, il a assez d'expérience avec les flics pour savoir quand il vaut mieux s'éclipser.

Peter esquissa un pas en arrière, espérant qu'il n'était pas trop tard pour suivre l'exemple de Matheson.

– Pressé d'y aller, tout à coup ? demanda Caldwell.

Peter s'entendit marmonner quelque chose d'inintelligible à propos de l'heure du dîner.

– Oh, oui. Tu peux y aller. Et surtout, profite du

crumble – j'ai entendu dire qu'en prison la bouffe est dégueulasse.

Peter s'éloigna sans se faire prier. Ses jambes flageolaient. Une main posée lourdement sur son épaule l'arrêta. Un souffle tiède vint chatouiller son oreille et il ravala un hoquet de surprise.

– Je t'ai à l'œil, Peter Klast, murmura Caldwell. Ne crois pas que je te laisserai encore t'en sortir si facilement.

Puis l'inspecteur le relâcha et Peter rejoignit les autres élèves à pas mesurés.

Il espérait qu'il restait de la sauce au jus de viande et que Maya ne lui en voudrait pas trop quand il lui annoncerait qu'il n'approcherait plus de Matheson, même avec un masque à gaz et une combinaison antiradiation.

25

– Quoi ?

Peter se recroquevilla instinctivement sur son lit. Si Maya avait été en vie, il ne doutait pas qu'elle aurait été rouge de colère. L'air craquait d'électricité et Peter aurait juré que les objets autour de lui en frémissaient.

– Peter, tu ne te rends pas compte à quel point c'est important. Matheson a un rôle crucial dans toute cette histoire, j'en suis sûre.

– Tu en es sûre ou tu voudrais que ce soit le cas ? répondit-il d'un ton cinglant.

– Peter !

– Même si c'était vrai, tu ne crois pas sérieusement qu'il va se jeter à mes pieds et avouer ses crimes juste parce qu'on aura joué un sale tour ensemble à son frère.

– Tu lui en veux juste parce qu'il a ruiné tes chances avec la jolie rouquine, lâcha Maya d'un ton accusateur.

– Quoi ?

– Tu n'étais pas au courant ? Je les ai vus « discuter »

dans une salle de classe vide hier soir et crois-moi, ils utilisaient plus leur langue que leurs cordes vocales.

– Qu'est-ce que tu racontes ? Je me fiche complètement d'avec qui sort Megan. Merde, Maya, la façon dont Caldwell parlait de Matheson… On aurait dit que c'était un dealer ou un truc comme ça. Tu *sais* que je ne peux pas traîner avec ce genre de type.

L'humeur espiègle de Maya s'évanouit aussi vite qu'elle était apparue.

– Peter…

– Non ! Ce serait comme porter un tee-shirt « Arrêtez-moi » et franchement, j'en ai pas besoin. Je suis désolé. Tu as le droit de me demander autre chose, mais c'était ma dernière « conversation » avec Matheson.

Maya semblait vouloir poursuivre la discussion, mais Peter n'allait pas la laisser s'éterniser sur le sujet. Il avait d'autres soucis en tête.

– Maman a appelé, aujourd'hui, annonça-t-il.

– Vraiment ?

– Oui, pour me parler des vacances d'hiver.

Il se tut, repensant avec confusion à la discussion qu'il avait eue le matin même.

– Et ?

– Elle ne veut pas que je rentre. Elle a dit qu'elle s'était arrangée pour que je reste ici. Je comprends pas pourquoi elle me fait ça. Franchement, elle aurait pu prévenir avant. Les vacances commencent dans une semaine et j'ai annoncé à tout le monde que je rentrais !

Remarque, je commençais à me demander pourquoi je n'avais pas encore reçu de quoi payer le car.

– Elle t'a expliqué pourquoi ?

– Elle a prétendu que je préférerais ne pas être là. Tu crois que c'est à cause de l'incendie ?

– Peut-être que…

– Ils doivent préparer une fête et ils ne veulent pas m'avoir dans les jambes. Pourtant, je ne les ai pas gênés à Noël, je suis à peine sorti de ma chambre !

Sa tirade fut interrompue par un « bang ». Maya avait disparu dans ce que Peter savait lui tenir lieu de « claquement de porte furieux ».

Il se laissa tomber à plat ventre sur son lit.

– Mais qu'est-ce qu'ils ont tous ?

Maya traversa le manoir à pas brusques, ne s'arrêtant que devant la chambre de Stevens. Elle serait dans la seule chambre éclairée toute la nuit, les yeux fermés, quand le croque-mitaine apparaîtrait. Parce que, à force de ruminer sa rancœur, elle se sentait capable de se jeter dans son apaisante lumière au moindre scintillement amical. Si inoffensive et si… mortelle. Ça n'avait pas de sens, pour une créature perçue uniquement par des fantômes, et il n'y avait pourtant pas d'autre mot.

Maya repensa à l'odeur dans le cachot quand elle l'avait touchée. Quand elle avait presque…

Elle secoua la tête. Elle avait besoin d'établir un

plan d'action. Elle allait tordre le cou à cet inspecteur Caldwell et ensuite, peut-être qu'elle ferait subir un sort similaire à Peter.

Une *fête* ? Comment avait-il pu oublier ?

– Non, murmura-t-elle.

Elle aurait tout le temps d'y songer plus tard. Caldwell représentait un problème plus pressant.

Un problème qu'elle comptait régler avant les prochaines vacances, quoi qu'il en coûte.

Trouver l'adresse de l'inspecteur Caldwell s'était révélé plus facile que prévu. Il avait en réalité suffi à Maya de s'installer à l'arrière de sa voiture après une de ses visites à St-Gabriel.

Cela avait été très simple et tout aussi ennuyeux. Caldwell avait fait de nombreux arrêts en cours de route, dont un particulièrement long à l'épicerie. Il s'était ensuite éloigné de Merywether, pour finalement s'engager dans un chemin de terre irrégulier bordé d'habitations modestes menant à un petit cottage blanc. Le jardin d'apparence négligée laissait supposer que Caldwell vivait seul et qu'il passait peu de temps chez lui.

Maya se glissa dans la maison derrière lui. Sortir ne serait pas un problème, un espace de près d'un demi-centimètre séparait le battant du sol – visiblement, personne n'avait appris à l'inspecteur à calfeutrer sa maison pour s'abriter des courants d'air.

Elle visita chaque pièce pendant que Caldwell sortait ses courses d'un sac en papier brun pour les ranger dans la cuisine. C'était une maison fonctionnelle construite sur un seul niveau. Maya traversa un salon pauvrement décoré sans s'y attarder, avant d'examiner ce qui devait être une chambre d'amis transformée en bureau – il y avait même un lit pliant dans un coin. Des piles de feuilles dans des chemises en papier coloré encombraient le sol, malgré la présence d'une grande table en bois clair et de trois étagères en désordre. Le tout était recouvert d'une couche de poussière assez épaisse pour affirmer que Caldwell n'avait pas de femme de ménage.

Maya saisit un carnet de notes au hasard et crut reconnaître le nom de Peter au milieu de paragraphes serrés d'une écriture illisible. Elle le reposa avec précaution. Elle était venue sans idée précise. Il ne s'agissait pas de convaincre Caldwell de l'innocence de Peter. C'était sans doute impossible, si on considérait l'entêtement du policier. Mais si elle réussissait à l'effrayer peut-être hésiterait-il à remettre les pieds à St-Gabriel. Les adultes aussi avaient peur des fantômes et elle doutait que Caldwell fasse exception à la règle. Oui, une bonne frayeur suffirait.

Elle feuilleta quelques dossiers. Des procès-verbaux, des rapports de légistes et d'autres experts, divers actes juridiques et des photocopies de photographies si noircies que les personnes représentées étaient impossibles à reconnaître...

La vie privée de l'inspecteur Jonathan Caldwell devait être plutôt calme pour qu'il rapporte autant de travail à la maison. Maya renifla avec dédain, préférant ignorer que sa propre existence ne lui permettait pas de pavoiser.

Les bruits de placards provenant de la cuisine cessèrent. Maya reposa la facture téléphonique d'un suspect dans une affaire de vol. Elle ne voulait pas que Caldwell surprenne une feuille flottant dans l'air.

Ou peut-être que si.

Un sourire apparut sur son visage. C'était parfait ! La réaction des adolescents avec le Ouija avait été éloquente, il n'en faudrait pas tellement plus pour que l'inspecteur demande à être déchargé de l'enquête. Un inspecteur plus impartial prendrait la relève et il serait à même de découvrir le véritable incendiaire.

Caldwell était encore jeune. Ce n'était pas comme s'il risquait de faire un arrêt cardiaque parce qu'un *poltergeist* hantait son cottage.

Elle retourna dans le salon alors que Caldwell se laissait tomber sur un canapé fleuri avachi, dont elle n'aurait pas été étonnée d'apprendre qu'il venait d'un vide-grenier. Les yeux fermés, il tâtonna un instant au milieu des coussins avant de trouver la télécommande. Il alluma la télévision avec un soupir et coupa le son. Il reposa l'appareil par terre, le lâchant plusieurs centimètres avant le parquet pour éviter d'avoir à se baisser.

Une carte d'Angleterre couverte de nuages répandant de la neige ou de la pluie apparut à l'écran, aux côtés d'un homme en costume bleu ciel.

Caldwell grogna, fixant l'homme comme pour l'obliger à modifier ses prévisions météorologiques.

Maya réfléchit à un moyen efficace de faire peur à Caldwell. Il faudrait plus que des coups frappés sur une table pour l'impressionner, et les chances pour qu'il consulte un Ouija avant d'aller se coucher étaient plutôt minces. Elle avait vu un certain nombre de films d'horreur, mais rien de ce dont elle se souvenait n'était utilisable. La plupart du temps, les fantômes de cinéma se contentaient d'une apparition terrifiante en sortant de la bonde au moment où le héros prenait une douche.

Maya, elle, était incapable de se montrer à Caldwell, sans parler de devenir verte ou de porter sa tête sous le bras.

En plus, l'inspecteur avait fermé les yeux. Il paraissait prêt à s'endormir sur le canapé. Maya se frotta les tempes avec frustration. Il fallait agir ce soir. L'affaire se présentait mal, et Maya avait envie de secouer Caldwell jusqu'à ce qu'il surmonte le cas Miller et se mette au travail. Le comportement des esprits, les cauchemars de Peter, les nuits de plus en plus fréquentes où Stevens était convoqué par Edward Matheson et, la veille, le visage une fois de plus violacé et tuméfié de ce dernier, tout cela rendait évident que l'incendie n'était que la partie émergée de l'iceberg. Si seulement elle n'était pas la seule à le voir…

Il y avait aussi la conversation étrange qu'elle avait surprise entre McKief et Eckhart. Eckhart qui était fatigué et distrait, ces derniers temps. La veille, Mlle Ellis l'avait encore aidé à bander sa main droite après qu'il se fut « coupé avec son canif ». Les esprits avaient montré sa mallette à Peter. Et même si ce que les esprits faisaient n'avait souvent aucun sens, ça voulait forcément dire quelque chose, non ?

Comme si tout cela ne suffisait pas, il y avait aussi la présence sporadique de Movaisogur au détour d'un couloir. Peter faisait semblant de rien, mais la partie basse du sablier se remplissait à vue d'œil. Et tant que Caldwell perdrait son temps à étudier Peter sous tous les angles, il serait incapable d'intervenir pour empêcher ce qui ne manquerait pas d'arriver.

Maya avait peur.

Assez pour jouer les esprits frappeurs dans la chambre d'un inspecteur toute la nuit s'il le fallait.

Elle s'approcha d'un mur et se concentra pour produire un impact. Elle donna quelques coups hésitants qui rendirent une succession de bruits étouffés contre le plâtre. Elle devait convenir qu'elle se trouvait plutôt ridicule.

Surtout quand un ronflement venant du canapé lui apprit que Caldwell s'était endormi. Maya examina la pièce à la recherche d'un instrument adapté.

À part la télévision et le canapé, elle ne contenait que quelques livres rangés sur des étagères et une pile de disques compacts posée près d'une grosse chaîne hi-fi argentée.

Là. Exactement ce qu'il lui fallait.

Maya s'empara d'un cendrier en porcelaine et, baissant les paupières pour mieux se concentrer, le lança contre le mur opposé. Il explosa avec un bruit sec, répandant des dizaines de petits morceaux tranchants sur le parquet.

Caldwell se redressa d'un bond, les yeux écarquillés et son arme de service déjà à la main. Son regard tomba instantanément sur le cendrier brisé et il s'accroupit derrière le canapé, scrutant la pièce avec attention. Une fois assuré qu'il était seul, il se releva à demi et se glissa furtivement vers la cuisine, le dos au mur.

Il surveilla la pièce depuis le salon, le pistolet braqué devant lui, comme s'il s'attendait à voir surgir un maniaque armé d'une hache. Ne trouvant personne, il refit la même manœuvre dans les autres pièces de la maison, terminant par la chambre.

– Montrez-vous, je sais que vous êtes là ! lança-t-il sans conviction en ouvrant l'armoire.

Maya ricana. Si on lui avait dit que ce serait aussi drôle, elle aurait commencé à hanter des maisons il y a des années. Alors qu'il lui tournait le dos, elle saisit le réveil de sa table de chevet et l'envoya s'écraser contre le mur, près de la tête du policier.

Caldwell fut un instant tétanisé. Puis il se retourna lentement, très pâle.

– Qui est là ?

Maya chercha un objet adéquat. C'était le moment du bouquet final, mais la nuit approchait rapidement et elle se serait sentie plus en sécurité dans la chambre de Stevens.

Sur la table de chevet se trouvaient un stylo, des feuilles de papier blanc couvertes de notes et de gribouillages indistincts, une lampe et quatre livres.

Elle se pencha pour lire les titres : un roman policier à peine entamé et un livre de recettes de cuisine « pour les nuls ». Maya se fendit d'un rictus. Les deux autres ouvrages étaient… oh !

Paranormal : une étude critique.

La vie après la mort, réalités et mensonges : d'où venons-nous, où allons-nous ?

Voilà qui était intéressant. S'il prenait la peine de s'informer, c'était qu'une partie de lui y croyait déjà.

Ou alors il avait peur.

Dans les deux cas, une manifestation paranormale ne le laisserait pas indifférent. Maya quitta la chambre pour retourner dans le bureau improvisé, tandis que Caldwell se jetait à plat ventre pour regarder sous son lit.

L'homme avait vu trop de films d'action.

Maya trouva le dossier sur l'incendie et repéra un gros feutre rouge posé dans une vieille boîte de chocolats qui servait de pot à crayons. Le déboucher lui demanda plusieurs essais : les interactions avec les objets qui dépassaient le simple « ramasser-jeter » lui donnaient encore du mal.

Caldwell pénétra à son tour dans le bureau. Ça rendrait les choses plus faciles, Maya n'aurait pas été capable de se concentrer assez longtemps pour porter le stylo ou même les feuilles jusqu'à la chambre.

Caldwell s'approcha et elle envoya voler les pièces du dossier d'un large geste du bras. Caldwell sursauta. Son doigt se contracta sur la détente de son arme, cependant la sécurité enclenchée empêcha le coup de partir.

Les muscles bandés, il observa la fenêtre fermée avec méfiance.

– Merde, c'est quoi, ça ? dit-il tout haut.

Il fit un tour sur lui-même et se plaça dos au mur à droite de l'unique porte du bureau. Il baissa son pistolet et respira à fond.

– Juste une sale blague des gamins d'à côté, marmonna-t-il. Ou un courant d'air. Arrête de te comporter comme un gosse, Jonathan, tu es armé, tu es adulte.

Maya ramassa un plan de St-Gabriel. Caldwell regarda le document approcher et se déposer à ses pieds.

– Reste calme, tu es flic, s'exhorta-t-il à mi-voix.

Sa respiration se faisait de plus en plus bruyante. Maya attendit quelques instants pour accroître sa panique avant d'asséner le coup de grâce. Effrayé, il paraissait d'un coup beaucoup plus jeune, et Maya culpabilisait presque du mauvais tour qu'elle lui jouait.

Mais après tout, c'était lui qui avait commencé.

Elle n'avait pas l'énergie de lui écrire un traité sur la question. Néanmoins, elle supposa que ce serait inutile.

La bouche entrouverte et les yeux écarquillés au point que leur couleur habituellement boueuse avait viré au vert, Caldwell demeura immobile alors qu'elle saisissait le feutre.

L'objet lui fila littéralement entre les doigts et elle maudit la nervosité qui l'empêchait de se concentrer correctement. Elle le ramassa et le dirigea contre le mur du fond. Derrière elle, Caldwell retenait son souffle.

Le feutre couinait en glissant sur le mur. Elle le fit tomber trois fois au cours de l'opération et le résultat était si tordu que le dernier mot était pratiquement illisible.

Mais vu la tête de Caldwell, c'était suffisant. Maya regretta de ne pas pouvoir prendre de photographie : Peter aurait adoré voir ça.

NE T'APPROCHE PLUS DE ST-GABRIEL.

26

– Peter.

Peter sursauta si brutalement qu'il prit une seconde pour s'émerveiller de ne pas s'être poignardé avec son propre couteau.

Il s'obligea à demeurer impassible et s'absorba dans la contemplation de la corbeille de toasts. Peut-être que s'il continuait de l'ignorer, l'inspecteur sadique retournerait de lui-même dans la pièce remplie d'instruments de torture médiévaux qui devait lui servir de bureau ?

Mais Caldwell s'installa face à lui et saisit un muffin qu'il entreprit de beurrer en souriant avec amabilité.

À gauche de l'inspecteur, Maya mourait visiblement d'envie de lui envoyer le pichet de jus d'orange au visage. Une partie grandissante de Peter mourait d'envie de la voir faire.

– Bien dormi ? s'enquit Caldwell, comme si parler de la pluie et du beau temps avec un suspect était la chose la plus naturelle du monde.

– Escaliers, répondit Peter sans réfléchir.

– Escaliers ? répéta Caldwell, mordant dans sa tartine beurre-confiture de fraises.

– J'ai rêvé d'escaliers, précisa Peter.

Maya se frappa le front, exprimant sans détour ce qu'elle pensait de sa réponse.

Peter n'était pas loin d'être d'accord avec elle.

– Et ça t'arrive souvent ? reprit Caldwell sur le ton de la conversation.

Peter haussa les épaules.

– Parfois.

– Moi, j'ai mal dormi, dit Caldwell avec un regard si fixe qu'il en devenait inquiétant.

– Oh ? répondit Peter de sa voix la plus atone.

– Oui, confirma Caldwell. Figure-toi qu'hier j'ai été visité par un fantôme.

Peter recracha son jus d'orange. Caldwell, imperturbable, prit une serviette en papier et s'essuya le visage.

– Quoi ? croassa Peter. Comment ça, « un fantôme » ?

Il vit Maya grimacer et entreprendre une retraite discrète. Il résista à la tentation de se cogner la tête contre la table de façon répétée.

– Je dois avouer que tu es plutôt doué, Peter. Tu as déjà envisagé de faire carrière dans le cinéma ?

– Quoi ? répéta Peter.

– Je sais que c'était toi. Comment tu as fait ?

Oh, Maya allait payer pour ce coup-là ! Il n'allait pas lui parler de la semaine.

– C'était vraiment intelligent. Les feuilles qui volent, le feutre qui écrit tout seul…

De tout le mois, songea Peter avec férocité.

– Je n'ai rien fait.

– C'est ce qu'ils disent tous, répliqua Caldwell, plus amusé qu'il n'aurait dû le paraître.

– Il n'a pas de preuve, intervint Maya.

Peter se tourna vers elle par réflexe, lui lançant un regard noir. Elle eut la décence d'avoir l'air honteux.

– Je sais, j'ai fait une bourde. Mais ça aurait dû marcher, je t'assure !

Elle dut saisir qu'il n'était pas ébloui par son initiative parce qu'elle leva les mains dans un geste apaisant.

– Je n'ai que tes meilleurs intérêts à cœur, dit-elle. Et il n'a rien contre toi.

Ça, ça ne l'a jamais arrêté avant, pensa Peter.

– Qu'est-ce que tu regardes ?

Peter se retourna vers Caldwell, qui observait l'endroit où se tenait Maya avec curiosité.

– Rien, répondit Peter, un peu trop vite.

– D'accord, dit Caldwell, faisant traîner les syllabes comme s'il s'adressait à une personne mentalement déficiente. Alors, comment tu es entré dans la maison ?

Peter s'essuya les mains dans sa serviette avec plus de vigueur que nécessaire, avant de les enfoncer dans ses poches. Il rassembla tout son courage.

– Est-ce que… vous avez des preuves ?

– Je n'en ai pas besoin pour savoir que c'est toi, affirma l'enquêteur.

– Ouais ? Comme pour l'incendie et pour Christie Miller ? cracha Peter.

Caldwell eut l'air désarçonné. Peter se pencha vers l'inspecteur par-dessus la table du petit déjeuner. Le silence s'était fait dans le réfectoire et tous les regards étaient braqués sur lui, mais, à ce stade, il se moquait de ce que les autres pensaient de lui.

– Allez raconter ça à un juge, dit-il d'une voix rendue si rauque par la haine qu'il avait du mal à la reconnaître. Je me fous de ce que vous croyez, je n'y suis pour rien. Et si vous aviez assez de cran pour admettre que vous avez tort, vous le sauriez aussi.

Puis il se leva, ramassa son sac d'un geste décidé et quitta le réfectoire la tête haute, priant pour ne pas trébucher avant d'avoir rejoint sa chambre.

Derrière lui, quelqu'un applaudit.

– Tu ne devrais pas être en cours ?

Peter s'adossa au mur de sa chambre puis glissa jusqu'à être accroupi. La position était inconfortable, à la limite du douloureux, mais il n'avait pas l'énergie suffisante pour en bouger.

– Après ça j'ai droit à un break.

Maya approuva d'un bruit de gorge et s'assit à côté de lui.

– Je suis désolée, Peter, je n'avais pas imaginé qu'il

le prendrait comme ça. Il faut qu'il soit obsédé par toi pour te mettre un truc pareil sur le dos.

– C'est bon, je m'en remettrai, répondit Peter, surpris de s'apercevoir qu'il était sincère. C'est trop tard pour faire quoi que ce soit, et puis je voulais lui balancer tous ces trucs à la figure depuis un moment. En fait, je me sens mieux.

– Ah oui, tu t'es fait pas mal d'admirateurs. J'ai même entendu un « À mort les flics ! » avant que Caldwell s'en aille.

Peter rit si fort que cela ressemblait à un sanglot. Il entoura ses jambes repliées de ses bras et posa la tête sur ses genoux, le visage tourné vers Maya.

– Je vais avoir de très gros ennuis, hein ? questionna-t-il.

– Je ne sais pas.

Ils se turent, écoutant retentir la sonnerie du début des cours.

– Tu as besoin que j'aille en classe à ta place ?

Peter considéra l'offre. Généralement, lorsqu'il n'allait pas en cours, Maya s'y rendait. Elle ne prenait pas de notes, mais sa bonne mémoire lui permettait de lui raconter la leçon en détail à la fin de la journée.

– Nan, pas la peine, c'est éducation civique…

– Mlle Curtwood ?

Peter renifla.

– Ouais. Enfin, plutôt « la vieille » Curtwood. Et encore. Même la reine est en meilleur état qu'elle !

Peter décida de continuer sur cette lancée. Se plaindre des professeurs avait toujours été un de ses sujets favoris, et s'il lui en laissait l'occasion, Maya voudrait encore parler de l'incendie.

– Je te jure, elle est sénile. Tu le saurais si tu venais en cours.

– C'est tout ce que tu as trouvé pour me convaincre ? Toi, tu es obligé, alors que ma présence est illégale. J'ai pas payé pour y assister, se justifia-t-elle devant le regard dubitatif de Peter. Et, si elle était aussi âgée que tu le prétends, elle serait à la retraite.

– La dernière fois, elle a passé une demi-heure à chercher une craie alors qu'il y avait une boîte pleine sur son bureau.

Maya ouvrit la bouche.

– Tiens, tu veux une preuve ? la coupa Peter. Elle confond les deux Matheson.

– Ah, c'est un de ces cours en classe mixte.

Peter acquiesça.

– Je reconnais qu'ils ne se ressemblent pas beaucoup, mais ils sont quand même frères…

– Ah, alors tu n'es pas au courant ! Tyler n'a pas de lien de parenté avec Edward. Le père d'Edward s'est remarié avec la mère de Tyler. C'est pour ça qu'ils se détestent.

– Oh !

Peter se redressa. Ce n'était pas si souvent qu'il avait l'occasion d'en remontrer à Maya.

– Je t'assure, Curtwood m'appelle « monsieur Fast » depuis le début de l'année et elle a demandé à Stevens si son grand frère n'avait pas été élève à St-Gabriel. Six fois, ajouta-t-il après un silence.

– Et… ? interrogea Maya, intriguée malgré elle.

– Ben, il est enfant unique. Je t'ai dit qu'elle était sénile.

– D'accord. Il n'empêche que sécher les cours n'est pas une très bonne idée. Caldwell te surveille et maintenant que Bentham est au courant pour Christie Miller, il va sûrement en faire autant.

– Trop tard, répondit Peter. Si j'y allais maintenant, j'aurais une retenue pour mon retard. En plus, c'est le dernier cours avant les vacances. Avec un peu de chance, elle n'aura pas noté les absences et, d'ici la rentrée, elle aura oublié.

– Si tu le dis, concéda Maya avec lassitude.

– Ah, t'en fais pas, Caldwell me fera un mot pour expliquer à Curtwood que j'étais trop occupé à faire bouger des objets par la force de mon esprit pour aller en classe.

Maya se mit à rire, de ce rire insouciant et heureux presque déplacé dans la bouche d'une adolescente morte à six ans, prisonnière d'un monde qui n'avait plus rien à lui offrir.

D'un coup, le rire de Maya s'arrêta.

Peter fronça les sourcils et elle posa un doigt sur ses lèvres.

– Tu as entendu ? Il y a quelqu'un derrière la porte.

Peter se leva, cherchant automatiquement une cachette. Il regarda la poignée de porte s'abaisser avec horreur.

– Ça doit être Simon qui a décidé de sécher aussi, le rassura Maya.

Peter aurait voulu la croire. Néanmoins, il ne fut qu'à moitié surpris quand le visiteur apparut.

Ce n'était pas Simon.

Peter essaya de se baisser sans faire de bruit, mais l'homme leva la tête et l'aperçut.

Le professeur Eckhart parut momentanément alarmé, puis son visage se figea dans un masque de mauvaise humeur.

– Ne devriez-vous pas être en classe, M. Klast ?

– Professeur ? Qu'est-ce que vous faites là ? interrogea Peter.

– Bien joué, Peter. Je suis sûre qu'il t'apprécie davantage maintenant que tu as questionné son autorité, commenta Maya.

– Je fais le tour des chambres dans le cadre du programme de lutte contre l'absentéisme. Et devinez ce que je viens de trouver ? dit Eckhart.

Leur programme était efficace : Peter regrettait sincèrement de ne pas être allé écouter la vieille Curtwood. Au moins, en classe, il aurait pu dormir en paix.

– J'imagine que je vais en retenue, hein ?

La réponse était évidente. Eckhart sembla pourtant y réfléchir.

– T'as vu sa main ? remarqua soudain Maya. Qu'est-ce qu'il s'est encore fait ? C'est incroyable : il est plus maladroit que toi.

Peter examina le professeur : sa main droite était bandée. Eckhart croisa les bras, la coinçant sous un pan de sa veste en velours violet.

– Vous avez de la chance, c'est mon jour de bonté, déclara-t-il enfin. Allez en cours immédiatement, et disons que je ne vous ai pas vu.

Peter oublia tout des accidents domestiques d'Eckhart. Qui s'en souciait, si le revêche professeur attrapait la gangrène et se faisait amputer de la main ?

– Pour de vrai ?

Eckhart se renfrogna.

– Dépêchez-vous avant que je change d'avis, Klast ! aboya-t-il.

Peter descendit de la mezzanine avec précipitation, attrapant son sac au passage. Il était au milieu de l'échelle quand Maya poussa une exclamation de surprise.

Il sauta les trois derniers barreaux et se retourna. Il crut sentir son cœur tomber dans son estomac.

Immobile et invisible sous son manteau noir, Movaisogur attendait patiemment son heure : le professeur Eckhart allait mourir et la partie inférieure du sablier était pratiquement pleine.

27

Peter continua de contempler l'endroit où Movaisogur s'était tenu longtemps après qu'il eut disparu, et l'expression de surprise d'Eckhart devenait soupçonneuse. Maya était elle-même restée immobile quelques secondes : le spectre avait un instant paru si menaçant qu'elle s'attendait à voir Eckhart tomber raide mort. Mais non, Movaisogur ne faisait que transmettre un message.

Ils n'avaient plus de temps.

– Wouah. Je ne pensais pas qu'il s'était coupé si profond que ça, dit Maya. Peut-être que ça s'est infecté – tu crois qu'on devrait le prévenir ?

Peter grimaça. De quoi est-ce qu'elle parlait encore ?

– M. Klast, est-ce que… vous prenez de la drogue ? demanda Eckhart d'un ton hésitant.

– Quoi ? N-non ! bégaya Peter.

– C'est le moment de battre en retraite, coupa Maya. Je me charge de découvrir ce qu'il fabrique.

– Bon, j'y vais… en cours, bredouilla Peter. Je ne

voudrais pas être… plus en retard en éducation civique.

Il agrémenta ses propos d'un sourire et claqua la porte derrière lui.

Eckhart cligna des yeux, un peu étourdi par ce départ précipité. Il avança vers la mezzanine, puis changea d'avis et quitta la pièce, marmonnant indistinctement sur les imbéciles qu'on laissait passer dans l'enseignement secondaire.

Maya le suivit. Cette histoire de prévention d'absentéisme était assez abracadabrante et elle n'avait jamais vu de professeur patrouiller dans les chambres en plein jour auparavant. Pourquoi Eckhart ? Il n'était même pas professeur principal ! Sans compter que Maya imaginait mal Bentham mettre en place ce genre de mesure sans infliger une véritable harangue sur l'absentéisme à tous ceux qu'il aurait réussi à attirer dans le gymnase.

Et envoyer des dépliants aux parents. Voire mettre des affiches dans le hall.

Eckhart sortit de l'aile ouest en utilisant l'un des passages réservés aux situations d'urgence. Il dépassa l'une des salles communes, jetant un coup d'œil sur ses occupants. Des élèves étaient penchés avec concentration sur des livres et des feuilles de papier quadrillé, s'arrêtant de temps à autre pour envoyer de clairs signes d'irritation en direction du groupe qui discutait à mi-voix autour d'une table. Personne ne fit attention au professeur de mathématiques.

Ce dernier traversa le bâtiment pour rejoindre l'aile des professeurs. À cette heure-ci, la plupart des couloirs étaient déserts, mais on entendait les cris étouffés des élèves qui célébraient le début des congés un peu partout dans le manoir. Une fête clandestine devait avoir lieu dans la nuit. Après ce qui s'était passé la dernière fois, Peter ne souhaiterait sans doute pas s'y rendre.

Enfin, Eckhart s'arrêta devant la porte du bureau qu'il partageait à présent avec le professeur Jeffries, ainsi que l'indiquait le Post-it collé sous une plaque de plastique noir. Il sortit un trousseau de clefs de la poche de sa veste et introduisit l'une d'entre elles dans la serrure, tiquant quand la porte s'ouvrit dès le premier tour. Il poussa le battant et surveilla le couloir avec une évidente anxiété.

– Daniel ? demanda-t-il sans pénétrer dans le bureau. Est-ce que c'est toi ?

Il y eut un bruit à l'intérieur, mais pas de réponse. Les rideaux tirés plongeaient la pièce dans la pénombre.

– Daniel… Je croyais que ton avion était ce matin.

Maya le dépassa, rongée par la curiosité. Qu'est-ce que…

– Professeur Eckhart, salua finalement le visiteur.

– Edward ?

Après un dernier coup d'œil dans le couloir, Eckhart entra et referma la porte derrière lui. Il s'approcha des rideaux, puis renonça à les ouvrir et alluma une lampe dorée à abat-jour vert.

– Edward ? répéta-t-il. Que faites-vous là ? Et comment êtes-vous entré ?

Edward Matheson, avachi sur la chaise rembourrée située derrière une table à la décoration spartiate, leva paresseusement une main pour agiter un objet. Eckhart pinça les lèvres.

– Un crochet ? questionna-t-il. Il m'arrive de m'interroger sur la façon dont les parents élèvent leurs enfants de nos jours...

– Laissez donc mes parents en dehors de ça, suggéra calmement Matheson.

Eckhart s'appuya contre son bureau.

– Qu'est-ce que vous faites là ? Vous ne devriez pas être en cours ?

Edward ramassa un sac à dos noir couvert d'inscriptions blanches faites au correcteur, pour le poser sur ses genoux.

– J'ai Curtwood – elle me confond avec Tyler, de toute façon.

Eckhart produisit un claquement de langue désapprobateur. Edward plongea la main dans son sac.

– Que voulez-vous encore ? Je croyais vous avoir dit d'être prudent, reprit Eckhart. Vous ne pouvez pas venir ici sans arrêt – encore moins en crochetant la serrure. Comment je l'aurais expliqué si Daniel avait été là ?

– Vous auriez dit que vous m'aviez collé, répondit Edward. Et je savais qu'il était parti. Il a traîné son bordel de campeur toute la matinée pour pouvoir se tirer dès la fin de ses cours – il n'osait pas le laisser dans sa caisse. Comme si quelqu'un allait voler ça !

Il eut un éclat de rire bref.

– Enfin, on a à peine eu le temps de remballer nos affaires qu'il n'était déjà plus qu'un petit point noir derrière les grilles.

– Mmm… Daniel est assez *enthousiaste* quand il s'agit de mettre des kilomètres entre lui et ses copies en retard, admit Eckhart, semblant toujours sur ses gardes.

– En fait, reprit Edward après une pause, je suis venu vous donner ça.

Il sortit la main de son sac et tendit une enveloppe épaisse au professeur Eckhart. Celui-ci la saisit, l'air stupéfait.

– Il y a le compte. Vous pouvez vérifier, si vous voulez, dit Edward, l'air gêné.

– Le compte ? Oh ! lâcha Eckhart.

Il tourna plusieurs fois l'enveloppe entre ses doigts. Il souleva le rabat, arrêta son geste, puis lissa le papier blanc, prenant garde de le refermer hermétiquement.

– Non. Ça va, je vous fais confiance. Mais pourquoi…

Edward tripota la fermeture Éclair de son sac.

– Je n'en ai plus besoin, répondit-il sèchement. Alors voilà, je voulais… Avant les vacances, expliqua-t-il, les yeux fixés sur le bureau.

– Vous rentrez chez vous ?

– Nan, je reste ici. Mais c'était histoire de régler ça. Pour qu'on puisse l'oublier, vous voyez ?

– L'oublier ? répéta Eckhart.

Edward se leva et Maya s'apprêtait à se déplacer hors de son chemin quand elle le vit se figer. Ses yeux, dont le bleu se fondait dans ses pupilles à contre-jour, s'élargirent.

Il la regardait.

Maya le dévisagea en retour, aussi paralysée par la terreur que par la crainte superstitieuse qu'elle romprait le charme si elle venait à bouger.

Après une poignée de secondes, il cilla lentement et secoua la tête. Son regard s'égara dans une autre direction et Maya résista à l'envie de hurler jusqu'à ce qu'il lui rende son attention.

– L'oublier, dit encore Edward d'une voix un peu rauque. Je ferais mieux d'aller attendre le début officiel des vacances dans ma chambre, ajouta-t-il, faisant un pas en arrière.

– Allez-vous-en, le coupa Eckhart. Nos comptes sont à jour et vous atteignez enfin la moyenne dans ma classe. Si vous tenez à me faire plaisir, ne restez pas planté là et faites le devoir que je ramasse à la rentrée.

Edward acquiesça avec raideur et sortit du bureau. Eckhart soupira et s'assit lourdement sur la chaise dont le rembourrage portait encore la trace du poids d'Edward. Il garda un instant le visage enfoui dans ses mains avant d'ouvrir l'enveloppe.

Il en extirpa les billets et compta.

Maya n'informa pas Peter de ce qu'elle avait vu dans le bureau d'Eckhart. Elle aurait dû le faire. Toutefois, elle refusait de détruire l'infime chance qu'il accepte de reparler à Edward en lui relatant un épisode qui avait certainement une explication rationnelle.

Quoique les raisons qui pouvaient expliquer qu'un élève remette à son professeur plus de deux cents livres avaient peu de chances d'être acceptables.

Mais Edward était important. Au milieu de toutes les improbabilités de l'univers, il y avait cette infime possibilité qu'il puisse la voir.

Ou l'entendre. L'un ou l'autre, on se contentait de peu quand on avait passé près de dix ans isolée d'un monde pour lequel on n'existait plus.

Et, pour cette infime possibilité, Maya était prête à mentir à Peter s'il le fallait.

28

– Tim… Tu es sûr…

Il y eut un rire de gorge dans la pénombre. Une main posée sur son épaule fit sursauter l'adolescent d'allure frêle.

– Relax, Sanchez.

Un garçon apparut à ses côtés. Ramenés dans une queue-de-cheval, ses cheveux blond vénitien étaient flamboyants à la lumière de la lanterne qu'il tenait à bout de bras.

Sanchez passa nerveusement les doigts dans sa courte chevelure noire. Il regarda avec méfiance la bougie qui vacillait dans sa cage de verre.

– On aurait dû emporter une lampe électrique, dit-il. Ça va s'éteindre et nous laisser dans le noir… On ne retrouvera pas la sortie et on finira par mourir de faim au fond de…

Tim se remit à rire et ébouriffa à son tour les cheveux de Sanchez.

– Arrête de te prendre la tête, tout ira bien. On a fait ça des centaines de fois, Artie ! Et ce n'est pas pareil avec une bête lampe électrique. Regarde.

Il étendit le bras devant lui, projetant la lumière orangée sur les murs de pierre et les marches qui paraissaient descendre à l'infini devant eux. Son compagnon se mordit la lèvre inférieure, observant avec inquiétude l'endroit où l'escalier disparaissait dans le noir.

– On va se faire attraper, insista-t-il. On ferait mieux de retourner dans la chambre.

– Quoi ? Tu n'as pas confiance en moi ?

Des marches à n'en plus finir dans un de ces petits escaliers en colimaçon, si étroits que deux personnes pouvaient difficilement les descendre côte à côte. Les deux adolescents n'y parvenaient qu'en se pressant l'un contre l'autre, le coude pointu de Sanchez s'enfonçant dans l'estomac de Tim.

Les escaliers.

Encore.

D'un coup, il y eut une voix brisant le silence tranquille, des chaussures cirées sur les marches, et montrez-vous-je-sais-que-vous-êtes-là. Des cœurs qui battaient trop vite et des pas précipités, des passages dans lesquels on s'engouffrait sans regarder où on allait et des éclats de rire essoufflés. Tout devint confus, comme si quelqu'un avait appuyé sur le bouton d'avance rapide d'une télécommande : dans la pénombre, la nuit n'était plus que marches de pierre froide, ombres menaçantes et panique.

Puis Sanchez ? San… Arthur ? Arthur, Arthur !

Oh-mon-Dieu-non, Arthur !

La bougie éteinte. Une forte odeur de cire chaude, qui irritait la gorge et piquait le nez.

Le frêle adolescent aux yeux noirs grands ouverts, son cou formant un angle étrange avec ses épaules en bas de l'escalier.

Peter se redressa, luttant pour reprendre son souffle dans l'obscurité. Il essuya son front couvert de sueur glacée du revers de sa manche et ferma les yeux.

Il avait déjà vu ces garçons. Le cauchemar revenait si souvent ces derniers temps qu'il ne rêvait plus d'Eckhart qu'occasionnellement. Mais le rêve n'avait jamais continué au-delà de leur promenade nocturne dans les couloirs de St-Gabriel auparavant. Maintenant que c'était fait, il aurait préféré en être resté aux interminables escaliers qui l'irritaient tant auparavant.

Il saisit le réveil posé sur sa table de nuit et le rapprocha de son visage. Il n'osa pas allumer la lumière de peur de déranger Simon, qui restait au pensionnat pour la première semaine des vacances – sa sœur était malade et c'était contagieux. Trois heures dix-huit du matin. Il reposa le réveil et laissa sa tête retomber sur l'oreiller.

Il prit alors conscience des draps froids et humides dans lesquels il s'était entortillé en se débattant pendant son sommeil. La sueur avait imprégné tout son lit et faisait coller son pyjama à sa peau. Peter frotta ses avant-bras dans l'espoir d'en faire disparaître la chair de poule et tira sur les couvertures. Il essaya de trouver un endroit sec et se recroquevilla jusqu'à ce que ses genoux touchent quasiment sa poitrine.

Il n'avait pas plus chaud. Et il commençait à avoir une crampe dans la jambe gauche.

Finalement, il repoussa les couvertures et s'assit, pressant ses deux mains contre son visage.

Les rêves étaient devenus de plus en plus explicites au fil du temps. Et aujourd'hui... Penser au corps brisé d'Arthur faisait trembler quelque chose tout au fond de lui. Il posa la tête sur ses genoux, le cœur au bord des lèvres.

Il devait dormir à tout prix. Il n'avait pas besoin des professeurs le retenant à la fin des cours pour savoir si tout allait bien. Pas plus que des commentaires de Connor sur les demi-cercles violacés sous ses yeux rougis, qui lui donnaient l'air de venir du squat de drogués devant lequel ils passaient en car quand ils allaient en ville. Non, il lui fallait juste une nuit de sommeil complète, sans fantôme ni cauchemar.

Est-ce que c'était vraiment trop demander ?

Peter appuya contre sa poitrine, réprimant la sourde colère qui montait en lui. C'était inutile, il n'avait personne à blâmer. Après tout, ce n'était qu'un rêve.

Il grelottait, baignant dans l'atmosphère humide de ce mois d'avril. Le chauffage de l'établissement avait été éteint dix-sept jours plus tôt et les élèves comptaient déjà les heures jusqu'à l'été.

Peter se leva : il ne se rendormirait pas. Il attrapa sa serviette et descendit de la mezzanine, s'arrêtant à chaque barreau pour écouter le souffle régulier de Simon. Il ouvrit silencieusement la porte de la chambre. Sortir après le couvre-feu était interdit, mais à cette heure-ci tout le monde dormait. Peter se répéta qu'il ne risquait rien avant de se glisser dehors.

Ses chaussons à la main, il traversa le couloir désert sur la pointe des pieds jusqu'à la salle de bains. Il referma la porte derrière lui et posa ses affaires sur le banc carrelé avant d'allumer la lumière. Il tâtonnait le long du mur à la recherche de l'interrupteur lorsqu'il s'aperçut qu'il avait oublié de prendre des vêtements. Remettre son pyjama après s'être douché priverait d'intérêt toute l'opération et, même si, théoriquement, personne n'était debout, il ne voulait pas risquer de retourner dans sa chambre en serviette. Avec sa chance, quelqu'un traînerait dans le coin avec un appareil photo. Et il n'était pas prêt à se faire remarquer alors que Matheson et sa bande paraissaient enfin l'oublier : bizarrement, ils s'étaient plutôt calmés depuis que Peter avait crié sur Caldwell dans le réfectoire.

Malgré le froid et le désir de plus en plus pressant de se défaire de ses vêtements, Peter rouvrit la porte sans plus se soucier de l'éclairage.

Il ravala un hurlement en découvrant un vieil homme en costume rouge démodé de l'autre côté du battant. Il s'appuya contre la porte.

– Je te reconnais, toi, souffla-t-il à mi-voix. Tu étais avec les autres devant le bureau d'Eckhart.

Le spectre ne réagit pas, les yeux fixés droit devant lui.

– Qu'est-ce que tu veux, encore ? Crois-moi, il n'y a pas moyen que j'aille…

Peter s'interrompit et tendit l'oreille. Il aurait juré avoir entendu un bruit étouffé. Il baissa les yeux, se concentrant sur son ouïe. Oui, c'était ça : des pas.

Les yeux écarquillés, Peter se cacha derrière la porte, priant pour que ce ne soit pas un surveillant zélé traquant les élèves sortis de leur chambre.

Les pas se rapprochaient. Bientôt, l'inconnu fut juste de l'autre côté du mur. Le bruit s'arrêta brièvement et Peter retint son souffle. Les pas reprirent et une lumière assourdie envahit momentanément le seuil de la salle de bains. Le cœur de Peter battait si fort qu'il avait l'impression que l'inconnu allait l'entendre. Il attendit que les pas se soient éloignés avant de se faufiler hors de sa cachette. Il eut à peine le temps d'apercevoir une silhouette avant qu'elle ne disparaisse à l'angle du couloir. Intrigué, et à présent convaincu qu'il ne s'agissait pas d'un surveillant, Peter avança pour l'épier. Ce ne fut qu'au moment où elle tournait devant l'un des grands miroirs accrochés au mur que Peter reconnut qui c'était.

Il eut un mouvement de recul. McKief ?

Il était responsable des élèves de cet étage, raisonna Peter. Après le désastre de l'incendie, qu'il patrouille pendant la nuit n'était pas surprenant.

Dans ce cas, pourquoi partait-il vers l'escalier ?

Une horrible idée vint brusquement à Peter. Il rêvait d'escaliers depuis des semaines et l'histoire se terminait avec un cadavre. McKief n'avait rien à voir avec Arthur Sanchez, seulement, peut-être que c'était l'un de ces trucs métaphoriques dont Maya parlait toujours et...

La silhouette s'évanouit dans l'obscurité. Peter jura à mi-voix et compta jusqu'à dix avant de lui emboîter le pas, douche et chaussons oubliés.

Le manoir était silencieux et, quand Peter arriva au rez-de-chaussée, il crut avoir perdu la trace de son professeur. Puis il entendit le choc d'une chaise renversée sur les dalles de pierre du réfectoire. L'endroit où se rendait McKief lui apparut de façon évidente : les cuisines, vers l'accès à l'extérieur dont il possédait la clef. Peter était conscient qu'il aurait dû abandonner pendant qu'il en était encore temps et retourner dans son lit. Il risquerait d'énormes ennuis en sortant du manoir après le couvre-feu, sans compter que maintenant que McKief était arrivé sain et sauf en bas de l'escalier principal, le suivre n'avait plus tellement de sens.

Pourtant, Peter pénétra dans le réfectoire, s'accroupissant entre les tables au cas où McKief reviendrait sur ses pas. Ce dernier n'avait pas refermé à clef les deux portes qui menaient au parc derrière lui et Peter sortit à sa suite. Il contracta ses orteils engourdis, regrettant d'avoir oublié de se chausser. McKief avait enlevé ce qui recouvrait sa lampe et elle brillait tel un phare dans la nuit.

Cette filature était si aisée que c'en était inquiétant.

McKief avait ralenti l'allure et balayait à présent les lieux du faisceau de sa lampe. Peter se dissimula derrière un massif d'hortensias et attendit. Le professeur marqua une pause près de la grande cabane à outils. Peter se rapprocha en rampant. Il venait de traverser un chemin de gravillons pointus et il avait l'intuition que le liquide qui coulait sous la plante de son pied droit était du sang. Il mordit l'intérieur de sa joue et essaya de se rappeler s'il lui restait de l'antiseptique. Sa mère lui en avait donné une bouteille au début de l'année scolaire, mais les plaisanteries de Matheson en avait rendu l'usage plus fréquent que prévu.

McKief scruta les environs, puis se glissa derrière l'ancienne serre dans laquelle s'était tenue la fête de Noël.

À l'époque où Maya disait à Peter de se méfier de McKief et où il lui riait au nez. Peter s'arrêta à l'angle de la dépendance, cherchant la lumière des yeux. McKief avait éteint sa lampe, mais Peter perçut un mouvement en direction du gymnase. L'obscurité lui accordait une plus grande liberté de mouvements et il se contenta de demeurer près du sol tandis qu'il progressait au milieu de la pelouse. Guidé par les bruits d'une conversation, il se dirigea vers un buis taillé en cube et se roula en boule derrière l'une des hautes faces.

– Tu n'as rien entendu ? demanda une voix.

Peter identifia instantanément McKief.

– Non. Pourquoi ? Tu crois que quelqu'un t'a suivi ? répondit un homme dont Peter distinguait à peine la position dans la nuit d'encre.

McKief se retourna dans un bruissement de tissu pour regarder derrière lui, geste assez vain dans le noir.

Un brusque haut-le-cœur secoua Peter et les images revinrent en rafales. Il aurait probablement perdu l'équilibre s'il n'avait déjà été à terre.

Non. Pas tout de suite.

Ne bouge pas, ne fais pas le moindre son.

Peter enfouit ses doigts dans l'herbe, essayant d'effacer le visage horrifié de Tim de sa mémoire. Au moment où Arthur Sanchez se retrouvait inerte en bas de l'escalier, l'adolescent d'allure si solide qui se tenait encore debout sur les marches semblait se briser. À la lumière de la lune, son visage était pâle comme un masque de cire.

Du calme.

Peter se mordit la lèvre. Ce n'était pas le moment de penser à Arthur Sanchez. Il ne savait même pas pourquoi il voyait sa mort – il était évident qu'elle s'était déjà produite. Parce que c'était forcément lui, l'adolescent tombé dans l'escalier dont les élèves plus âgés parlaient aux première année pour leur faire peur. Celui dont Maya avait lu l'histoire dans les archives de la bibliothèque. Et Peter voyait encore et encore le visage de ce mince adolescent grotesquement étendu sur le sol et le masque de détresse du blond terrifié, dont les traits étaient si communs que Peter croyait le connaître tout en pouvant jurer du contraire.

– La scène sera fatale ?

Peter reporta son attention sur les deux hommes près de lui, se réprimandant d'avoir laissé échapper une grande partie de leur conversation.

Fatale ?

– Oui, répondit McKief.

L'inconnu jura à mi-voix. Peter se pencha dans sa direction, écarquillant les yeux dans l'espoir de l'apercevoir. La nuit semblait palpiter à lui en donner mal au cœur et se concentrer sur les mots était difficile.

– Même pour lui, ça me paraît un peu extrême. Enfin, on n'a plus le temps, il faut qu'on se débarrasse d'Hailey avant que…

Qu'on se débarrasse ?

Le professeur McKief, celui qui lui avait négligemment suggéré le sujet de la dernière interrogation écrite un jour à l'avance après avoir vu Tyler l'insulter, parlait-il de meurtre ?

– Pas maintenant, coupa McKief. On ne peut pas en discuter ici.

– Mais il reste à peine…

– Pas maintenant, répéta McKief d'un ton sec. Je vous contacterai.

Après cela, Peter ne perçut plus que des bruits indistincts – il plissa les yeux, se pressant au maximum contre le buis, mais fut incapable de distinguer quoi que ce soit.

Finalement, l'interlocuteur de McKief s'en alla. Peter l'entendit s'arrêter à plusieurs reprises, comme s'il s'attendait à ce que McKief le rappelle. Mais celui-ci se contenta d'attendre que l'autre homme se soit éloigné avant de repartir de son côté.

Peter avait la désagréable impression que des puissances supérieures se moquaient de lui. Il était sorti du pensionnat en pleine nuit, *pieds nus* et dépourvu de protection, risquant l'expulsion ou même pire, tout ça pour entendre deux phrases cryptiques. Et… Hailey ? Il secoua la tête. Ce nom lui paraissait familier, sans qu'il parvienne à y associer un visage. Il n'avait jamais eu une très bonne mémoire pour ce genre de chose.

Ni pour le reste, d'ailleurs, s'il en croyait Maya.

Il resserra sa veste de pyjama et rebroussa lui aussi chemin en direction du manoir. Au moins, il avait réussi à ne pas se faire attraper.

Ce ne fut qu'au moment où McKief passa l'angle de la serre et s'engagea dans le chemin de gravier qui conduisait à la porte des cuisines que Peter se souvint que le professeur était le seul à en avoir la clef.

Et qu'il refermerait derrière lui.

29

Cette prise de conscience fit à Peter l'effet d'une douche froide.

Stupide, stupide ! se morigéna-t-il avec panique. S'il était parti plus tôt, il aurait eu largement le temps de se glisser à l'intérieur avant McKief. Maintenant, il était inutile d'essayer. Il faisait noir, mais le chemin qui conduisait au bâtiment principal était en ligne droite et trop court pour que Peter puisse dépasser le professeur sans être vu.

Sans compter que ce dernier venait de rallumer sa torche. Et Peter ne se faisait pas tellement d'illusions sur ses chances de le battre à la course – l'homme était jeune et un seul coup d'œil suffisait pour se convaincre qu'il faisait du sport bien plus régulièrement que lui.

Il lui faudrait donc passer la nuit dehors à attendre que la gardienne déverrouille les portes. S'il était encore capable de bouger quand ce moment viendrait, il n'aurait plus qu'à regagner sa chambre sans se faire repérer.

Et Maya n'était pas là, le laissant seul face au léger

crachin et au visage exsangue de l'adolescent blond dans les escaliers.

Il frémit, repensant malgré lui à ce garçon, Tim. Jamais il n'avait vu une telle expression d'horreur. Le désespoir… Si. Le désespoir, évidemment. Il l'avait vu ce matin-là, neuf ans plus tôt. Devant le corps frêle de Maya sous les draps blancs qui sentaient le désinfectant et que papa avait essayé d'arracher du lit, hurlant qu'ils ressemblaient à un linceul.

À l'époque, Peter n'avait pas compris. Il ne pensait qu'au lac gelé sur lequel il n'aurait jamais dû pousser Maya, et à la façon dont son père l'avait regardé dans la voiture – lorsqu'ils avaient conduit sa sœur à l'hôpital pour la dernière fois. Quand il avait demandé ce que c'était qu'un linceul, sa mère avait détourné la tête sans répondre. Maya le savait sûrement déjà, mais il n'avait pas osé lui poser la question. Peter s'assit dans l'herbe humide et regarda la forme vague de McKief disparaître dans les cuisines.

Hailey…

Il manqua sauter sur ses pieds tellement la révélation le surprit : c'était le nom de l'homme sur lequel portaient les articles de journaux dans le bureau d'Eckhart. Il se traîna à quatre pattes vers un tronc d'arbre, contre lequel il s'avachit, prenant appui sur ses avant-bras.

Hailey. Le type mort.

Oh.

S'il était mort, ça devait être un autre Hailey, pas vrai ? Cependant, ce serait une sacrée coïncidence, que McKief prévoie de tuer quelqu'un qui portait le même nom que celui auquel Eckhart s'intéressait tant.

Ou peut-être qu'il avait mal compris. Après tout, il n'avait fait qu'entrapercevoir le titre des articles et il ne s'en souvenait plus très bien.

Peter se redressa pour se frotter le visage, avant de réaliser qu'il y étalait ainsi la crasse accumulée sur ses paumes. Il faisait vraiment froid pour un mois d'avril, et il ne sentait plus du tout ses pieds. Il les massa pour faire circuler le sang. La sensation de dizaines de petites épingles perçant ses veines le fit grimacer, mais c'était toujours mieux que l'inquiétant engourdissement.

Était-il possible de mourir de froid au printemps ?

Il se releva et se mit à faire les cent pas dans l'espoir de se réchauffer. Pour autant que quelqu'un d'autre que lui soit encore debout, personne ne le verrait dans le noir. Et il faisait trop froid pour rester assis. D'ailleurs, si son index gauche ne parvenait pas à se plier d'ici peu, il n'aurait plus qu'à se faire greffer un membre articulé en métal.

Il doutait que l'infirmière scolaire accepte de s'en occuper en toute discrétion.

Une demi-heure plus tard, son doigt semblait sauvé et Peter croyait mourir d'ennui. Il bâillait constamment, tant qu'il voyait flou, et il aurait donné n'importe quoi pour avoir pris ses devoirs avec lui.

Son ventre gargouilla misérablement et Peter grogna. L'ironie voulait qu'il ait été enfermé juste devant les cuisines ! Il regarda son poignet avant de se souvenir qu'il n'avait pas sa montre. Il avait l'impression d'être là depuis des heures, voire des jours.

Peut-être une heure et demie.

Ce qui laissait trois heures avant que la gardienne ouvre les portes et débranche l'alarme de l'entrée principale.

Il ne tiendrait pas trois heures, il perdrait la raison avant, paniqua-t-il, enfonçant les mains dans ses poches pour les réchauffer. En désespoir de cause, il avança jusqu'à la porte derrière laquelle McKief avait disparu.

Pour aller se coucher. Au chaud. Dans un lit.

Il murmura une courte prière et appuya sur la poignée, sachant qu'il avait l'air idiot. Puis il eut l'air encore plus idiot.

Parce que la porte s'ouvrit.

Maya riait si fort que si elle avait eu besoin de respirer, elle se serait sans doute étouffée. Peter, malgré son air renfrogné, ne put réprimer un frémissement de ses lèvres en se remémorant sa nuit mouvementée.

– C'est étrange quand même, remarqua-t-elle, une fois qu'elle eut recouvré son calme. Ça ne colle pas. Je veux dire, quand tu te glisses dehors à trois heures du matin pour planifier un meurtre, tu fais au moins attention à refermer la porte derrière toi, non ?

– Ouais, concéda Peter. D'un autre côté, il était sûrement fatigué. Ou stressé – à sa place, j'aurais été stressé.

Maya le dévisagea avec incrédulité : il arrivait que la stupidité des remarques de Peter la surprenne encore.

– Et « la scène sera fatale », ça n'a aucun sens. Donc, reprit-elle après avoir réfléchi, il veut tuer un type qui s'appelle Hailey et qui est allé en prison mais qui est *a priori* déjà mort ?

– Je sais pas. Ouais ?

– Et Movaisogur montrait Eckhart, ajouta Maya, pensivement.

– Non, rétorqua immédiatement Peter. Il n'est pas question que je me mêle d'une affaire de meurtre.

– Peter…

– Non. Plus jamais.

Maya n'avait rien à répliquer. Surtout avec Caldwell dans les parages. Elle jura intérieurement. Pourquoi fallait-il qu'il ait réapparu ? N'en avait-il pas assez fait ?

Jouer sur la culpabilité était sa dernière option et, en examinant le visage de son frère, marqué par tout ce qu'aucun vivant n'aurait dû voir, Maya n'était d'un coup plus certaine que cela en vaille la peine.

Mais il était trop tard. Peter était trop impliqué pour faire machine arrière sans dommage.

– Tu comptes laisser cette personne mourir sans intervenir ?

Peter tourna la tête vers la fenêtre. La lumière pâle filtrant à travers les rideaux bleus accentuait les cernes presque noirs sous ses yeux et les lignes qui creusaient son visage de façon effrayante.

– Je ne sais même pas de qui il s'agit, répondit-il, sur la défensive.

– C'est *Eckhart* que Movaisogur désignait, et il est toujours vivant, répliqua-t-elle.

– La dernière fois, il montrait le proviseur Miller, je te signale. J'ai essayé de le sauver et sa fille était déjà morte. Qu'est-ce qui me dit qu'Hailey n'est pas le cousin mort d'Eckhart ?

– Eh bien, le fait que McKief veuille s'en débarrasser suggère qu'il est toujours vivant. Et le sang ne remplit pas le vase inférieur du sablier, expliqua Maya d'un ton professoral qu'elle regretta d'avoir pris à la seconde où le visage de Peter se tordit de colère.

– Oh oui, pourquoi je m'inquiète, puisque le *sang ne remplit pas le sablier* ? singea-t-il d'une petite voix aiguë que Maya trouva insultante. McKief pourrait vouloir se débarrasser d'un cadavre ! Tu as envisagé ça ?

Maya devait avouer que non. Elle masqua son désarroi, décidant de persister sur le chemin de la culpabilité. Peter était têtu comme une mule, mais au fond, c'était un de ces gentils garçons qui finissaient toujours par se laisser fléchir.

– Tu vas vivre avec ? questionna-t-elle avec une indifférence calculée. Si Eckhart ou un autre meurt, tu seras capable de supporter les rêves et le reste ?

– « Les rêves et le reste » ne partiront pas, gronda-t-il. N'essaye pas de me faire la morale, tu ne peux pas comprendre ce que je ressens.

– Je ne peux pas comprendre ? répéta Maya. Je sais que tu as oublié la date de ma mort, mais je ne pensais pas que tu l'avais oubliée tout court.

Peter ouvrit la bouche, horrifié. Il avait oublié. Il avait oublié l'anniversaire de la mort de Maya.

– Quel jour ? questionna-t-il.

– Hier.

Il se pencha, enfonçant ses mains dans ses cheveux.

– Pourquoi tu n'as rien dit ?

Il paraissait si écœuré que Maya regretta d'en avoir parlé. De toute façon, le jour où sa vie s'était achevée n'aurait pas dû avoir d'importance – qu'est-ce que cela changeait, qu'il s'en rappelle ou pas ?

– Ce n'est pas grave, le rassura-t-elle.

Il lui jeta un regard de doute par-dessous sa frange.

– Bon, d'accord, j'étais furieuse et j'espérais que tu t'en souviendrais. Mais je m'en remettrai.

– Et moi qui croyais que maman se débarrassait de moi pour utiliser ma chambre pendant les vacances !

Peter eut un rire amer.

– Pourquoi elle n'a pas voulu que je vienne ? J'ai toujours été là pour…

Maya s'agenouilla à son niveau.

– Tu es avec moi tous les jours, tu n'as pas besoin de fleurir ma tombe pour montrer que tu penses à moi.

– Mais, papa et maman…

Il leva vers elle un regard perdu.

– J'ai l'impression qu'ils ont enfin compris. Ils n'ont pas voulu te l'imposer et ils ne sont pas prêts à me laisser partir. Pas encore, expliqua Maya.

– Ils auraient pu se contenter de ne pas m'emmener au cimetière, contra Peter.

– Ils ont prévu plus qu'un bouquet de chrysanthèmes – j'ai vu des brochures dans le secrétaire de leur chambre : leur groupe de soutien préconise d'organiser une cérémonie pour la neuvième année. Je crois que c'est une des étapes dans le cheminement du deuil.

– Quel ramassis de conneries, marmonna Peter entre ses dents.

Maya était plutôt d'accord. Elle n'avait pas assisté à cette célébration morbide. Elle n'avait pas la moindre idée des phrases prononcées en son honneur ou de l'encens brûlé devant des photographies auxquelles elle ne ressemblait plus. Elle ne voulait pas songer au nombre de familles qui perdaient leur argent, leur temps et leurs larmes pour les esprits silencieux qui hantaient le monde sans le voir.

– Je te pardonne. Sérieusement, promit-elle. Tant qu'on y est, je te dispense de cimetière jusqu'à ce qu'on t'y enterre. Mais Hailey, lui, est en vie. Tu dois essayer, il le faut.

– Non ! s'exclama Peter, remords oubliés. J'en ai assez de tout ça et…

– Baisse d'un ton ! Tu vas réveiller Henlich, coupa Maya.

Peter se pencha vers la balustrade, toutefois incapable de voir le lit de Simon depuis le sol de la mezzanine.

– Il dort comme une souche, le rassura Maya. Et ne crois pas que je vais te laisser changer de sujet. Est-ce qu'on peut au moins essayer de voir plus clair dans tout ça ?

Peter acquiesça avec une évidente mauvaise volonté.

– D'accord. On va dans la salle informatique, commanda-t-elle. Prends de quoi écrire.

Peter s'exécuta sans se plaindre, ce qu'elle trouva presque préoccupant. Il se glissa hors de la chambre et ne s'arrêta qu'une fois sur le seuil de la salle dans laquelle s'alignaient une douzaine d'ordinateurs flambant neufs. Il froissa nerveusement la feuille de papier qu'il avait emportée tandis qu'il se battait la cuisse du bout d'un crayon à papier mâchonné.

– Et si… Si c'est quelque chose de vraiment moche ?

Maya sourit d'une façon qu'elle espérait apaisante.

– On va récapituler ce qu'on sait et on va chercher qui est Hailey. Après… après, on prendra une décision.

Peter hocha mécaniquement la tête et alla prendre

place sur une des chaises. Les rangées d'écrans éteints paraissaient inquiétantes dans la lumière de l'aube.

– Allume l'ordinateur, dit Maya.

Peter pressa le bouton situé sur l'unité centrale et lissa la feuille de papier.

– Faisons une liste, reprit-elle. Il y a eu l'incendie.

Peter acquiesça et marqua docilement « incendie » sur la feuille.

– Les esprits dans le bureau d'Eckhart, avec les articles sur Hailey, ajouta-t-il. Et Movaisogur.

– Les rêves, continua Maya, comptant sur ses doigts. Avec « i-1-7 » et une histoire de prêtre…

– D'apôtre, coupa Peter. Et le rêve avec les escaliers.

– Ah oui, les escaliers. Tu es sûr qu'il a un rapport avec le reste ?

– Un rêve que j'ai fait douze fois en moins d'un mois ?

Le visage de Peter s'assombrit.

– Ça ne va pas ? demanda Maya.

Il était si frêle et si pâle à la clarté du soleil levant. Pendant une horrifiante seconde, Maya pensa qu'il lui ressemblait, juste avant que les médecins annoncent à ses parents qu'il n'y avait plus rien à faire.

– Il s'est terminé. Le rêve, précisa-t-il.

– Et ?

– Arthur Sanchez meurt à la fin.

– Quoi ? Comment ?

– Ce n'est pas très clair. Ils sont dans l'escalier, lui

et Tim. Il y a des bruits et ils se mettent à courir. Ensuite, il tombe. Je crois. Et le visage de l'autre garçon, c'était...

Il se tut, comme s'il s'était étranglé avec ses propres mots. Maya le dévisagea. Il avait l'habitude de la mort, pourtant – il vivait pratiquement avec !

– L'expression de son visage, reprit-il d'une voix basse. C'était celle qu'avait papa quand tu es...

– Arrête ! Ce n'est pas le moment.

Jamais, pensa-t-elle. *On ne parlera jamais de ça !*

– Il avait l'air vide, perdu et... Comme si tout venait de disparaître et qu'il ne savait plus rien faire d'autre que rester debout.

– La dispute, dit Maya, doucement.

Tiré de sa rêverie, Peter cligna des paupières.

– Quoi ?

– La dispute entre McKief et Eckhart, dans le couloir, dit Maya en désignant la feuille.

Peter s'apprêta à protester. Puis il se ravisa et écrivit.

– La blessure à la main d'Eckhart, ajouta-t-il. Et McKief avec le type hier soir.

Il écarta le crayon de la feuille d'un grand mouvement du poignet, tel un maître achevant son chef-d'œuvre. Il scruta un instant la liste, avant de la reposer sur la table.

– Désolé, ça ne me paraît pas plus clair.

– Ça ne colle pas, dit soudain Maya. McKief tuant Eckhart, je veux dire.

– Pourquoi ? Ils se détestent, ça se voit. À chaque repas, Eckhart regarde McKief comme s'il s'imaginait sortant les yeux de son crâne avec une petite cuillère.

Maya pencha la tête sur le côté.

– Ne pas apprécier un collègue me paraît un peu léger dans le genre mobile de meurtre. Et il a eu des milliers d'occasions, en huit mois, répondit-elle. McKief a même eu le scénario idéal en se retrouvant seul avec lui dans l'incendie, mais il l'a *sauvé*. Pourquoi il l'aurait fait s'il avait l'intention de l'éliminer ?

Peter haussa les épaules, l'air peu concerné.

– Qu'est-ce que j'en sais ? Peut-être que, pour son cerveau tordu, les types dont le nom commencent par un « e » doivent mourir en avril.

Maya eut un reniflement amusé.

– Il n'a pas franchement le profil d'un tueur en série. Et McKief ne me fait pas l'impression d'être un désaxé – il est un peu timide, mais assez normal pour un prof.

– C'est toujours ce qu'ils disent du meutrier avant qu'il ne les étrangle dans leur sommeil. Et je croyais que tu ne l'aimais pas.

– Ça ne fait pas de lui un tueur.

Elle réfléchit un instant.

– Mais quel est le lien avec les garçons dans les escaliers ?

– D'anciennes victimes ? suggéra Peter.

– Le garçon n'est pas tombé ?

Peter eut un soupir de frustration.

– Regarde pour Hailey, dit Maya, désignant l'ordinateur.

Peter se connecta à un moteur de recherche et tapa "Hailey".

– Son nom, c'était Fabien, ou quelque chose comme ça. Maladie de Hailey-Hailey ; ville d'Hailey... Ah ! « *Damien Hailey tué : l'Association de soutien des prisonniers dénonce l'insécurité dans les prisons !* », lut-il à voix haute.

Il cliqua sur le lien et déplaça sa chaise pour laisser Maya lire par-dessus son épaule.

« *Damien Hailey a été tué en détention, a annoncé mardi un porte-parole de la police. Quelques jours seulement après son témoignage décisif contre Jeremiah Swans, le « repenti » de la secte des Guerriers du Temple a été étranglé par un autre prisonnier dans des circonstances encore non élucidées.*

Vendredi dernier, Hailey a en effet dénoncé publiquement la manipulation mentale exercée par Swans sur les « Guerriers ». Il a confirmé sous serment les accusations pesant sur Swans sous les chefs d'extorsion, de prostitution et de trafic de drogues. La police enquête aujourd'hui encore sur plusieurs dizaines de meurtres dont Swans aurait été le commanditaire. Hailey a déclaré avoir été victime d'un lavage de cerveau et il a présenté ses excuses à la famille de Gina York, dont l'exécution avait conduit à son arrestation (cf. notre article du 08/12), avant de se retirer dans l'attente de son propre procès.

Le président de l'agence de répression de la grande criminalité organisée a déclaré que « toute la lumière serait faite sur cette affaire » et a promis que le témoignage qui a vraisemblablement coûté la vie à Damien Hailey ne serait pas vain. »

Peter posa les coudes sur la table avec un grognement.

C'est une sale affaire. Une très sale affaire. Un meurtrier était mort et il s'agissait d'une histoire de secte.

Maya s'assit sur une chaise.

– Tu sais, dit-elle d'un ton hésitant, j'ai vu Edward donner de l'argent à Eckhart.

– Edward ? Depuis quand Matheson est devenu « Edward » ? Et qu'est-ce que tu entends par « de l'argent » ?

– C'est trop compliqué de continuer à les appeler Matheson tous les deux, expliqua Maya, ayant le curieux sentiment d'être en train de mentir. Et pas mal de petites coupures.

Peter se redressa, soudain menaçant.

– Combien ?

Maya força une expression innocente sur son visage.

– Deux cents livres ?

– Et tu comptais m'en parler quand ? questionna-t-il, plus fort.

– Je t'en parle maintenant !

– Tu as essayé de me faire devenir ami avec un type qui refile du fric à un prof obsédé par un tueur mort ?

Merde, Maya, je t'avais dit que je n'avais pas besoin de ça ! Il va y avoir un meurtre – peut-être même qu'il y en a déjà eu un – et Caldwell m'a surpris en train de discuter avec un dealer !

– Je ne suis vraiment pas convaincue qu'il…

– Ça m'est égal ce dont tu es convaincue ou pas ! Si tout recommence, papa et maman ne voudront plus me voir.

L'affirmation résonna étrangement dans le silence.

Voilà, songea Maya. *Des semaines pour arriver au nœud du problème.*

– Ils ne feraient pas ça, assura-t-elle d'une voix ferme. Tu es leur seul enfant.

Le visage de Peter s'était refermé – il ne la croyait pas. Elle n'était pas sûre de le croire elle-même, ils étaient parfois si difficiles à comprendre.

Peter écrivit quelques mots sur la feuille de papier et posa le crayon sur la table.

– C'est tout ou tu m'as caché autre chose ? demanda-t-il d'un ton mordant.

– C'est tout.

Maya se pencha pour lire la liste :

– Incendie

– Blessure à la main (Eckhart)

– Movaisogur (Eckhart)

– Rêve 1 : apôtre ; I 17

– Rêve 2 : escaliers (Tim et Arthur Sanchez)

Maya relut les deux dernières lignes et jura.

– Peter, tu n'es qu'un pauvre idiot ! affirma-t-elle en se levant. Un, dix-sept, Peter ! *Apôtre, Un*, dix-sept !

– Quoi ?

– Hailey faisait partie d'une secte, dit Maya. Un groupe à caractère religieux ! Henlich a une Bible, non ?

– Une Bible, répéta Peter. Oui, sur sa table de nuit, mais…

Maya ne l'écoutait déjà plus.

– Non, pas la peine, le coupa-t-elle. Tape « Apôtre I, 17 », commanda-t-elle.

Apôtre.

Actes des apôtres.

Actes des apôtres I, 17.

Comptez sur Peter pour ne pas reconnaître un chiffre romain !

Il cliqua sur le lien correspondant. La porte de la salle informatique s'ouvrit d'une poussée et Peter se retourna brusquement, faisant choir le crayon de papier. Maya continua à lire :

– *Il avait rang parmi nous et s'était vu attribuer une part dans notre ministère.*

– M. Klast ?

Le professeur McKief se tenait sur le seuil de la pièce, cheveux blonds emmêlés et cravate de travers. Il jeta un coup d'œil sur l'écran de l'ordinateur et se figea.

– Vous venez avec moi, dit-il.

Peter se leva précipitamment pour le suivre : il avait l'air peu disposé à patienter et Dieu savait de quoi il était capable.

Il avait rang parmi nous… Et voilà que, s'étant acquis un domaine avec le salaire de son forfait, cet homme est tombé la tête la première et a éclaté par le milieu, et toutes ses entrailles se sont répandues.

30

Peter regardait la route défiler avec anxiété. McKief n'avait pas dit un mot depuis qu'il l'avait fait monter dans la voiture, environ un quart d'heure plus tôt. Maya elle-même paniquait.

– Demande-lui où on va, dit-elle.

Peter renifla avec dédain. Il avait posé la question. Plusieurs fois. McKief l'avait systématiquement ignoré.

– Tu crois… tu crois que tu serais capable de sauter de la voiture à un virage ? hasarda-t-elle, se tordant les mains.

Il fallait vraiment qu'elle soit inquiète pour suggérer quelque chose d'aussi bête, songea Peter. Il croisa étroitement les bras contre sa poitrine, comme si cela pouvait le protéger du tueur fou potentiel enfermé avec lui dans la voiture.

– Peter, si c'est un assassin…

– On est bientôt arrivés. Tu vas me suivre gentiment, d'accord ? dit McKief.

Peter tourna la tête vers lui, mais il continuait de

fixer la route de ses yeux verts injectés de sang.

– Il ne semble pas agressif, consola Maya. Et on est en ville, donc il ne doit pas avoir l'intention de te découper en morceaux dans un fourré, avant de te disperser dans la forêt pour que les bêtes sauvages fassent disparaître les traces.

Peter respira à fond. Il regrettait sincèrement que Maya n'ait aucune interaction humaine : sa perception de « la chose à dire » était parfois erronée de façon alarmante.

McKief ralentit sans prévenir et gara la voiture en créneau entre deux véhicules. Maya se pencha.

– Eh, mais c'est…

– Tu vas descendre de voiture et entrer dans le commissariat sans faire d'histoires, reprit McKief, coupant Maya.

Peter sortit de la voiture sans chercher à comprendre. McKief lui attrapa le bras, y imprimant une pression ferme, et l'attira vers l'entrée du bâtiment. À peine eurent-ils mis les pieds à l'intérieur que McKief demandait l'inspecteur Caldwell.

Peter en conclut qu'il ne mourrait probablement pas, mais qu'il allait avoir de très gros ennuis.

Peter tapotait nerveusement sur la table métallique. Malgré l'exaspération palpable de Maya, il avait déjà tapé le rythme d'*All You Need Is Love* et de *Paint it Black* en entier. Après leur arrivée, McKief et Caldwell s'étaient serré la main, comme les meilleurs amis du monde. Une femme policier en uniforme avait ensuite emmené Peter dans une salle dépourvue de fenêtre où elle lui avait posé des tonnes de questions sur ce qu'il savait d'Hailey et de l'incendie. Peter avait dit la vérité, bien sûr. Du moins, tous les aspects de la vérité qui n'impliquaient ni fantômes ni rêves étranges. Il avait expliqué avoir trouvé par hasard les articles de journaux dans la sacoche d'Eckhart, avoir vu McKief la veille alors qu'il était allé prendre une douche et l'avoir suivi dehors « par curiosité », puis avoir fait une recherche sur Hailey à la suite de la conversation qu'il avait entendue.

Ensuite, la femme était partie, le laissant assis sur l'une des trois chaises arrangées autour d'une table grise à l'allure solide. Il commençait à craindre de mourir de faim. Ou de déshydratation.

– Peter, regarde l'horloge ! Ça ne fait que quinze minutes qu'on est là – tu as encore de belles heures devant toi. Mais si tu veux, je peux aller voir ce qui se passe, proposa Maya.

– Non !

Peter serra les dents. Il avait peur et Maya n'avait pas intérêt à l'abandonner seul dans cette pièce.

– Ça ne prendra qu'une seconde, insista-t-elle.

– Pas question, dit-il. Si tu sors d'ici, je ne te parlerai plus jamais !

Maya parut décontenancée par sa véhémence, mais il n'en avait cure. Elle était tout ce qu'il avait pour le moment et il comptait bien s'accrocher à elle jusqu'au bout.

Enfin, l'inspecteur Caldwell vint. Il referma sans hâte la porte derrière lui et s'assit près de Peter.

– Vous vous trompez, je n'ai rien fait, dit immédiatement ce dernier.

Caldwell eut un instant l'air surpris, puis amusé.

– Ah, je sais. Ce n'est pas pour ça que tu es là.

– Vous... vous savez ? répéta Peter, abasourdi.

– Oui.

Caldwell eut la grâce de paraître embarrassé.

– Il semblerait que j'ai fait une petite erreur au sujet de l'incendie.

Il écarta légèrement son pouce de son index pour illustrer ses propos. Peter était trop déconcerté pour être en colère.

– Pourquoi je suis là, alors ? Vous ne devriez pas écouter McKief. Je l'ai entendu dire qu'il allait assassiner quelqu'un pendant... une scène ou quelque chose, affirma-t-il, sa voix faiblissant à chaque mot.

Caldwell se mordit la lèvre, avant d'éclater franchement de rire.

– Je vois pas ce que ça a de drôle, répliqua Peter, insulté.

– Si, si, répondit Caldwell entre deux éclats de rire. C'est très drôle, au contraire. Bon, tu vas rester là un moment et ensuite, je te raccompagnerai à l'école. Tu veux un soda ou un truc à manger ?

– Quoi ? Vous n'allez même pas m'expliquer pourquoi je suis là ? Et McKief ? Vous n'allez pas l'arrêter ? Lui et ce type veulent tuer Hailey ! Même si Hailey est déjà mort.

Peter se tut, conscient que ses propos n'avaient aucun sens. Quel était le lien entre McKief et Hailey ? Est-ce que Caldwell pensait qu'il était mêlé à tout ça ? Il voulut jurer qu'il n'avait jamais dit une prière de toute sa vie, sans parler d'entrer dans une secte, mais le préciser maintenant semblait une mauvaise idée.

– Tu devrais tout savoir, pourtant, commenta Caldwell en se levant. Puisque tu parles aux esprits.

Peter rougit. Il réprima une violente envie de frapper l'inspecteur, sachant que celui-ci n'attendait que cela pour lui causer les pires ennuis.

– Raconte-lui le rêve avec Eckhart, conseilla Maya.

– J'ai fait un rêve, dit Peter.

– Ah, toi aussi… Est-ce que, par hasard, ce serait celui où les jeunes délinquants mythomanes vivraient dans un pays où ils seraient jugés, non sur leur casier judiciaire, mais sur leurs capacités ? l'interrompit Caldwell.

Peter le fusilla du regard.

– Il y avait Eckhart près de l'incendie. Il grattait une inscription sur le mur avec ses ongles : I, 17. Il parlait aussi d'un apôtre. Comme dans la Bible, et…

– Un apôtre ?

Caldwell secoua la tête.

– Tu me fais perdre mon temps, gamin. Attends ici bien sagement et je promets qu'on finira par te faire sortir. Tôt ou tard, ajouta-t-il après une pause.

Il tourna le dos à Peter, ignorant le regard de pure haine rivé sur son crâne.

– Je le suis, annonça Maya.

Elle se faufila hors de la pièce avant que Peter ait pu protester.

Un quart d'heure plus tard, Peter, affalé sur la table, se demandait quels crimes il avait commis dans une vie antérieure pour se retrouver à regretter ses devoirs deux fois dans la même journée.

– Inspecteur ! Inspecteur Caldwell !

Une jeune femme blonde aux cheveux courts arriva, hors d'haleine, dans le bureau où Caldwell s'était livré aux activités les plus futiles durant les quarante-cinq dernières minutes. Si Maya ne se trompait pas, il avait perdu sept fois de suite au solitaire contre son ordinateur, avant d'envoyer l'un de ses subordonnés lui chercher un café avec du lait et trois sucres. Il avait ensuite choisi un nouveau fond d'écran.

Caldwell attrapa un dossier et l'ouvrit pour dissimuler ses gribouillages en cours, que Maya aurait personnellement classés dans la catégorie « art très abstrait ».

– Quoi ? aboya-t-il, comme s'il avait été interrompu au milieu d'une tâche cruciale.

– Pardon de vous déranger, inspecteur. McKief est revenu et il a amené Hailey avec lui…

Caldwell se leva, envoyant son gobelet en plastique vide rebondir sur le sol.

– Quoi ? répéta-t-il plus fort. Où est-il ? Et le plan ? Ah, je savais qu'il n'y avait que des imbéciles… Une unité spéciale ! L'élite, hein ? Même pas foutus de rester en planque pendant vingt-quatre heures, marmonna-t-il en sortant de la pièce en trombe.

Unité spéciale ? McKief faisait partie de la police ? Voilà au moins qui expliquait sa présence dans le commissariat.

Maya suivit de près l'inspecteur, alors que la femme le guidait jusqu'à une salle similaire à celle dans laquelle se trouvait Peter. Si Hailey était là, elle serait sûrement en mesure d'en apprendre davantage.

La porte de la cellule s'ouvrit, révélant McKief et Eckhart. Caldwell ne paraissait pourtant pas le moins du monde surpris.

– Professeur Eckhart.

Le sourire tendu de Caldwell se fit féroce.

– Ou peut-être que je devrais t'appeler Hailey, au point où on en est.

– Programme de protection des témoins, tu parles ! marmonna Hailey. N'importe quel inspecteur de province peut avoir accès à mon dossier.

Caldwell avait l'air exaspéré. La pique sur l'inspecteur de province avait de toute évidence touché un point sensible.

– L'intervention de l'inspecteur Caldwell lors de l'incendie menaçait ma propre enquête, expliqua McKief. J'ai été contraint de l'informer de la situation ou il aurait anéanti des mois de travail.

– Un travail ? Quel travail ? cracha Hailey. Arrêter d'honnêtes citoyens et mettre le nez dans leur valise de sous-vêtements ? C'est ça que vous appelez « réprimer la grande criminalité » ?

Caldwell se tourna vers McKief et inclina la tête vers la porte.

– Je pense que vous et moi avons à discuter dehors.

– Inutile, répondit McKief.

– Et le… le plan ? grinça Caldwell.

– Je crois que c'est un peu tard pour « le plan », dit McKief. Par contre, j'apprécierais que M. Hailey m'explique pourquoi il était en train de quitter St-Gabriel avec tous ses bagages quand j'y suis retourné.

– Quoi ? Ça n'a pas de sens ! C'est demain ! Pourquoi s'en irait-il aujourd'hui ? protesta Caldwell.

Il lança un regard accusateur à celui que Maya avait jusqu'alors connu sous le nom d'Eckhart, comme si partir était une sorte de crime contre l'humanité. Puis un éclair de compréhension passa sur son visage.

– Vous avez fichu votre couverture en l'air, c'est ça ? lança-t-il en direction de McKief. J'aurais dû m'en douter, même le *gamin* a réussi à vous filer.

– Sa couverture ? intervint Hailey. Je n'ai pas attendu

de savoir qu'il était flic pour filer ! Quoi, vous pensiez que j'allais rester là jusqu'à ce qu'ils me tuent ?

Caldwell fronça les sourcils, mais McKief le fit taire avant qu'il ne recommence à divaguer.

– C'est ça, justement. *Il* – McKief indiqua Hailey d'un vague signe de main – prétend être menacé de mort. Ses anciens amis.

– Bien tenté, commenta Caldwell, s'adossant au mur. Non, vraiment, c'est très malin de ta part. Mais on sait ce que tu mijotes. Ça fait des mois que l'agent McKief te surveille.

– Je ne vois pas de quoi vous parlez ! s'exclama Hailey.

– Nous n'avons pas encore eu le temps de discuter des détails, expliqua McKief. Je l'ai amené directement ici. Je sais que ce n'est pas de votre juridiction, seulement, on vous doit bien une explication. Après tout, vous êtes toujours chargé de l'affaire de l'incendie.

Caldwell acquiesça avec raideur.

– De quoi m'accusez-vous ? questionna Hailey.

– L'incendie, Hailey, dit Caldwell. Ça te rappelle quelque chose ?

– Quoi ? Je suis là pour ce foutu *feu* ? Je n'y suis pour rien. Attendez, vous ne me croyez pas assez stupide pour allumer un incendie juste devant mon propre bureau !

– Ah oui ? Et j'imagine que la secte, ce n'est pas toi non plus ?

Caldwell marqua une pause.

– Évidemment, tout ça n'est rien à côté du meurtre, ajouta-t-il.

Hailey eut un mouvement de recul qui ressemblait à un sursaut.

– Un meurtre ? Attendez, de quoi est-ce qu'on parle ? Je n'ai tué personne depuis…

– Oui, c'était déjà ce que vous juriez quand on vous a interrogé sur la mort de Gina York. Vous vous souvenez ? questionna McKief.

Hailey fit mine de se lever et Caldwell avança d'un pas, le surveillant avec méfiance.

– Le meurtre de qui ? Personne n'est mort ! Le seul qui va être assassiné, ici, c'est moi !

– Jerry Zebrowsky. Non ? Ça ne vous rappelle rien ? Brun, la quarantaine, avec un avion tatoué sur l'omoplate droite. Un flic, dit McKief.

Il sortit une photographie de sa poche et la posa sur la table. Hailey regarda l'image, l'air perdu.

– Je ne sais pas… Vraiment. J'ai jamais vu ce type et j'ai jamais tué de flic. J'ai quitté le programme de protection des témoins et je me suis caché. C'est tout ! J'ai enseigné les maths, nom de Dieu !

McKief l'observa avec attention, comme s'il espérait saisir ce qui se passait à l'intérieur de son crâne.

– Je ne demande qu'à vous croire, dit-il. Mais vous avouerez que c'est une sacrée coïncidence qu'il soit mort juste au moment où il venait de retrouver votre trace. L'imbécile était allé vérifier l'information tout seul, ajouta-t-il avec une pointe de regret. C'était tout à fait son genre.

– Alors c'est pour ça ?

La voix d'Hailey trembla.

– Écoutez, je suis désolé pour votre ami, mais je n'y suis pour rien. Ce sont *eux*, les hommes de Swans. Moi, je n'ai tué personne : j'ai changé !

McKief prit place sur une chaise en métal et croisa les bras.

– Je vous écoute, dit-il. Expliquez-moi ce que vous faites à St-Gabriel, à « enseigner les maths », et pourquoi vous vous sauviez ce matin, puisque vous êtes innocent.

Hailey déglutit et reposa ses coudes sur la table. Il joignit les mains et contempla ses doigts d'un regard fixe.

– C'était à peu près trois ans après qu'on m'a installé sous l'identité d'Henri Patterson. Au début, ce n'était pas grand-chose, juste des articles envoyés par la poste. Tous sur le procès. J'étais inquiet, bien sûr, et quand ils ont commencé à les glisser sous ma porte, j'ai appelé le numéro que m'avait laissé le type du programme. Uniquement en cas d'extrême nécessité, il avait dit.

Il passa la main dans ses cheveux noirs, que Maya soupçonnait désormais d'être teints.

– Ils m'ont donné une autre identité, une autre maison, d'autres papiers, un nouveau masque et « bonne chance, monsieur Hailey ! »

Caldwell se redressa de toute sa hauteur et Maya fut étonnée de constater que c'était *McKief* et pas Hailey qu'il dévisageait.

– Tout est redevenu normal. Enfin, si on peut appeler ça comme ça. Puis un matin, en me réveillant, j'ai trouvé un article sur ma table de chevet. À l'époque, je croyais qu'il s'agissait d'un maître chanteur, même s'il n'avait encore formulé aucune exigence. Et le seul moyen pour cette personne de m'avoir retrouvé aussi rapidement aurait été…

– De passer par le programme, compléta McKief. Vous avez pensé qu'un membre du programme de protection des témoins voulait utiliser votre passé contre vous.

Hailey acquiesça.

– Je me suis sauvé. J'ai voyagé, j'ai repris des études. J'ai travaillé comme un esclave pour me payer une autre séance de chirurgie et une teinture qui est en train de faire tomber ce qui me reste de cheveux. Finalement, l'Angleterre me manquait et j'ai imaginé qu'après tout ce temps… Je suis revenu enseigner. J'ai souvent changé d'établissement. La seule condition était qu'ils soient dans des endroits paumés, là où personne ne viendrait me chercher. Quand je suis arrivé à St-Gabriel, j'ai cru que j'étais tiré d'affaire. Et voyez ce que ça a donné ! Même les flics m'ont retrouvé !

– Je ne suis pas sûr de vous suivre, répondit McKief. Qu'est-ce qui s'est passé ?

Hailey frotta ses bras comme s'il avait froid.

– Les lettres ont recommencé. Ensuite il y a eu les insectes. C'est là que j'ai compris que ce n'était pas un simple maître chanteur : c'étaient *eux*, les Guerriers du Temple.

– Des insectes ? répéta Caldwell.

– Oui, comme dans les châtiments bibliques. Vous savez, les Égyptiens, Moïse et tout ça ? Je n'ai jamais vraiment lu la Bible, juste les *Tables du Temple*, mais tout le monde connaît ça : les sauterelles, les moustiques et les taons. Tout ça s'est retrouvé dans ma chambre au mois d'octobre. Après les vacances d'automne, j'avais le visage et les mains si enflés que j'aurais pu aller à la fête d'Halloween sans déguisement.

Caldwell n'essaya pas de dissimuler son amusement. Hailey l'ignora.

– Bon, il y a eu des insectes dans votre chambre. La belle affaire, dit l'inspecteur.

– Vous ne les connaissez pas. C'est très typique de leur part de faire traîner en longueur en envoyant des « avertissements ». Mais vous avez raison, ça aurait pu être n'importe qui. Sauf qu'il y a eu des messages. Beaucoup de messages, dit-il.

McKief acquiesça, et il était évident qu'il avait lu au moins certains d'entre eux.

– Il y a aussi eu ça, continua-t-il en présentant les paumes de ses mains aux deux inspecteurs.

Maya elle-même tressaillit. Des entailles à divers

stades de cicatrisation parsemaient sa peau. Elle avait vu Hailey bander et désinfecter ses mains régulièrement, cependant elle ne s'était jamais rendu compte de l'ampleur des dégâts.

– Qu'est-ce que c'est ? demanda Caldwell.

– Oh, un autre *message*, je suppose. Ces dernières semaines, des lames de rasoir sont mystérieusement apparues dans mes affaires : entre les pages d'un livre, dans mon portefeuille ou un pot à crayons... J'ai eu beau faire attention, ils m'ont eu de temps en temps. On a dépassé la plaisanterie de mauvais goût là, non ? En fait, c'est le jour de l'incendie, que j'ai été sûr.

– D'accord, en supposant que tout ceci soit vrai, dit McKief. L'incendie a démarré près de votre bureau. Pourtant, ça ne signifie pas forcément...

– Oh, pas à cause du feu. À cause de l'inscription sur le mur.

– Quelle inscription ? interrogea McKief, surpris. Je n'en ai vu aucune.

– Sur le mur, devant mon bureau. Je l'ai effacée. Enfin, je l'ai *grattée* plutôt, dit Hailey en contemplant ses ongles ras. C'est pour ça que je suis sorti du bâtiment en dernier, ce soir-là. Ça n'a pas été très difficile. C'était du sang – de bœuf, probablement, ajouta-t-il face à l'expression horrifiée de Caldwell. Rien de très original. Personne n'a remarqué ce qui en restait parce qu'avec le passage des pompiers et les cendres il n'y avait plus que des traces rougeâtres sur un mur.

McKief parut accepter l'explication.

– Que disait-elle ?

– Oh, également un *classique.* J'aurais fait mes valises immédiatement s'il n'y avait pas eu autant de policiers dans les parages, et si je n'avais pas été aussi fatigué de tous ces satanés « nouveaux départs ». Parfois, être mort vaudrait presque mieux que de vivre de cette façon.

– L'inscription ? insista McKief.

– Ah oui ! « Judas ».

Caldwell s'éclaircit la gorge.

– Pourquoi tu n'as pas contacté la police ? questionna-t-il d'un air de doute. Comme tu viens de le rappeler, on était sur place après l'incendie.

– Pour quoi faire ? Pour que vous appeliez le programme dans lequel l'un d'entre eux se trouve encore ?

– Écoutez, j'ai fait partie de l'équipe chargée de cette affaire, intervint McKief.

– Ah, je savais bien que vous m'étiez familier ! l'interrompit Hailey, pointant un doigt accusateur vers lui. J'ai d'abord pensé que c'était vous que Swans avait envoyé, mais ça ne collait pas... Pas après l'incendie.

– Oui, oui, dit McKief, impatient. Mais le mouvement des Guerriers du Temple a été démantelé. Même en admettant qu'il y ait encore des adeptes capables de croire à sa renaissance, ils n'auraient plus les moyens de se lancer dans une pareille chasse à l'homme.

– Je vous trouve naïf pour un flic, répliqua Hailey.

Il suffit d'une personne dans le bon service. Une seule. Et il est de notoriété publique que les Guerriers du Temple n'ont pas le pardon facile – surtout Jeremiah Swans.

Hailey produisit un son entre grognement et rire au fond de sa gorge.

– Je sais comment ils fonctionnent, j'ai été l'un des leurs assez longtemps.

– D'accord, dit McKief. Donc vous vous êtes caché à St-Gabriel et vos anciens amis vous ont retrouvé pour vous tuer. C'est cela ?

Hailey acquiesça avec solennité.

– Alors que vient faire Edward Matheson dans cette histoire ?

Hailey cligna des yeux.

– Edward ? Que voulez-vous savoir ?

– Il passe énormément de temps avec vous, en dehors des cours, remarqua McKief.

– Je lui donne des cours de soutien.

– Ah, et c'est pour ses études que vous lui avez remis deux cents livres en petites coupures, j'imagine ?

Interroger Hailey quand on avait été son collègue pendant des mois devait être troublant, songea Maya. Après toute une année scolaire à enseigner la littérature, il devait être difficile de se souvenir qu'on était policier, certains matins.

– Il avait des ennuis, alors je l'ai dépanné. C'est tout.

– Pourquoi ? Avec la famille qu'il a, Matheson est

probablement plus riche que vous…

– J'ai cru comprendre qu'il est en froid avec ses parents, répondit Hailey avec circonspection.

– Quand même, deux cents livres ! Ça devait être de sacrés ennuis, dit Caldwell.

– Je ne sais pas. Je n'ai pas demandé.

– Pas demandé, hein ? Tu ne m'avais pas paru du genre pigeon, pourtant.

– Son problème n'était pas très compliqué à deviner : son visage ressemblait chaque jour un peu plus à un punching-ball et des petites brutes l'attendaient régulièrement devant les grilles du manoir, grinça Hailey.

– Et toi, un témoin recherché par des types qui en veulent à ta vie, tu voles à son secours au risque d'attirer l'attention ? Très chevaleresque de ta part, coupa Caldwell. Arrête tes salades, d'accord ? Même toi, tu n'es pas assez idiot pour faire un truc pareil.

Hailey jeta un coup d'œil en direction de McKief et sembla se dégonfler comme un ballon de baudruche.

– Il a trouvé les articles, avoua-t-il. Comme Peter Klast. Il s'est seulement montré beaucoup plus malin : il a compris tout de suite qui j'étais et le profit qu'il pouvait tirer de cette information.

– Alors, vous avez acheté son silence avec deux cents livres ?

McKief paraissait incrédule.

– Il n'est pas gourmand. À sa place, j'aurais exigé au moins dix fois plus.

Hailey renversa la tête en arrière et se mit à rire.

– Vous ne savez pas le pire : il m'a *remboursé* ! Je crois qu'il se sentait coupable.

– Edward Matheson ? demanda McKief, sceptique.

– Ouais. Il a dit qu'il n'en avait plus besoin. Je ne sais pas comment il s'est débrouillé pour trouver la somme. Je ne serais pas surpris d'apprendre qu'il a allégé un peu le portefeuille de son paternel pendant les dernières vacances.

– Donc, d'après vous, ce que Matheson fait n'a rien de religieux, questionna McKief.

– Religieux ? Vous plaisantez, ces gosses se réunissent dans des lieux sinistres et sortent faire la fête, histoire de rendre l'école un peu plus excitante et de faire peur à leurs parents si l'occasion se présente. Edward joue les caïds et prend sûrement plus de substances qu'il ne devrait, mais il n'a rien d'un meneur de secte.

– Ils se retrouvaient dans d'anciens cachots, masqués et vêtus de noir… Ça peut prêter à confusion. Sans compter que Matheson aurait été incapable de tout organiser ou de trouver les passages secrets du manoir sans aide, dit McKief.

– Pourquoi je traînerais avec une bande de gamins ? Moi, j'ai seulement donné l'argent à Edward pour qu'il la ferme.

– Ah oui. Parce qu'il est tombé sur vos articles de journaux, dit McKief. Plutôt stupide de votre part, de les garder sur vous alors que vous étiez en cavale.

Hailey garda le silence.

– Vous n'avez aucune idée de ce que ça fait, dit-il enfin. D'avoir changé de visage tant de fois qu'on a oublié à quoi on ressemblait au départ. Le programme de protection des témoins ne m'a pas laissé emporter d'album photo, vous savez ? J'ai fait avec ce que j'ai pu. C'est peut-être idiot, mais garder ces articles ça me permettait de me souvenir de Damien Hailey.

– Qui aurait envie de se le rappeler ? siffla Caldwell.

– Ça n'a plus d'importance, de toute façon, dit Hailey. Pensez de moi ce que vous voulez, mais vous devez me protéger. Je vous connais : vous allez me garder dans les parages pour faire votre enquête. Je suis condamné si vous ne veillez pas à ma sécurité.

Hailey enfonça la main dans une de ses poches. Les deux autres hommes se raidirent et il ne fallut qu'une fraction de seconde à Caldwell pour sortir son arme. Après un soupir, Hailey présenta sa main vide.

– J'avais oublié que vous m'aviez fait les poches, dit-il. Puis-je avoir mon portefeuille ?

Rasséréné, McKief y consentit et sortit de la pièce. Il revint quelques instants plus tard avec un épais portefeuille en cuir mayonnaise, d'où Hailey extirpa une feuille de papier pliée en quatre. Il la posa à plat sur la table :

La Cène sera fatale.

Pas de signature. Juste les quatre mots inscrits à

l'encre rouge. Du moins, Maya espérait que c'était de l'encre.

C'était donc cela dont McKief parlait le soir où Peter l'avait espionné !

– Je ne vois pas ce qu'il vous faut de plus, dit Hailey. C'est demain.

– Le jour anniversaire du dernier repas du Christ avec les apôtres, dit McKief. Oui, ça collerait avec ce tordu de Swans. Après tout, il prétendait être la réincarnation de Jésus-Christ... Il ne manque que Judas.

– Rien que ça, commenta Caldwell. D'accord, admettons que je te croise. Dans ce cas, le tueur serait déjà dans le pensionnat.

Hailey acquiesça.

– Qui alors ? Un prof ?

– Caldwell ! le coupa McKief d'un ton sec.

Hailey ne se démonta pas. Il se gratta le menton et Maya remarqua qu'il n'avait pas pris le temps de se raser.

– J'ai soupçonné pas mal de gens. Surtout le gamin bizarre, Peter Klast. Il est arrivé à peu près quand ça a démarré et il avait le bon profil. La confrérie a toujours recruté des gosses en échec scolaire, des drogués et toutes sortes de paumés.

– Comme toi ? demanda Caldwell, et Maya crut détecter une pointe de cruauté dans sa voix.

– Oui, comme moi, admit Hailey. J'ai fini par abandonner cette hypothèse, ajouta-t-il après un instant.

Klast attire trop l'attention – l'un des nôtres… *leurs*, se corrigea-t-il, n'aurait pas été aussi imprudent. Mais c'est votre boulot de trouver de qui il s'agit.

Il s'interrompit et réclama un café. Caldwell attrapa le premier homme en uniforme qui passait devant la salle d'interrogatoire pour l'envoyer en chercher un « en vitesse ».

Une fois son café en mains, Hailey se contenta d'en humer l'arôme en réchauffant ses paumes contre le gobelet en plastique.

– Pour être franc, je ne peux rien prouver. D'un autre côté, vous ne pouvez rien prouver contre moi non plus, reprit-il. Il y a une taupe dans vos services et il y a un tueur à St-Gabriel, ça je vous le garantis. Protégez-moi demain et vous trouverez l'assassin de votre ami. Parce que je suis Judas et que Judas finit par tomber tête la première et par éclater par le milieu pour avoir trahi son Dieu et les autres apôtres. J'ai trahi Swans et les Guerriers pour me laver les mains du sang de Gina York.

Caldwell se leva brusquement et se dirigea vers la porte.

– Judas et les apôtres… Les Actes des Apôtres I, 17, marmonna-t-il.

– Inspecteur Caldwell ? appela McKief avec confusion.

– Je… Il faut que je vérifie, dit Caldwell sans s'arrêter. Le gamin *sait* quelque chose.

Maya rejoignit Peter dans la salle d'interrogatoire où il avait été enfermé, essayant de ne pas avoir l'air trop suffisant.

L'inspecteur Caldwell était prêt à se laisser convaincre.

31

Caldwell continua de fixer la table avec des yeux ronds.

– Comment… Comment tu as fait ça ?

Peter garda le silence.

– C'est impossible, fit Caldwell d'un ton de défi.

– Oui. Ça doit être le vent qui a poussé le stylo. Pour lui faire écrire « I, 17 ». Oh, attendez ! Nous sommes dans une pièce sans fenêtre !

Maya fit claquer sa langue en signe d'avertissement.

– Tu ne devrais pas te moquer de lui. Je te rappelle qu'il a toujours les clefs de la pièce, le réprimanda-t-elle.

– Et tu prétends que c'est… reprit Caldwell.

– Un fantôme. Ma sœur, pour être précis, dit Peter.

Caldwell pâlit encore et se laissa tomber plutôt qu'il ne s'assit sur une chaise en face de Peter.

– Maya Ellen Klast est dans la pièce avec nous ? questionna-t-il lentement.

Peter hésita.

– Tu peux y aller. Il te croit, dit Maya. C'est un faux sceptique, un de ces types qui cherchent des preuves contre le spiritisme dans l'espoir de tomber sur un vrai fantôme.

– Comment vous connaissez son nom ? demanda Peter.

– Quand tu passes des mois à essayer de coincer quelqu'un pour meurtre, tu finis par savoir un sacré paquet de trucs à son sujet, expliqua Caldwell.

Il se tut un instant.

– Là, elle est dans la pièce. Ta sœur morte il y a neuf ans, continua-t-il d'un ton qui oscillait entre l'incrédulité et la panique.

– C'était aussi elle, dans votre maison, dit Peter. Toujours pas convaincu ? D'accord, vous allez sentir un truc très froid sur votre bras. Maintenant.

Maya traversa docilement le bras de Caldwell de ses mains, faisant sursauter l'inspecteur.

– Oh, mon Dieu ! dit celui-ci, les yeux écarquillés.

– Ce n'est pas le moment d'avoir une discussion sur la religion, coupa Maya. Le bas du sablier était pratiquement rempli hier.

Peter continua cependant de dévisager Caldwell.

Il le croyait.

Il avait senti la présence de Maya et il le *croyait*.

Pendant un instant, il se laissa aller à imaginer quelle serait sa vie s'il réussissait à prouver l'existence de Maya à tout le monde.

Mais ce n'était qu'un rêve : quel que soit le nombre de personnes qu'il convaincrait, leurs parents n'en feraient jamais partie. Il y avait songé, autrefois, quand Maya avait développé sa capacité de préhension. Ça paraissait être la solution à tous ses problèmes. Et ses parents vivaient si mal la disparition de leur fille qu'ils accepteraient probablement son statut de fantôme.

Elle avait refusé.

Elle avait affirmé qu'ils ne le supporteraient pas – que cela les détruirait.

Peter avait tempêté et supplié, l'avait accusée de vouloir rester la préférée en les laissant croire qu'il était fou.

Et puis il avait vu les robes de Maya dans l'armoire, les gens du groupe de soutien qui allumaient des bougies partout dans la maison et empuantissaient le salon de vapeurs d'encens. Il avait compris que Maya avait raison.

Plus tard, il devint évident que faire revenir Maya, même sous forme de fantôme, ne lui rendrait pas ses parents. Parce qu'alors, Maya serait de nouveau Maya.

Peter lui, ne serait plus que l'interprète de l'esprit qu'il était seul à percevoir. Pour le restant de ses jours.

– Peter, on n'a pas l'éternité devant nous là ! insista Maya, coupant court à ses réflexions.

– J'ai des trucs à vous dire sur Eckhart, enfin Hailey, annonça Peter. Et sur ce que j'ai vu. Je pense que c'est lui la cible.

– Comment tu sais tout ça ? questionna Caldwell, plus pâle de minute en minute.

Peter agita une main en l'air.

– Maya était dans la pièce pendant l'interrogatoire d'Hailey et elle m'a fait un résumé. Pourquoi McKief le surveillait, d'ailleurs ?

– Donc c'est vrai. Les fantômes existent ? murmura Caldwell, l'air à la fois sidéré et intimidé.

– Presse-le un peu ou on est encore là demain, intervint Maya. Et il sera trop tard.

– McKief ? répéta Peter.

– Oui… Je ne peux pas donner les détails : ce sont les affaires de l'agence et moi je ne suis qu'un petit inspecteur de province. En fait, j'ignorais que McKief était flic avant de l'interroger au sujet de l'incendie. Hailey…

Il secoua la tête.

– Hailey a été arrêté pour le meurtre de Gina York. C'était la fille du procureur York qui essayait de faire tomber Swans depuis des années. En vérité, Hailey n'intéressait personne – ce n'était qu'un paumé et un drogué qui avait obéi aux ordres. On lui a promis une nouvelle vie en échange de son témoignage contre Swans. C'était un faible, et on l'a cru facile à manipuler. Par la suite, il s'est révélé plus difficile à tenir que prévu, et il a fini par disparaître.

Caldwell s'arrêta et Peter fit signe qu'il avait compris.

– Je ne sais pas trop ce qui s'est passé après. Apparemment, un des collègues de McKief a retrouvé la trace d'Hailey. Il a été tué et McKief a été chargé de l'affaire. En fouillant un peu, il s'est rendu compte que nous avions reçu des plaintes contre une bande de jeunes qui traînaient dehors la nuit et commettaient des délits mineurs, genre tapage nocturne, actes de vandalisme et j'en passe. Il y a eu des histoires de drogue...

– Hailey était le suspect idéal, compléta Peter.

Caldwell acquiesça.

– Les Guerriers avaient pas mal d'activités lucratives et Hailey connaissait bien les ficelles, alors c'était l'instigateur désigné. Il avait un lourd passé et une bande de jeunes influençables à portée de main. McKief n'avait rien de concret, mais la mort du policier et ensuite ça... Hailey s'était enfui sans un penny en poche : créer sa propre secte au milieu de gamins pleins aux as, c'était le plan rêvé. Mais en réalité, ce n'est pas ce qui intéresse l'agence.

Caldwell observa Peter d'un œil scrutateur.

– Le... euh... l'esprit t'a répété ce qu'on a dit à Hailey ?

– L'*esprit*, non mais je te jure ! grommela Maya.

– Elle s'appelle Maya, corrigea Peter. Oui, en gros.

Caldwell s'éclaircit la gorge et croisa et décroisa nerveusement les doigts. Peter n'aurait su exprimer l'exultation qu'il ressentait à voir celui qui l'avait tant terrifié aussi mal à l'aise.

– Nous n'avons pas été tout à fait honnête avec lui. Les Guerriers du Temple était une très grosse organisation et beaucoup de ses membres sont toujours dehors. Plus ou moins importants, plus ou moins au courant du Plan et ayant plus ou moins renoncé à ses préceptes. Donc le mouvement n'est pas démantelé à proprement parler. Les supérieurs de McKief ont pensé que si Hailey avait replongé, c'était l'occasion rêvée de se débarrasser des meneurs qui restaient. Tu imagines bien que s'il ne s'était agi que de lui, il aurait été coffré il y a des mois de cela.

– Alors, McKief s'est fait passer pour un prof pendant tout ce temps pour surveiller Hailey ?

Caldwell hocha la tête.

– Ouais. Pendant un moment Hailey s'est tenu tranquille et la bande d'Edward Matheson paraissait être juste un groupe de sales gamins trop riches et pas assez surveillés. Et puis Hailey a donné de l'argent à Edward et McKief a commencé à trouver des messages bizarres dans les affaires d'Hailey. Ça ressemblait à des menaces, mais ça aurait pu être des instructions. Ensuite il y a eu l'incendie et McKief a réalisé qu'il s'était peut-être trompé. Que l'idée n'était peut-être pas seulement de faire renaître les Guerriers mais de se servir du Grand Plan pour envoyer un message fort.

– Le Grand Plan ? répéta Peter.

– Le Grand Plan des Guerriers était composé de tas d'étapes compliquées et, je t'épargne les détails, mais il se terminait par un beau suicide collectif façon barbecue. L'incendie a fait craindre aux supérieurs de

McKief que le but d'Hailey soit de... terminer le projet. Les indices étaient un peu minces, ajouta-t-il, comme pour prévenir toute objection, seulement crois-le ou pas, la plupart de tes petits copains sont des gens importants. Enfin, les *gosses* de gens importants, en tout cas.

Peter pensa à ce qu'il savait sur les Matheson, ou même les parents de Simon, Ian et Connor, et il ne put qu'acquiescer.

– C'est triste de voir que l'argent gouverne aussi la sécurité dans les écoles, commenta Maya avec désapprobation.

– La dernière lettre disait que la Cène serait fatale. Et Hailey a raison : c'est tout à fait le genre de Swans, de programmer un suicide collectif le jour d'un événement biblique symbolique. Alors, McKief et moi nous étions mis d'accord pour faire surveiller Hailey demain, au cas où.

– Je comprends, dit Peter. Ce que je ne comprends pas, c'est pourquoi je suis là, moi !

Caldwell parut gêné.

– McKief n'a pas voulu prendre de risque. Il a eu l'impression que quelqu'un le surveillait et quand il a vu que tu t'intéressais à Hailey, il t'a embarqué pour être sûr que tu ne ferais pas capoter toute l'opération. Il ne te croyait pas impliqué, mais il n'était pas certain de ce que tu savais ou de tes liens avec Hailey.

– Et pourquoi vous me racontez tout ça, maintenant ?

– J'ai besoin que tu m'aides.

Peter réfléchit. La situation était différente de l'affaire Miller. Cette fois-ci, il n'était pas le suspect et Caldwell avait visiblement assez envie de montrer à McKief de quel bois se chauffait le « petit inspecteur de province ».

McKief méritait de se faire doubler : il n'avait pas hésité à jouer les hypocrites pendant des semaines, à faire comme s'il se préoccupait de Peter alors que tout ce qui l'intéressait, c'était de l'empêcher d'interférer avec son enquête.

– D'accord, dit-il.

Maya eut un sourire victorieux et Peter fronça les sourcils dans sa direction. L'inspecteur se crispa lorsqu'il en prit conscience.

– Elle ne va pas vous attaquer, dit Peter. Elle est morte. Elle est à peine capable de bouger un stylo.

– Hé, ne parle pas de moi comme si je n'étais pas là ! protesta Maya.

– Quoi ? C'est vrai, non ? répondit Peter.

L'inspecteur Caldwell grimaça.

– Cette situation est bizarre. Vraiment très bizarre, commenta-t-il.

Peter devait l'admettre : adresser la parole à Maya devant un vivant le troublait, alors il ne pouvait imaginer l'impression que cela faisait à Caldwell.

– Il y a ce type, qui apparaît de temps en temps… quand quelqu'un va mourir, commença Peter.

Il hésita, puis décida que le moment était mal choisi pour parler de Christie Miller. Après tout, Caldwell était peut-être leur seule chance de faire disparaître Movaisogur.

Jusqu'à la prochaine fois, chuchotait une voix dans son esprit.

– Il porte un sablier, qui montre le temps qui reste à la victime, précisa-t-il.

Il humecta ses lèvres sèches et regarda Maya.

– Il est apparu près d'Eckhart – enfin, Hailey. Et le sablier est presque vide. Ou plein. Bref, vous voyez ce que je veux dire, s'embrouilla-t-il.

– C'est bien, l'encouragea Maya. Hailey ne va tuer personne, c'est lui qui va mourir.

– On n'est pas sûrs de ça, protesta Peter.

Il se tourna vers Caldwell.

– Écoutez, c'est votre boulot de décider ce qu'il faut faire. Je crois quand même que vous devriez garder Hailey enfermé demain. Maya est persuadée qu'il va se faire attaquer, et moi tout ce que je sais, c'est que quelqu'un va mourir.

– Ce n'est pas moi qui décide sur ce coup-là, dit Caldwell. Les supérieurs de McKief se foutent d'Hailey, surtout s'il a tué un flic. Cible des Guerriers encore en liberté ou complice, on a besoin qu'il soit dehors pour avoir une chance de mettre la main sur eux. C'est pour ça que McKief était censé rester en planque et n'intervenir qu'au dernier moment.

Maya lissa sa robe parfaitement droite et Peter croyait voir les rouages de son cerveau tourner à plein régime.

– Une protection policière serait le moyen de le surveiller et de le protéger en même temps.

– Maya trouve que la protection policière est la meilleure solution, répéta Peter, qui en avait déjà assez de servir d'intermédiaire.

Caldwell laissa échapper un ricanement.

– On n'est pas dans une série télé, ça coûte cher et ça prend du temps à installer, comme dispositif. Je ne peux pas ordonner une surveillance parce qu'un gamin a fait un rêve et a vu la Mort à côté d'un suspect. Surtout un type comme Hailey !

– Pourquoi ? De toute façon, il vous faudra des hommes pour arrêter les Guerriers.

Caldwell sortit un chewing-gum de sa poche. Il le fourra dans sa bouche et mâcha pensivement avant de répondre.

– Ce n'est pas aussi simple, dit-il finalement. Je ne connais pas les détails – ceux qui ont directement travaillé sur le dossier sont les seuls au courant. À l'époque des Guerriers du Temple, l'affaire avait pris une importance médiatique énorme et c'était devenu très politique. Tu étais sans doute un peu jeune pour t'en souvenir…

– Le nom me dit quelque chose, c'est tout, confirma Peter. Je déteste les infos, c'est plutôt pour Maya.

– Enfin, au final, tous les moyens étaient bons pour faire tomber les meneurs et on a accordé une seconde chance à des types comme Hailey pour y arriver. Cette décision n'a pas été bien accueillie, surtout par les flics qui avaient bossé pour les coincer. Pour être parfaitement honnête, et je nierai si tu le répètes, je pense que l'agence espère plus ou moins que les Guerriers sont venus tuer Hailey. Je crois même qu'ils étaient au courant depuis le début pour les menaces dont il faisait l'objet. Et je suis *sûr* que l'agence surveille ce qui se passe à St-Gabriel pour arrêter ceux qui menacent Hailey, mais je ne suis pas certain qu'ils comptent le faire *avant* qu'Hailey n'ait été tué.

Peter le dévisagea.

– Vous allez les laisser faire ?

– Est-ce que tu as autre chose à me raconter ? demanda Caldwell, ignorant la question.

Peter s'émerveilla de la façon dont il s'adressait soudain à lui, comme si toute l'affaire Christie Miller n'avait jamais existé. Il ne parvenait pas à décider si l'inspecteur l'avait momentanément oubliée ou si l'existence de Maya avait été suffisante pour l'innocenter à ses yeux.

– Hailey dit sûrement la vérité, pour Matheson. Maya ne l'a jamais vu aux réunions et, à part le déguisement, ça n'avait rien d'un truc religieux.

– OK. C'est tout ? questionna Caldwell.

– Parle-lui du rêve, intervint Maya.

– Je l'ai déjà fait, répliqua Peter.

– Non, je parle de l'*autre* rêve.

– Oh, ça. Ça n'a pas de rapport.

– Quoi ? questionna Caldwell, faisant de son mieux pour suivre ce dialogue avec la femme invisible.

– Maya veut que je vous raconte l'*autre* rêve. Mais c'est juste une histoire d'escaliers et…

Peter agita la main en l'air et Caldwell se massa les tempes.

– Vas-y, j'écoute, dit-il d'un ton abattu.

Peter entreprit de lui relater le rêve, essayant de ne rien omettre.

– Tim et Arthur Sanchez, tu dis ?

– Oui, c'est ça.

– Je vois. Attends-moi une minute.

Et sans plus d'explication, Caldwell quitta la pièce.

– Moi, je ne vois pas du tout, grogna Peter.

– Il doit connaître l'histoire, répondit Maya, s'installant sur la chaise à présent vacante. Ne t'en fais pas, je suis sûre qu'il va nous aider. Au moins, si on n'arrive pas à empêcher… ce qui va se produire de se produire, on aura fait notre maximum.

– Oui, ce sera une grande consolation ! Je propose qu'on aille aussi brûler des cierges dans la chapelle de l'école et réciter des prières pour…

L'entrée de Caldwell l'interrompit. Il s'approcha de la table et y posa deux feuilles tièdes tout juste sorties d'une imprimante.

– Est-ce que c'est ça ? demanda-t-il, s'asseyant sur la chaise libre.

– Ah, non ! Ne vous…

Caldwell se releva d'un bond.

– … asseyez pas, termina Peter. Maya est sur votre chaise.

Caldwell demeura pétrifié. Maya leva les yeux au ciel et lui laissa la place.

– Vous pouvez maintenant, dit Peter.

– Non, je crois que je vais… rester debout, répondit Caldwell, se tenant le plus près possible de lui.

Peter mordit l'intérieur de ses joues pour éviter de rire et se pencha sur ce qui ressemblait à une coupure de journal et une photo de classe. Il observa la photographie et repéra rapidement les deux garçons de son rêve. Il les désigna à Caldwell, et Maya s'approcha pour regarder par-dessus son épaule.

– Pousse-toi, Maya : l'inspecteur Caldwell a eu assez de « contacts paranormaux » pour aujourd'hui, l'arrêta Peter, sentant Caldwell se tendre alors que le froid s'infiltrait une fois de plus dans ses os.

– Oh, d'accord. Lis l'article à voix haute, alors, répliqua-t-elle avec mauvaise humeur.

Peter s'exécuta :

– « *Tragédie dans un pensionnat de luxe : comment sont surveillés vos enfants ?* » lut-il.

S'en suivait l'histoire d'Arthur Sanchez, brillant élève apprécié de ses camarades et fils d'un avocat renommé, retrouvé mort au matin en bas de la tour sud-est du pensionnat St-Gabriel. Personne n'avait la moindre idée de ce que l'adolescent était allé y faire en pleine nuit, avant de tomber et de se rompre la nuque contre les marches de pierre.

– Eh, je reconnais cet article ! s'exclama Maya. C'est l'histoire que je t'avais racontée, celle qui a fait interdire l'accès des tours aux élèves.

– Oui, je me souviens, répondit Peter. Maya m'en avait parlé, expliqua-t-il à Caldwell. Mais dans mon rêve, il était avec l'autre garçon… Tim.

– Ça devait être lui – Timothy Rowland, dit Caldwell, pointant une petite interview en bas de l'article. C'était son meilleur ami, je crois.

– Il était dans l'escalier, insista Peter.

– Il l'a poussé ?

– Non… C'était vraiment un accident, mais je n'ai pas reconnu la tour. C'était beaucoup plus sombre et…

Frustré, Peter s'ébouriffa les cheveux.

– Ah, de toute façon, ce n'est qu'un rêve. Et ça n'a aucun lien avec Eckhart. Enfin, Hailey. Ça s'est passé il y a trop longtemps.

– À peu près quatre ans, avant l'arrivée d'Hailey, confirma Caldwell. Est-ce qu'il y a autre chose ?

– Non, dit Peter après un coup d'œil en direction de Maya. Est-ce que… vous allez me garder ici ?

– Il ne peut pas, coupa Maya. Il n'aurait même pas

dû t'enfermer sans prévenir tes parents. Et il y a sûrement d'autres formalités obligatoires, ajouta-t-elle en fronçant les sourcils. Comme te proposer un avocat, enregistrer la conversation…

– On n'est pas enregistrés, hein ? demanda Peter, horrifié.

– Quoi ? Oh, non. On ne le fait presque jamais : personne ne réclame les enregistrements et… ça tombe tout le temps en panne, ces enregistreurs.

– Et je sors dans combien de temps ?

– Il faut que je consulte McKief, mais maintenant qu'Hailey est au courant de l'opération, te laisser là n'est plus très utile. Et on n'a pas contacté tes représentants légaux.

– Non ! Ne faites pas ça, paniqua Peter. Si mon père apprend que j'ai encore eu des problèmes avec la police, il ne voudra plus me voir !

– Ça va, ça va, du calme, dit Caldwell. Je vais te ramener. Je dois interroger Matheson, de toute façon.

– Et pour Hailey ?

– Je suppose qu'il va retourner à St-Gabriel – au cas où un Guerrier se pointerait demain. Ce n'est pas la première fois qu'il collabore avec les flics et McKief est plutôt persuasif.

– Vous allez le laisser mourir ?

Caldwell massa l'une de ses épaules, les yeux dans le vague. Puis il boutonna sa veste et fit un signe de tête vers la porte.

– Allez, on va voir McKief. Et demain… N'approche pas d'Hailey, d'accord ?

Peter regarda l'article posé sur la table. C'était juste un truc venant d'Internet portant sur une affaire classée, Caldwell ne devait pas en avoir besoin. Après une seconde d'indécision, Peter fourra les deux feuilles de papier dans son sac et emboîta le pas à l'inspecteur.

32

– Arthur ! Arthur, non ! S'il te plaît, je-t'en-prie-oh-mon-Dieu-pas-ça ! Ar…

– Peter ?

Le changement de voix le fit tressaillir. C'était le même ton, cependant : un mélange d'angoisse et d'urgence qui faisait se contracter son estomac.

– Peter, réveille-toi !

Il se redressa, clignant des yeux devant le visage inquiet de Maya.

– Mmm, qu'est-ce qu'il y a ? marmonna-t-il.

– Peter ? Encore en train de parler tout seul ? lança Simon.

Peter se pencha par-dessus la rambarde. Simon était déjà habillé et fourrait une pile de cahiers dans son sac à dos. Sentant le regard de Peter sur lui, il leva la tête et lui adressa un salut de la main.

– Je vais prendre mon petit déjeuner. À tout à l'heure.

Peter acquiesça. Les parents de Simon l'avaient inscrit

aux cours de rattrapage offerts aux élèves en difficulté pendant les vacances. Peter aurait sans doute dû assister à celui d'Eckhart-Hailey, mais il n'en avait pas le courage. Il n'était même pas sûr que l'homme fût encore là.

– Peter...

La voix de Maya était hésitante. Trop hésitante. Peter se détourna à regret de la porte refermée.

Au pied de son lit, Movaisogur tenait le sablier devant lui dans un geste accusateur. Peter regarda avec horreur une goutte cramoisie qu'il savait être la dernière vaciller au-dessus de la partie inférieure de l'objet.

Entre la vie et la mort.

– Ça n'a pas suffi, dit doucement Maya. Tu crois que Caldwell lui a refusé la protection policière ?

– Non, souffla-t-il.

Il se leva, ignorant l'apparition, et ôta d'un mouvement brutal le tee-shirt dans lequel il s'était endormi.

– Peter...

– Non ! dit-il plus fort. J'en ai assez fait.

Maya suivit Peter telle une ombre tandis qu'il traversait le bâtiment sans but. Elle n'était pas certaine qu'il soit conscient de se diriger vers la classe de sciences. Il avait manqué le petit déjeuner et regardait son estomac qui gargouillait, comme s'il espérait le faire taire.

– Je ne m'en mêlerai pas, l'entendit-elle murmurer.

Ce type de mantra n'était jamais bon signe avec lui. Il ne ferait rien. Cependant elle ne voulait pas penser à l'état dans lequel il se mettrait quand Hailey mourrait.

Si Hailey mourait, se corrigea-t-elle.

Ce fut à ce moment-là qu'elle aperçut les cheveux quasiment gris de Caldwell à la lumière électrique du couloir. Il avançait, un gobelet de café fumant à la main, ignorant les murmures curieux sur son passage. Cela faisait plusieurs semaines que la présence policière s'était raréfiée à St-Gabriel et tout le monde s'interrogeait sur ce qui avait pu faire revenir « l'inspecteur », surtout pendant les vacances.

Maya l'observa, intriguée. Alors comme ça, il avait changé d'avis. Elle se demanda à quel point Peter avait influencé sa décision finale et si Caldwell allait avoir des ennuis avec sa hiérarchie.

McKief avait rendu très clair le fait que l'affaire Hailey n'était pas de son ressort.

– Sergent, que faites-vous ici ! s'exclama soudain Caldwell, attirant l'attention de toutes les personnes présentes.

Un homme s'approcha de lui et lui glissa à l'oreille qu'Hailey était en classe avec ses élèves. La façon dont McKief l'avait convaincu de retourner à St-Gabriel, avec un tueur rôdant dans les parages, n'attendant qu'un instant d'inattention de la police pour l'assassiner, restait un mystère pour Maya.

– Le tueur ne va pas se jeter sur lui en plein cours, monsieur, ajouta l'homme, vérifiant que personne ne les écoutait.

– Je comprends bien, admit Caldwell. Mais un ordre est un ordre – vous étiez censé m'attendre.

– J'ai expliqué qu'on était là pour l'enquête sur l'incendie, ajouta l'homme. N'empêche, ça m'étonnerait que l'agence avale ça. Et je suis peut-être parano, mais j'ai l'impression d'être surveillé sans arrêt depuis que je suis ici.

Caldwell changea son gobelet de main et frotta sa main libre contre sa veste.

– J'y vais. Il vaut mieux ne pas prendre de risques, annonça-t-il. Retournez au poste et envoyez la relève pour l'heure du déjeuner.

L'inspecteur se pencha encore davantage vers l'autre homme.

– Et, sergent, si je dis que je suis là pour enquêter sur l'incendie, je suis là pour enquêter sur l'incendie – l'agence ne pourra pas prouver le contraire, murmura-t-il. Si le professeur Eckhart vient à se faire agresser sous mes yeux pendant que je suis là, c'est de mon devoir de venir à son secours, pas vrai ?

L'homme hocha la tête.

– Vrai, monsieur.

Il s'éloigna et Maya rattrapa Peter. Il se voûta et fit semblant de regarder par la fenêtre alors que Caldwell approchait. L'inspecteur le dépassa sans le voir. Malgré les exhortations de Maya, Peter ne se retourna que lorsqu'un cri retentit, suivi d'une bordée de jurons.

– Toi, reviens, sale petit…

L'inspecteur agitait un gobelet à présent vide en direction d'un première année. Le garçon s'enfuit en courant et disparut parmi les retardataires qui se pressaient dans l'autre direction pour aller en cours. Maya s'étonna du nombre d'élèves qui restaient pour les vacances de Pâques – à croire que la plupart des parents essayaient réellement de se débarrasser de leur progéniture.

Caldwell se tint là un instant, grinçant des dents et se retenant d'aller à la poursuite du maladroit. Soudain, une impression étrange engloutit Maya. Celui qui venait de la traverser à grandes enjambées jeta un coup d'œil par-dessus son épaule, tremblant de froid, et Maya n'eut que le temps de reconnaître Samuel Stevens, le maître de son havre de paix nocturne, avant qu'il ne se soit fondu dans la cohue.

– Qu'est-ce qui s'est passé ? chuchota Peter, observant avec confusion Caldwell qui massait sa main ébouillantée.

L'inspecteur abandonna sa blessure pour examiner d'un œil amer la tache brunâtre qui s'étalait sur le devant de sa chemise blanche.

– Oh, le gamin courait et lui est rentré en plein dedans !

Maya fit claquer sa langue.

– Tous les professeurs savent qu'il est dangereux de se promener avec un café dans les couloirs, dit-elle d'un ton sentencieux.

Caldwell fit un pas en direction de l'escalier qui menait à la salle de mathématiques, puis se ravisa et partit dans une autre direction.

– Où il va ? Il n'était pas censé protéger Hailey ?

– Tu ne t'en mêles pas, tu te souviens ? répliqua Maya.

L'expression de détresse sur le visage de Peter lui fit ravaler ses moqueries.

– Hailey est dans sa classe, expliqua-t-elle. Avec des élèves. Et vu l'état de la chemise de Caldwell, je suis prête à parier qu'il fait seulement un tour aux toilettes.

Peter eut un signe d'assentiment et se joignit aux élèves qui se précipitaient encore dans l'espoir de devancer la sonnerie – Bentham était catégorique : un cours de rattrapage était toujours un cours et les vacances n'accordaient aucune impunité. Maya resta prudemment collée au mur pendant que Peter subissait une grêle de coups de sacs et de bras étrangers. Brusquement, il trébucha et s'étala de tout son long sur le sol. Maya ne sut pas dire si le croche-pied avait été involontaire ou s'il s'agissait d'un tardif témoignage de fidélité envers Tyler Matheson. Peter réussit à se plaquer contre le mur pour éviter de se faire piétiner par les derniers élèves qui s'éparpillaient telle une volée de moineaux, laissant le couloir pratiquement désert. Peter se redressa et grogna devant les affaires échappées du sac qu'il avait négligé de fermer.

– Ça va ? demanda Maya.

Elle s'accroupit près de lui et, après s'être assurée qu'ils étaient seuls, l'aida à rassembler les feuilles de papier en désordre.

– Oui, dit-il. C'est juste... Tu n'as pas l'impression qu'il y a un truc qui cloche ?

– J'ai vu Movaisogur, moi aussi, répondit distraitement Maya.

Parmi les documents, elle reconnut l'article et la photographie que l'inspecteur Caldwell avait montrés à Peter la veille. Elle se pencha plus avant pour examiner le cliché. Son regard se fixa immédiatement sur un adolescent d'allure frêle aux courts cheveux noirs, dont le visage était entouré d'un halo blanc. Arthur Sanchez, supposa Maya.

– Maya ?

Elle leva une main sans quitter la photographie des yeux. Ça ne remontait qu'à quelques années, mais St-Gabriel n'était pas encore mixte, réalisa-t-elle devant cette armée de cheveux courts et d'uniformes veste-pantalon noirs. À la droite de Sanchez, un garçon à la peau sombre grimaçait un sourire forcé, et à sa gauche...

– Maya, tu pourrais...

Peter lui fit signe de se déplacer. Maya ne lui prêta

aucune attention, hypnotisée par le garçon aux yeux et aux cheveux si clairs que la photocopie les rendait gris pâle. Ses doigts reposaient légèrement sur le bras gauche de Sanchez et il adressait un sourire un peu de travers au photographe.

Elle aurait reconnu ce visage n'importe où. Rien d'étonnant à cela, si on considérait qu'elle avait passé les cinq derniers mois à le contempler pour éviter les traîtres lueurs du croque-mitaine.

– Peter, tu le reconnais ? demanda-t-elle en le pointant du doigt.

– Hein ? Oh, oui, c'est l'autre type de mon rêve, Tim je-sais-plus-quoi.

– Non, Peter. C'est *Stevens* – il n'a pas la même couleur de cheveux ou d'yeux, mais regarde !

– Stevens ?

– Il a un grain de beauté juste là et une petite bosse sur le nez, marmonna-t-elle en dévisageant le garçon de papier. Stevens, l'un des types de la bande d'Edward !

Maya prit soudain la mesure de ce qu'elle venait de découvrir.

Stevens, dont la chambre était infestée d'insectes en octobre.

Stevens, qui sortait sans cesse en pleine nuit sous prétexte de réunions avec Edward.

Stevens, à qui Mlle Curtwood avait demandé six fois comment allait son frère et qui était sur une photo de classe vieille de quatre ans. Si Stevens était Tim, que faisait-il à St-Gabriel ?

– Oh !

Peter la dévisagea, éberlué.

– Qu'est-ce qui…

– On doit trouver Hailey. Maintenant ! commanda Maya.

– Quoi ? N-non, je t'ai dit que je…

Maya aurait tout donné pour pouvoir le prendre par le bras et le traîner jusqu'à la salle de classe.

– C'est lui ! s'écria-t-elle, trépignant d'impatience. Le tueur, c'est Samuel Stevens. Il vient de passer par ici, il faut qu'on y aille avant qu'il ne soit trop tard. Et un gamin a renversé le café de Caldwell – justement quand personne n'est avec Hailey. Tu penses vraiment que c'est un hasard ?

Peter mit un instant à comprendre ce qu'elle sous-entendait.

– Merde ! souffla-t-il, lâchant son sac et se mettant à courir.

Il avait presque atteint la salle quand il ralentit.

– On ne ferait pas mieux de prévenir Caldwell ? fit-il d'une voix haletante.

– Stevens est passé près de nous avec plusieurs minutes d'avance. On n'a plus le temps, rétorqua Maya.

– Mais il est devant toute une classe, murmura Peter.

Il s'interrompit en arrivant devant la classe de sciences, dont la porte était restée ouverte. Il avança d'un pas hésitant jusqu'à l'estrade, sur laquelle deux élèves étaient absorbés par la création d'un portrait à la craie du proviseur Bentham pour lequel ils avaient usé de toute leur licence artistique.

Du professeur de mathématiques, il n'y avait trace.

– Demande-leur où il est ! ordonna Maya.

Peter monta à son tour sur l'estrade et s'éclaircit la gorge.

– Hé ! Où est passé le prof ? tonna-t-il pour couvrir le chahut.

Une fille aux cheveux très frisés s'approcha de lui.

– Il vient de partir, l'informa-t-elle. Un type est venu le chercher parce qu'un gars appelé Caldwell voulait lui parler.

– Un type ? Un élève ?

– Oui. Eckhart a dit qu'il n'en avait pas pour longtemps.

– OK, merci.

Peter quitta la classe, tournant la tête dans tous les sens, comme si Hailey allait apparaître sain et sauf d'un instant à l'autre.

– Il faut qu'on le retrouve, le pressa Maya.

– Ah oui ? chuchota Peter, s'éloignant de la salle pour échapper au champ de vision des autres élèves. Et comment ? Cet endroit est gigantesque !

– Ils n'ont pas pu aller très loin, et Hailey ne l'aurait pas suivi n'importe où.

Maya retraça mentalement les couloirs du manoir.

D'un côté, les classes. De l'autre, l'escalier qui descendait vers le rez-de-chaussée où grouillaient les élèves en heure d'étude, les surveillants et les professeurs agglutinés autour de la machine à café.

Non, emmener quelqu'un vers l'entrée principale pour l'assassiner n'avait pas de sens.

Son regard s'arrêta sur une porte coupe-feu grise ornée des consignes en cas d'alerte incendie.

– Son bureau ! s'exclama-t-elle.

– Quoi ?

– C'est le plus logique. Il y a un couloir qui traverse le bâtiment vers l'aile des professeurs, et il n'y aura personne là-bas. Les professeurs qui sont restés pour les vacances sont tous en train de faire du rattrapage ou de jouer au surveillant ! En plus, c'est un endroit plausible pour une rencontre avec Caldwell.

Peter se mit à courir. Dans la mauvaise direction.

– Peter, qu'est-ce que tu fais ?

– Inspecteur ! cria Peter.

Il s'arrêta près de Caldwell, ahanant davantage à cause de la panique que de l'effort. Plusieurs élèves passèrent la tête par la porte de la classe restée ouverte.

– Inspecteur, répéta Peter, attrapant sa manche. Le tueur a emmené Hailey en prétextant que vous l'attendiez et on pense qu'ils sont partis vers son bureau, expliqua-t-il très vite.

Caldwell le suivit sans résistance.

– Tu es sûr ? Il y a combien de temps ?

– Je sais pas. Peut-être cinq minutes.

Caldwell pressa le pas.

– Qu'est-ce qui te fait penser que c'est…

– Stevens. Maya l'a reconnu sur la photo de classe : c'est l'ami d'Arthur Sanchez – Tim quelque chose. C'est pour ça que je rêvais de l'escalier. Je ne suis sûr de rien, mais c'est louche et Hailey n'est plus dans sa classe.

Caldwell ne se le fit pas dire deux fois. Il ouvrit la porte coupe-feu à toute volée et s'engagea dans le couloir, Peter trébuchant derrière lui.

Quelques mètres avant le bureau, il l'attrapa par le bras et l'arrêta net. Une voix que Maya identifia comme celle de Stevens était audible, trop basse cependant pour qu'on puisse la comprendre. Elle jeta un regard vers Caldwell, qui sortait son arme du holster dissimulé sous sa veste.

Elle aurait pu entrer dans la salle, mais elle ne parvenait pas à s'y résoudre.

Un cri.

La voix d'Hailey.

– Reste là. Quoi qu'il arrive, ne t'approche pas, souffla Caldwell à Peter avant de se diriger d'un pas décidé vers la salle.

Il se colla contre le mur pour jeter un coup d'œil à l'intérieur, puis pointa son arme en criant de « jeter ce couteau ». Il avait décidément vu trop de *James Bond*.

Des bruits sortaient de la pièce. Des bruits effrayants, à vous soulever le cœur.

– Est-ce que… est-ce qu'Eckhart… Hailey est en train de pleurer ? interrogea Peter d'une voix rauque.

Les sanglots et les petits cris d'animal blessé pouvaient facilement être attribués à Hailey.

– Je ne sais pas, répondit-elle pourtant.

– C'est fini, Rowland. Pose ça et tout ira bien.

Le teint de Peter avait viré au vert grisâtre et il paraissait sur le point de vomir.

La voix de Stevens, de nouveau basse et indistincte. C'était étrange pour un garçon qui avait toujours parlé si clairement.

– Je devrais aller voir, dit Maya, sans enthousiasme.

– Vas-y, répondit Peter, les yeux fixés sur la peinture écaillée du mur.

– Je peux pas. Je…

Le coup de feu les fit tous les deux sursauter, interrompant Stevens. Il y eut un cri – Hailey ? La voix était si brisée que Maya n'était plus certaine de pouvoir l'attribuer –, un bruit métallique et le silence.

Des murmures et des claquements de porte résonnèrent dans tout le bâtiment. Des professeurs paniqués arrivaient déjà dans le couloir où Peter se tenait immobile et Caldwell cria : « Appelez une ambulance ! » depuis le bureau.

Maya quitta Peter, priant pour qu'il ait eu le dessus sur la Faucheuse et le cruel destin de ceux qui s'étaient un jour égarés.

– S'il vous plaît, chuchota-t-elle. S'il vous plaît

Je ne vous demanderai plus jamais rien.

Elle ferma les yeux, écoutant la voix sourde de Caldwell sans comprendre ses calmes paroles de réconfort, noyant dans une mer de sons indistincts une respiration difficile et des sanglots étranglés qui ressemblaient à des spasmes.

– Accrochez-vous, les secours arrivent.

Elle ouvrit les yeux. Le garçon qu'elle avait connu sous le nom de Stevens était à quatre pattes, le front posé sur le sol et les épaules secouées par ce qui aurait pu être la défaite ou le regret. Ou peut-être seulement l'horreur inspirée par le liquide cramoisi qui couvrait la chemise blanche de son uniforme. Caldwell tenait toujours son arme, pointée sur le sol, et était penché vers Hailey. Celui-ci s'était effondré contre son bureau, un poignard au manche en forme de croix fermement planté dans sa poitrine.

Hailey prit plusieurs respirations asthmatiques, observant avec une fascination terrifiée le sang qui coulait de son estomac proéminent.

Il murmurait sans discontinuer.

– *Pourquoi ? Pourquoi ? Pour…*

– Judas. Parce que Judas nous a trahis ! cracha Rowland sans bouger.

Hailey hocha lentement la tête et s'évanouit. Caldwell le saisit par les épaules et le secoua, criant de nouveau pour qu'on fasse venir des secours.

– Oh, non ! dit-il avec détermination. Je me fous de

ce qui peut t'arriver, mais que j'aille pourrir en enfer si je te laisse crever après le mal qu'on s'est donné pour te sauver.

McKief arriva sur les lieux cinq minutes plus tard, flanqué d'un homme en costume sombre qui laissait dépasser la crosse de son arme de sa veste comme un agent secret de série télévisée. Il regarda Peter trop longtemps et considéra Caldwell d'une façon qui suggérait qu'il passerait un sale quart d'heure une fois rentré au poste.

– Une chance que j'aie été dans le coin, dit Caldwell, agenouillé dans le sang d'Hailey. Cinq minutes de plus et il était mort.

– Une chance, certainement, répéta McKief. Une sacrée chance.

33

– Je ne suis pas sûr de saisir, dit Peter. Quel était le rapport entre Tim…

– Rowland, souffla Maya.

– Ouais, *Rowland* et Hailey ?

– Il n'y en avait aucun, dit Caldwell.

Il jeta un coup d'œil moins discret qu'il ne l'aurait voulu vers la place vide sur le banc où était assis Peter.

– Le seul lien entre eux était St-Gabriel : Rowland n'avait même jamais rencontré Hailey avant d'être envoyé en « mission ».

– Je comprends toujours pas, dit Peter. Et Maya est là, au fait, ajouta-t-il en pointant un index devant lui alors que le regard de Caldwell s'égarait de nouveau vers le banc.

– Ah, d'accord, fit Caldwell, dans un mélange de malaise et de fascination. Pour Rowland… j'imagine que son histoire sera dans tous les journaux d'ici demain. Apparemment, il était effectivement avec Arthur Sanchez le soir de sa mort. Rowland prétend qu'ils avaient pris l'habitude de parcourir le manoir la nuit à la recherche d'un trésor. Encore une de ces légendes stupides sur une salle cachée ou je ne sais quoi. Enfin, ils n'ont pas trouvé de trésor, mais ils ont découvert pas mal de passages secrets. La nuit de l'accident, ils ont été repérés par un surveillant. Ils lui ont échappé en courant dans le passage qui mène aux cachots et Sanchez aurait trébuché dans l'escalier.

– Je croyais qu'il avait été découvert en bas d'une des tours, intervint Peter, perplexe.

– C'est le cas. Rowland affirme qu'il l'a déplacé de peur que personne ne trouve le corps là où il était.

– Est-ce que le légiste n'aurait pas dû le remarquer ? demanda Maya.

– Ah, si les services de police fonctionnaient comme à la télévision, sûrement ! répondit Caldwell après que Peter eut répété la question. La vérité, c'est que ça ressemblait à un accident et qu'il n'y avait aucun élément pour contredire cette thèse. Je doute que le légiste soit allé chercher plus loin.

Une expression dégoûtée passa sur le visage de Maya.

– Je vois, dit Peter. Mais pourquoi il est revenu au lycée sous un autre nom pour tuer Hailey ?

– Rowland s'est montré plus bavard que j'aurais crû. Il ne s'est pas remis de la mort de son meilleur ami – il se sentait coupable. Alors, il a laissé tomber le lycée et il est parti de chez lui. Tout à fait du bétail à secte…

– Il est devenu un Guerrier du Temple, c'est ça ? questionna Peter.

Caldwell secoua la tête.

– À cette époque, la plupart des membres de la secte étaient déjà en prison. C'est là qu'il a rencontré Swans. Il se droguait et a participé à un casse. Il n'avait joué qu'un rôle mineur, il était jeune et c'était sa première infraction : il n'est resté que quelques mois en détention. Ça a quand même été assez long pour lui faire épouser la cause de la « Grande Armée du Temple ». Il y avait bien un homme de Swans infiltré dans le programme de protection des témoins. Quand Zebrowsky, le collègue de l'agent McKief, l'a prévenu qu'il avait retrouvé Hailey à St-Gabriel, la taupe n'a plus eu qu'à l'éliminer et à mettre Swans au courant. Et celui-ci avait justement sous la main un gamin débrouillard, paumé et crédule qui connaissait les lieux comme sa poche… Tu parles d'une aubaine !

– Le parfait petit soldat, remarqua Maya d'un ton pensif.

– Swans n'a pas perdu de temps pour « initier » Rowland. Le pauvre gosse a subi un vrai lavage de cerveau, continua Caldwell.

– En prison ? s'exclama Peter, incrédule.

– Tu serais surpris de savoir ce qui s'y passe.

– Et ensuite ?

– Timothy Rowland a fait son temps. Une bonne teinture, des lentilles de contact, des faux papiers et il était prêt à répandre les entrailles d'Hailey.

Caldwell eut un rire sec.

– Apparemment, il rappelait quelque chose à certains professeurs, mais personne n'y a prêté attention. Pourquoi ils l'auraient fait ?

– Curtwood, marmonna Peter. Curtwood croyait qu'elle avait eu son frère en classe, alors qu'il jurait être enfant unique.

– Oui. Et on ne l'a pas écoutée.

– Elle est un peu sénile. D'habitude, se défendit Peter.

– Enfin, si l'agent Zebrowsky n'avait pas été un maniaque de la prise de notes, on n'aurait peut-être jamais su ce qui se tramait ici.

– Et pour Matheson ?

– Matheson n'était au courant de rien. Rowland a découvert qu'il avait un groupe qui faisait des fêtes et sortait parfois de l'enceinte du lycée pour aller se saouler ou commettre des actes de vandalisme. C'était l'opportunité rêvée pour Rowland : ça lui permettait de rencontrer le contact qui lui transmettait les ordres de Swans sans se faire remarquer. Il a même révélé quelques passages secrets à Matheson pour que le groupe se déplace plus facilement.

– Donc Hailey disait la vérité pour l'argent qu'il lui a donné ?

– Oui. Apparemment, Hailey a payé Edward pour qu'il la boucle et celui-ci s'en est servi pour rembourser les dettes qu'il avait contractées auprès des dealers du coin. Il prétend avoir ensuite paniqué à l'idée d'être mêlé à tout ça et avoir vendu une partie de ses affaires pour le rembourser.

Peter osait à peine y croire : tout était résolu ?

– C'est terminé ? questionna-t-il.

– Oui, c'est terminé.

– Qu'est-ce qui va arriver à Hailey ?

– Sa blessure est plutôt superficielle. Il sera bientôt comme neuf. Et, je suppose qu'il voudra une nouvelle identité. Au cas où. Après tout, Swans est toujours en vie.

Peter était étrangement attristé en songeant qu'il ne reverrait plus son professeur de mathématiques. Cependant, une douce chaleur envahissait son estomac à la pensée qu'il avait réussi. Il avait vaincu la mort : plus de rêve, plus de sablier ni de fantôme et ça grâce…

– À moi, dit Maya.

– Huh ?

– Je sais à quoi tu étais en train de penser, rien que ton sourire idiot était comme un panneau lumineux. Sans moi, tu serais resté à bouder dans ta chambre et Hailey serait mort.

– Oh d'accord, c'est grâce à *toi*, admit Peter à contrecœur.

– Merci à toi aussi, Maya, dit Caldwell, s'inclinant dans la direction que Peter lui avait indiquée avec un évident embarras.

– Elle a été ravie d'avoir pu aider, répéta Peter après elle. J'ai quand même du mal à comprendre pourquoi Hailey est retourné faire cours alors qu'il était persuadé qu'il allait mourir.

Caldwell eut un rictus.

– Je n'étais pas là. Quand je suis revenu au poste après t'avoir raccompagné, il était entre les mains de l'agence. J'imagine qu'ils avaient des moyens de pression…

Peter garda le silence un moment. Il enfonça les mains profondément dans ses poches et s'avachit sur le banc. Ses doigts rencontrèrent ses hanches saillantes à travers le tissu de son pantalon. Maya n'arrêtait pas de lui répéter qu'il était maigre comme un clou et qu'il se ferait sans doute moins harceler par toutes les brutes qui croisaient son chemin s'il n'avait pas une stature de fillette.

– Ce n'était vraiment pas moi, pour Christie Miller, dit-il finalement. J'ai seulement vu… la Mort et j'ai essayé de prévenir le principal Miller. Je croyais que c'était lui dont il s'agissait et… J'aimais bien Christie, elle m'aidait en espagnol.

Maya laissa échapper une protestation à la mention de « la Mort », mais « Movaisogur » semblait trop enfantin pour être prononcé devant un adulte.

– Je…

Caldwell eut un sourire douloureux et poussa des gravillons du bout de sa chaussure.

– Je sais, Peter.

– Je comprends, dit-il. J'avais l'air coupable.

– Oui…

– Est-ce que vous l'avez arrêté ?

Les lèvres de Caldwell formèrent une ligne si fine sur son visage qu'elles parurent un instant avoir disparu.

– Non. On n'a pas… On ne sait pas qui l'a tuée. Je…

Il tendit brusquement sa main vers Peter. Celui-ci hésita, puis il la serra.

Il n'aurait jamais pensé que voir son innocence reconnue serait aussi plaisant.

– Je ferais mieux d'y aller. Le cas Rowland n'est plus mon affaire, mais la paperasse ne se fait pas toute seule, dit Caldwell.

Peter acquiesça.

– Vous n'avez pas eu trop de problèmes ? Je veux dire, pour être intervenu alors que l'agence de McKief n'était pas d'accord.

Caldwell réajusta longuement son manteau autour de lui.

– Oh non. Je me suis fait convoquer dans le bureau du commissaire et je me suis pris un savon – un peu comme toi, j'imagine.

Peter grimaça en pensant à la conversation qu'il avait eue avec le proviseur Bentham. Il avait prétendu s'être perdu et s'être trouvé devant le bureau d'Eckhart par hasard au mauvais moment. Bentham n'avait pas eu l'air convaincu, toutefois c'était moins invraisemblable que la vérité.

– Sans vouloir vous vexer, j'espère ne plus jamais vous revoir, dit-il.

Caldwell sourit.

– Moi aussi, Peter. Moi aussi.

Les yeux de Caldwell s'égarèrent de nouveau vers Maya et Peter eut l'impression que, d'une certaine façon, l'inspecteur mentait.

Il avait le sentiment que ce n'était pas la dernière fois qu'il voyait l'inspecteur Caldwell s'éloigner, le dos raide à force de résister à l'envie de se retourner pour vérifier que les fantômes n'apparaissaient pas lorsqu'il ne regardait plus dans leur direction.

Les songes d'Edward Matheson étaient gris. D'un gris plus noir que blanc, silencieux comme un cimetière sous la pluie. Bien sûr, ce n'était rien que Maya ne pouvait changer.

Elle prit une grande respiration, étonnée de constater que c'était ici, dans ce lieu sombre, qu'elle percevait enfin la vie. Au cœur des ténèbres, et pourtant si loin d'un croque-mitaine qui n'appelait plus. Ici, dans le lieu étrange et imprévisible où se réfugiait l'esprit de l'aîné des Matheson durant son sommeil, elle n'était qu'un fantôme parmi d'autres, et la réalité n'avait aucune importance.

Il la regardait.

Avec ces yeux outremer posés sur elle, les risques insensés auxquels elle s'était exposée en s'immergeant dans son esprit lui paraissaient soudain raisonnables.

Peter n'en saurait jamais rien.

– Qui êtes-vous ? questionna Matheson, l'observant avec une méfiance teintée d'un certain émerveillement.

Maya se retint à grand-peine de rire. Oh, elle n'avait pas ménagé ses efforts sur le décor, qu'elle devait avouer avoir emprunté à l'un de ces téléfilms fantastiques qui passaient chaque année à la télévision pour Noël.

Elle avait peut-être un peu exagéré avec la cascade au milieu de la clairière, mais Edward se concentrait pour garder la bouche fermée, et elle était certaine que tout irait bien.

Oui, St-Gabriel tenait finalement ses promesses, et Maya souriait malgré elle.

– Je m'appelle Maya. Heureuse de faire ta connaissance, Edward Matheson.

TABLE DES MATIÈRES

N. M. **ZIMMERMANN**

Corrompue dès son plus jeune âge par la lecture de *Dracula,* N. M. Zimmermann s'engagea rapidement dans l'étude poussée des sciences criminelles et des créatures étranges. Ayant cohabité quelques temps avec les vampires qui lui inspirèrent la série Edencity, parue aux éditions Milan, elle se passionna ensuite pour les fantômes qui hantent son appartement.

Elle vit actuellement avec trois trolls, deux lapins-garous, et une vicieuse colonie de Code pénal. Très occupée par l'étude de techniques ancestrales lui évitant de se faire dévorer pendant la nuit par ses nouveaux amis, elle continue cependant d'écrire pendant son temps libre – pas qu'elle ait du temps libre, mais elle fait comme si.

VOUS AVEZ AIMÉ
APPARITIONS

Découvrez une série de nouvelles
à vous glacer le sang !

THE MIDNIGHT LIBRARY

VOLUME I : LES VOIX
VOLUME II : DU SANG SUR LE SABLE
VOLUME III : L'ULTIME PARTIE
VOLUME IV : LES CHATS
VOLUME V : MENTEUSE
VOLUME VI : BOUCHE COUSUE
VOLUME VII : JE T'AI VU !
VOLUME VIII : MAUVAISE PÊCHE

Cet ouvrage a été imprimé en France par

CPI
Bussière

à Saint-Amand-Montrond (Cher)
en février 2010

N° d'édition : 10161446. — N° d'impression : 100649/1.
Dépôt légal : mars 2010.